LES RENAISSANCES
DE
DON JUAN

HISTOIRE MORALE

DU THÉATRE MODERNE

PAR

DÉSIRÉ LAVERDANT

TOME SECOND

PARIS
COLLECTION HETZEL
J. HETZEL, LIBRAIRE-ÉDITEUR
18, RUE JACOB

LES RENAISSANCES

DE

DON JUAN

II

DU MÊME AUTEUR :

DON JUAN CONVERTI. Drame en sept actes.
  1 vol. in-18.

LE PAPE ET L'EMPEREUR, drame. Dans ce tableau du duel de l'Église et de l'Empire au moyen âge, l'auteur résume symboliquement toute l'histoire de la papauté et le combat persistant de saint Pierre contre César.
  1 vol. in-18, chez Vrayet de Surcy, rue de Sèvres, 19.

THÉOCRATIE ET DIABOLOCRATIE. Polémique. L'auteur passe en revue les principes modernes et les questions du jour : liberté, égalité, fraternité, légitimité, suffrage universel, droit divin, temporel ecclésiastique, théocratie, hiérarchie; il s'efforce de faire cesser les confusions qui divisent les hommes de bonne volonté, et appelle les gens d'esprit, mieux éclairés, à rendre à César ce qui est de César et à Dieu ce qui est de Dieu.
  1 vol. in-8°, chez Douniol, rue de Tournon, 29.

PARIS. — J. CLAYE, IMPRIMEUR, RUE SAINT-BENOIT, 7.

LES RENAISSANCES

DE

DON JUAN

HISTOIRE MORALE

DU THÉATRE MODERNE

PAR

DÉSIRÉ LAVERDANT

« Chaque homme porte en soi Faust
et don Juan. »
KAHLERT.

TOME SECOND

PARIS

COLLECTION HETZEL

J. HETZEL, LIBRAIRE-ÉDITEUR
18, RUE JACOB, 18
—
Tous droits réservés.

1864

XVI.

LES FORCES VIVES DE DON JUAN.

> — Domine, si fuisses hic non esset mortuus frater meus.
> — Lazarus, amicus noster, dormit : sed vado ut à somno excitem eum... Lazare, veni foras !... Solvite eum, et sinite abire.

Il ne serait pas mort, notre frère, le criminel infect, s'il eût été ici, ce Jésus ; si plusieurs âmes, comme celles du Pauvre de Molière, remplies de Lui, avaient, jour à jour, pas à pas, fait sentir au malade la présence humble et douce du Dieu de la Vie.

O Lumière du monde, viens faire le jour dans notre nuit ! Et permets que nos pâles reflets aillent, au fond de son tombeau, réveiller notre frère, et fassent, du sein de nos ténèbres, ressortir ta créature !

Je crois, j'espère, je veux.

Je veux, d'un cœur lui-même par l'appel de Dieu ranimé, ôter la pierre du sépulcre de don Juan, laisser passer vers lui la lumière ressuscitante, et je veux, d'une main fraternelle, délier cet homme pour une vie nouvelle.

Non pas le délier dans ses vices : opération folle de la Renaissance païenne !

Non pas le délier dans l'une de ses forces naturelles : car une vertu même, si elle s'isole des autres, se rétrécit, devient faiblesse, se corrompt et pousse au vice.

Satan, c'est celui-là qui divise, et qui, dans l'être divisé, installe la désolation.

Déposséder don Juan, c'est le délivrer de ce qui tend, en lui, à la diminution de l'homme intégral.

Ressusciter don Juan, c'est redresser en faisceau ses forces vives, et restaurer en lui, non plus l'homme fragmenté, mais l'homme entier, l'homme originel, l'homme nouveau, à l'image du Fils de l'Homme.

Mais, avant tout, pour pouvoir agir sur don Juan, il faut apprendre à le connaître. Comme Dieu conduisit tous les animaux devant l'homme naturel pour qu'il leur donnât leur nom, expression propre de leur nature, ainsi Dieu place don Juan devant l'humanité nouvelle, pour que, par la grâce illuminé, l'esprit humain voie comment il doit qualifier ce type naturel et les énergies qui le composent [1].

La légende et le drame, par tous leurs titres, nous ont signalé et affiché le don Juan *burlador,* séducteur, trom-

---

1. Genèse, II, 19, 20.

peur, moqueur, libertin, fils criminel, révolté social, impie, athée.

Tout cela est, en effet, de don Juan. Mais il y a certainement, en lui, autre chose que tout cela.

Notre héros ne s'est pas fait et défait tout seul : *Non nos ipsi nos,* dit le Psalmiste ; don Juan, outre la société ambiante qui l'a aidé à se déformer, a, au-dessus de lui, Dieu qui l'a formé.

« Dieu nous a créés pour le connaître, l'aimer et le servir, et par ce moyen obtenir la vie éternelle. »

Voilà le premier mot du *Petit Catéchisme* de la science sociale et de la destinée ; et le *Catéchisme de persévérance* (que si peu connaissent, faute d'avoir persévéré) enseigne aux chrétiens que Dieu veut être connu dans ses créatures, et tout particulièrement dans l'homme, son image.

Don Juan est une créature de Dieu, en qui se réfléchissent des idées de Dieu. Étudier ce type, c'est donc travailler à mieux connaître Dieu, son auteur.

Si nous prenons une connaissance sérieuse de don Juan, nous comprendrons qu'on doit avoir pour lui amour et dévoûment, et qu'il y a manière, en l'aimant et le servant, d'aimer et de servir Dieu même.

« Connais-toi toi-même ! » a dit le plus sage des Grecs à l'humanité. Assurément, depuis deux mille ans, la science psychologique a fait de grands progrès ; mais ce qui n'a pas suffisamment progressé, c'est l'application de la psychologie à l'éducation. Nos plus subtils pédagogues ne se sont pas assez demandé quelles sont « ces excellentes qualités » que Platon et Socrate entrevoyaient au fond de l'âme « naturellement bien douée et vigoureuse » d'Alcibiade et autres don Juans de leur âge[1].

La Bible tout entière nous sollicite à connaître Dieu, l'homme et l'univers, et tous les éducateurs chrétiens, depuis saint Jérôme et saint Anselme, jusqu'aux Jésuites et aux filles de Notre-Dame (qui ont, à cet égard, transmis la tradition de leur père saint Pierre Fourier à son petit neveu Charles Fourier, le libre penseur), tous ont compris que, pour diriger une jeune âme vers Dieu, il fallait se rendre compte des forces qui en constituent le caractère essentiel. Les femmes, en général, mieux que les hommes, savent, d'une science cordiale, présider harmonieusement à l'éclosion des vocations. C'étaient les mères qui menaient doucement leur petite famille à l'Ami des enfants : et l'on a vu les mâles disciples mêmes du Seigneur faire obstacle à la divine attraction[2].

S'il convient de discerner les vocations de chaque individu sain, afin de mieux tirer par elles et par leur concert l'âme entière à son divin foyer, à plus forte raison est-il nécessaire de bien connaître les énergies propres de don Juan, pour diriger sur elles, au fond du noir abîme où elles s'atrophient, le courant de l'attraction céleste, illuminante et vivificatrice. C'est une âme à délier, comme celle de Lazare : encore faut-il en dénombrer et toucher du doigt les organes et les facultés, pour

---

1. Plus haut, p. 17.
2. Saint Luc, XVIII.

rendre la créature essentielle tout entière à la liberté des enfants de Dieu, à la vie.

Ce discernement n'a été fait pour don Juan selon la science de la charité, ni par les Mentors sociaux de la Renaissance, ni par les poëtes de l'École mozarabique. Ce vieux monde-là, d'ordinaire, confond le ressort avec l'essor, l'énergie naturelle avec l'abus qu'on en a fait. Confusion détestable, grosse d'inexplicables empêchements!

Chacune des passions de l'âme est, à sa source, une puissance bonne, étant de Dieu ; et elle ne devient puissance pour le mal que par un effet d'essor faux, récurrent, désordonné, perverti.

Voilà ce que Molière nous donne à penser, et voilà ce que n'a jamais soupçonné Sganarelle.

Aussitôt après l'éloge du tabac, Sganarelle, s'étant, d'une dernière prise, purgé le cerveau et inspiré d'honneur et de vertu, esquisse de son maître un portrait confidentiel qui se peut résumer en ces quatre coups de pinceau :

Un pourceau d'Épicure, qui passe sa vie en bête brute ;

Un vrai Sardanapale, épouseur à toutes mains ; un méchant et terrible grand seigneur ;

Un moqueur, tendeur de piéges ; un enragé, que rien n'arrête ; un coureur, changeant de femmes comme de places ;

Un diable, un turc, un hérétique, qui ne croit ni Dieu ni loup-garou.

Or, Sganarelle remplit là, à sa manière, tout le cadre des passions humaines. Don Juan, comme nous tous, a des sens qui le mettent en rapport avec la nature, des affections qui le rapprochent d'autrui, des besoins d'activité intellectuelle, enfin des facultés supérieures et religieuses par lesquelles l'homme, fût-il don Juan, touche encore à Dieu.

Essayons de pousser plus à fond que Sganarelle l'analyse de don Juan.

Ce grand libertin a les sens prodigieusement affamés, mais son appétit a de merveilleux raffinements. Si tout en lui peut rappeler Épicure, rien n'éveille l'idée du pourceau. Sganarelle est, bien plus que son maître, conforme à cet ignoble idéal, lui que M. Constant Guéroult a si bien nommé « cet Épicure de la domesticité[1]. »

Le goinfre Hercule cuve ses victuailles dans le vin d'Admète; notre chevaleresque Béarnais a toujours, avec quelque senteur de pommade à la barbe, aux lèvres des parfums d'ail et de vieux jurançon : rien de pareil chez don Juan. S'il s'attable gaîment, c'est pour s'amuser à la gourmandise de Sganarelle; s'il boit, c'est pour braver le diable au choc joyeux des verres.

Au don Juan de Dorimon la Statue pourra dire :

> Mange cependant, mange, et contente ton corps.
> Voilà les mets qu'on mange à la table des morts.
> Ne te rebute pas, s'ils ne sont délectables :
> Je donne ce que j'ai.

1. *Courrier de Paris,* 10 mai 1863.

Et le bravache brutal a répondu :

— Quand ce seraient des diables,
Tu me verrais manger!

Le don Juan de Molière n'en est plus là. C'est lui-même qui festoie le mort, son convive, de qui il ne reçoit rien que le coup de foudre.

— Une chaise et un couvert. Vite donc. Allons, à table. A boire. A la santé du Commandeur. Je te la porte, Sganarelle. Qu'on lui donne du vin. Bois, et chante ta chanson pour régaler le Commandeur.

On attribuait à don Juan tous les péchés capitaux : rayons la gourmandise, et encore l'avarice. Le héros de Tellez disait : « Je ne connais en fait de jours mauvais que ceux où je n'ai pas d'argent. » Celui de Molière n'a pas de coffre-fort et l'argent ne lui tient pas dans la main : il est prodigue, jamais ladre ; les jours sans argent redoublent sa bonne humeur, et s'il ne paie pas ses dettes, c'est par suite d'insouciante dissipation et de folie. Don Juan a l'orgueil, « vice odieux au ciel et à la terre; mais, ajoute la Bible, il y a quelque chose de plus funeste, c'est l'avarice : l'avarice c'est la superbe de la boue[1]. » Judas et Tartufe sont larrons et crasseux.

Lorsqu'un poëte schismatique, en faisant de don Juan un voleur, a faussé le type, il n'a pu s'empêcher d'en conserver un trait : « Je veux voler, *pour mon plaisir.* »

Don Juan est fort luxurieux; mais sa vue, perçante et

---

1. Ecclesias., x.

fine, ne semble pas s'arrêter aux pompes basses de Satan et prendre plaisir à la considération charnelle des choses, comme le docteur Sganarelle : « Peste! le joli meuble que voilà!... » Don Juan promène sur toutes les beautés un regard d'artiste, et parfois, à propos de toilette, diligent et de bon goût comme celui d'une femme : « Est-elle folle de n'avoir point changé d'habit, et de venir en ce lieu-ci avec son équipage de campagne! »

Toujours ouvert avec empressement aux œuvres de l'art, cet œil est impitoyable aux inconvenances et aux désharmonies.

— Mais quel est ce superbe édifice que je vois entre ces arbres?

— Le tombeau du Commandeur.

— Tout le monde m'a dit des merveilles de cet ouvrage, aussi bien que de la statue...

— Ah! s'écrie Sganarelle, esprit vulgaire que séduisent les bâtisses grosses et luisantes, ah! que cela est beau! Les belles statues! Le beau marbre! Les beaux piliers! Ah! que cela est beau! Qu'en dites-vous, Monsieur?... Voici la statue du Commandeur.

— Parbleu! le voilà bon avec son habit d'empereur romain!

Ceci était dit au moment où le grand Roi se faisait, sur tous ses monuments, sculpter en Achille et en Auguste...

Mais si don Juan est leste à saisir d'un coup-d'œil le côté ridicule des choses, qu'il est prompt à en embrasser les splendeurs et les charmes! « La beauté me ravit partout où je la trouve, et je cède facilement à cette douce violence dont elle nous entraîne... Je conserve des yeux pour voir le mérite de toutes les femmes. Je ne puis refuser mon cœur à tout ce que je vois d'aimable ; et dès qu'un beau visage me le demande, si j'en avais dix mille, je les donnerais tous. »

Don Juan devine à toute distance la beauté à l'attitude, au mouvement, à l'air.

> All' aria mi par bella.
> — Ah! che occhio dico.

Je vois d'ici, autour de cet œil si brillant et sur une arcade sourcillère bien accusée, se distribuer toutes les *facultés perceptives,* dont les psychologues Reid, Stewart, Gall, Spurzheim, Garnier, Castle, nous donnent l'analyse et le tableau.

Et quelle finesse d'odorat, dans ce coureur d'aventures, toujours en chasse :

> Cospetto!
> Che odorato perfetto !

s'écrie Léporello à ce flair de don Juan dans la nuit :

> Zitto, mi pare
> Sentir odor di femmita...

Ces traits du *nobil cavaliere* italien sont communs au galant chevalier français.

La femme! Voilà le foyer d'humaine attraction où don Juan paraît absorbé. Mais ce héros de l'amour désordonné ne prend pas, dans Molière, un essor d'exclusive sensualité comparable à celui que nous avons vu éclater dans le drame espagnol, et que poussent à la limite les poëtes métaphysiciens de l'Allemagne. Notre don Juan n'est pas le coureur de nuit italien ; celui-ci n'a qu'une idée fixe et ne tend qu'à un but unique :

Avro cio che desidero !

Le don Juan de Molière, au milieu de ses plus grands entraînements, domine son corps ; en lui, c'est l'âme qui malheureusement se dérobe à Dieu. Il n'est pas d'aventure galante à laquelle il ne demande le plaisir de spirituelles intrigues, et fût-il entre Mathurine et Charlotte, « ces nymphes crottées de basse églogue[1], » on trouve moins chez lui les allures du taureau et du bouc, que les capricieuses câlineries du chat jouant avec ses victimes avant de les croquer.

Non pas que don Juan soit froid comme un Brummel ! Celui-ci, sultan sans mouchoir, n'aime aucune femme, n'est esclave d'aucun désir : désintéressement qui fait, je l'avoue, l'homme libre et fort, mais dans le vide. Don Juan est plus qu'un dandy. « Brummel, dit son éloquent et subtil historien, justifiait ce mot de Machiavel : Le monde appartient aux lymphatiques. » Le monde, oui ; non le ciel ! Don Juan a les poumons ouverts au vent du ciel. En lui, sur la lymphe le sang court et bouillonne. Le calme et l'ardeur ne s'excluent pas plus dans notre

---

[1]. Paul de Saint-Victor. *Presse*, 1858.

prodigue que la légèreté et l'aplomb chez Brummel, le somptueux impertinent.

Don Juan n'a pas tout perdu de la jeunesse; c'est encore un grand enfant. Il aime à jouer, tout en se jouant de tout. Il n'y a pas seulement en lui l'amertume du sarcasme, l'acidité de l'ironie, il y a la franche raillerie; il y a même, et jusqu'aux dernières heures de sa vie, comme un retour du bon rire enfantin.

— Il me semble que tu as la joue enflée, qu'est-ce que c'est? Qu'as-tu là?

— Rien.

— Montre un peu. Parbleu! c'est une fluxion qui lui est tombée sur la joue. Vite, une lancette pour percer cela. Le pauvre garçon n'en peut plus, et cet abcès le pourrait étouffer. Attends. Voyez comme il était mûr! Ah! coquin que vous êtes.

— Ma foi, Monsieur, j'ai voulu voir si votre cuisinier n'avait pas mis trop de sel ou trop de poivre.

— Allons, mets-toi là, et mange... Tu as faim à ce que je vois.

D'où vient, sur ce tableau, cette lumière souriante? D'un rayon de bonne camaraderie. Le *bon enfant* a percé. Oui, ce trait de puérilité est l'un de ceux par où nous retrouvons la bonne nature en don Juan; l'un des mille éclairs qui jaillissent de ce fond sombre, et qui nous font aimer l'homme, sans savoir pourquoi, comme on dit. Nous sentons vaguement que cette âme n'est pas toute dénuée d'affection.

Ce goût pour les jeux de l'amitié qui suit don Juan

jusqu'à son dernier souper, s'exprime dès ses premières paroles par un épanchement de familière confidence.

— Quel homme te parlait là, Sganarelle? Il a bien de l'air, ce me semble, du bon Guzman de done Elvire... Et quel sujet l'amène?... Notre départ, sans doute... Lui en as-tu dit le sujet?... Mais encore, quelle est ta pensée là-dessus? Que t'imagines-tu de cette affaire?

— Moi? je crois, sans vous faire tort, que vous avez quelque nouvel amour en tête.

— Tu le crois?

— Oui.

— Ma foi, tu ne te trompes pas; et je dois t'avouer qu'un autre objet a chassé Elvire de ma pensée.

— Hé! mon Dieu, je sais mon don Juan sur le bout du doigt, et je connais votre cœur pour le plus grand coureur du monde; il se plaît à se promener de liens en liens, et n'aime guère à demeurer en place.

— Et ne trouves-tu pas, dis-moi, que j'ai raison d'en user de la sorte?

Voilà notre jeunesse résumée : un ami et des amourettes; des amours et des aventures, et un confident à qui tout confier et raconter. On peut trouver que don Juan place mal ses confidences; un Anglais crierait *shoking!* à cette familiarité d'un *gentleman* avec son valet : mais nous ne sommes pas dans l'île anglicane aux froids abords; nous sommes à Séville ou à Naples, sur terre latine et catholique. Le grand seigneur, s'il est avec ses gens brutal et corrupteur, n'a pas, cependant, tout à fait dépouillé l'esprit de l'amitié et le ton de l'égalité familière.

Ainsi, le don Juan de Molière n'a pas dit trois mots, qu'il a manifesté trois forces : L'amitié, l'amour, la *papillonne*.

Le mot *papillonne* est de Fourier, et ce n'est plus un néologisme interdit à un bon Français, puisque M. Sardou l'a fait passer à la Comédie française, puisque la maison de Molière l'a mis sur ses affiches. Nous verrons tout à l'heure que l'auteur comique de *la Papillonne* a traité son sujet en *simpliste*[1], et qu'il a fort maltraité un mot digne d'estime. Nous verrons tout à l'heure, nonobstant l'abus qu'on en a pu faire, que la *Papillonne* est un don de Dieu pour le progrès de toutes choses sur la terre vers le ciel. Ainsi le papillon, belle et bonne créature, prend des ailes pour cesser de ramper, et pour voltiger, plus libre, dans les airs animés et réjouis.

Il est une affection qu'on croirait tout à fait étrangère au cœur corrompu de don Juan, c'est l'amour de la famille. Cependant nous voyons, dans la pièce de Dorimon, qu'une émotion cordiale peut ébranler un fils criminel plus irrespectueux, insolent et cruel que celui-même de Molière. En apprenant que son père est mort de chagrin :

> Il a le deuil au cœur, il est hors de lui-même.
> . . . . Je suis dans un désordre extrême...
> Il m'irrita, Briguelle, il était trop sévère.

Don Juan aurait-il pu aimer des parents moins sévères

---

[1]. Autre mot de Fourier, propagé par Proudhon.

que don Alvarez et don Louiz? Le nier, c'est jugement téméraire... Si don Juan avait devant lui mère et enfants, résisterait-il à ces doux foyers d'attraction! Qui ose l'affirmer? Pourquoi ne lui trouverait-on pas, à l'occiput, la bosse de la *philogéniture,* lorsque le grand ancêtre et le dernier né de sa race, le Jupiter d'Homère et le Montjoye de Feuillet sont susceptibles de tendre faiblesse et même de vertu paternelle?

Rien ne prouve donc que notre don Juan ne soit pas appelé à jouer un rôle utile dans la famille; et tout indique qu'il est doué pour jouer un rôle dans la cité. « Don Juan, disait un éminent disciple de Saint-Simon, dont la parole dévouée illustra les rêves dorés d'Enfantin et dont la plume désintéressée colore les réalités argentées des Péreire, don Juan était capable de rendre un culte brillant à l'honneur. » L'ambition de l'honneur et de la gloire n'est pas mauvaise en soi; le mal est de ne pas se remplir d'honneur et se couronner de gloire au service et dans la maison de Dieu.

M. Saint-Valry et d'autres critiques ont pensé qu'il y a, dans don Juan, « l'étoffe d'un homme d'État. » Dieu a fait l'homme fort : le Monde a fourni l'étoffe maculée.

Soit dit en passant, les hommes d'État, depuis Thésée, Périclès, Alcibiade, Alexandre et César, jusqu'à Charlemagne, Henri VIII, Louis XIV, Napoléon Ier et autres rois *gallantuomini,* sans compter les Présidents des Républiques et des Parlements plus ou moins libertins de parole, tous, ou presque tous ont mené de front la grande politique et la bagatelle...

Don Juan est autant dominateur que séducteur; il a toutes les facultés dont les princes abusent pour faire peser leur empire sur les nations[1]. Don Juan se tient en fort grande estime, et il a, comme tous les Césars, la foi en son étoile. « Pourquoi ont-ils osé braver ma chance? » dit le héros de Zorilla. Don Juan est homme de courage : brave par tempérament autant que valeureux par gloriole, hardi, au besoin provocateur, mais aimant plus encore à voir venir l'attaque, qu'il soutient de sangfroid, intrépide, impassible. Rien n'est de force à le faire reculer. Se voit-il surpris entre deux ennemis de même race guerrière que lui, il se découvre, et portant à la garde de son épée une main ferme et calme : « Oui, je suis don Juan moi-même; et l'avantage du nombre ne m'obligera pas à vouloir déguiser mon nom. » Le danger l'attire : « Que vois-je là? un homme attaqué par trois autres!... » et il y court, malgré les protestations du circonspect Sganarelle. « Mon maître est un vrai enragé d'aller se présenter à un péril qui ne le cherche pas. » On sait l'audace de son dernier duel contre l'enfer : « Non, non, rien n'est capable de m'imprimer de la terreur... Où faut-il aller? voilà ma main! »

Don Juan a tout ce qu'il faut de fierté et de décision pour ne supporter point de leçons de ses subordonnés. Premier avertissement : « Holà! maître sot, vous savez que je vous ai dit que je n'aime pas les faiseurs de remontrances. » Deuxième avertissement : « Si tu m'im-

---

[1]. Saint Luc, XXII ; Saint Marc, X.

portunes davantage de tes sottes moralités, je vais appeler quelqu'un, demander un nerf de bœuf, te faire tenir par trois ou quatre, et te rouer de mille coups. M'entends-tu bien ? » Il y a un troisième avertissement : « Ah ! monsieur, vous avez tort. » Don Juan, se levant : « J'ai tort ! » Sganarelle, tremblant : « Monsieur... j'ai tort ! »

Bien en prend au libre penseur Sganarelle de retourner sa langue, ne pouvant l'avaler, car un mauvais coup lui coupait le sifflet et l'envoyait peut-être *ad patres*.

Que ce don Juan ferait un bon ministre de la guerre ou de l'intérieur, un vigoureux homme de pouvoir et de centralisation, mettant, à coups de carreaux, les hommes à la raison et les choses en bon ordre ! Quel culte de son bon plaisir ! et quelle nette promptitude à renverser l'obstacle ! Il travaillerait sur la patrie et sur le monde aussi lestement qu'il a travaillé sur la barque des fiancés, sur le couvent d'Elvire et sur la maison du Commandeur. Les beaux enlèvements de villes, provinces, biens de l'Église et droits de l'homme ! Les beaux violements de paroles et viols de constitutions ! Et que de beaux grands duels internationaux, guerres courtes et heureuses, après quoi l'on fait briller, en paix, au soleil son épée illustre essuyée et son front de lauriers couronné !...

Don Juan est *bon prince*. Il serait capable, en vérité, d'être humble avec les humbles. Voyez de quel air doux il aborde le Pauvre, et combien il le remercie pour un petit service : « Je te rends grâce de tout mon cœur. » Mais qu'il est tenté d'être superbe avec les superbes ! Nul plus que cet orgueilleux libre penseur ne méprise l'orgueil ostentatoire des riches. Écoutez-le, devant le mausolée du Commandeur, levant les épaules au « qu'en dites-vous, Monsieur? » de l'enthousiaste Sganarelle : « Je dis qu'on ne peut voir aller plus loin l'ambition d'un homme mort. » « Qui diable m'a mené devant ce tombeau? répète le don Juan de Strasbourg. Quel faste! O stupide orgueil! Voilà des gens mieux logés morts, qu'ils n'étaient vivants. »

Complaisant à qui lui veut complaire, don Juan est rude à qui lui résiste ; mais, détestant l'obstacle, il ne hait pas le contradicteur ; et il se trouve satisfait pour peu qu'il ait pu répondre au frein par la ruade. Enveloppé de gens haineux, auxquels il riposte par accès de colère, il ne garde au cœur aucun froid levain d'inimitié. C'est seulement lorsqu'il publie la résolution de se modeler sur la clique des imposteurs, qu'on le voit se revêtir, en idée, de l'esprit de rancune. « Dès qu'une fois on m'aura choqué tant soit peu, je ne pardonnerai jamais, et garderai tout doucement une haine irréconciliable. » Tartufe, lui, transsude par tous les pores le ressentiment, et pue la haine. Don Juan entend sans mot dire les outrages de don Alonzo et ne conserve aucune impression de ses violences. Ce bon diable-là publierait mieux que pas un fils de Jupiter des décrets d'amnistie et grâce plénière, par insouciance et magnanimité pure, peut-être, aussi, pour prouver qu'à cet égard les Titans valent les Olympiens.

L'esprit d'émulation nous vient de Dieu pour nous pousser dans la hiérarchie et nous monter au ciel ; mais cette vertu naturelle, chez don Juan, tourne, presque aussi vite que chez aucun prince de ce monde, en violente envie. « La personne dont je te parle est une jeune fiancée, la plus agréable du monde... Le hasard me fit voir ce couple d'amants... jamais je n'ai vu deux personnes être si contentes l'une de l'autre, et faire éclater plus d'amour. La tendresse visible de leurs mutuelles ardeurs me donna de l'émotion ; j'en fus frappé au cœur, et mon amour commença par la jalousie. Oui, je ne pus souffrir d'abord de les voir si bien ensemble ; le dépit alluma mes désirs, et je me figurai un plaisir extrême à pouvoir troubler leur intelligence et rompre cet attachement dont la délicatesse de mon cœur se tenait offensé. »

Ne semble-t-il pas voir le Léopard se ramassant sur lui-même et allongeant sa griffe pour soustraire la Marmotte aux caresses du Coq gaulois, ou bien l'Aigle française fondre sur l'autrichienne pour rompre l'attachement dont elle embrasse l'Agneau oppressé?...

Notre don Juan, avec l'émulation jalouse, a le goût naturel de la lutte ou *combativité*, et l'instinct de la *destructivité*, séves terribles dont l'Europe moderne a cueilli et cueille encore, sur l'arbre de l'histoire, les fruits amèrement sauvages :

Irruptions des barbares,

Dévastations des Normands,

Désolations de la Saxe,

Invasions des Anglais,

Incendies du Palatinat,

Dépècements de la Pologne,

Victoires et conquête de la grande armée,
Trafalgar, Pyramides et Waterloo,
Malakof, Solferino, Puebla !

et tant d'autres bains de sang, où les chrétiens, de leur boue enivrés, retrempent incessamment leur évangélique apostolat...

Don Juan est admirablement organisé pour se couvrir de lauriers et entretenir sa patrie de cette gloire des combats que la France aime à se payer richement. Et don Juan ne serait pas simplement un beau sabreur, un zouave, un brillant général de cavalerie : don Juan a la *circonspection* et la *sécrétivité,* cette prudence défiante et rusée qui fait les tacticiens et les stratégistes subtils.

— « Douze hommes à cheval vous cherchent.

— Comme la partie n'est pas égale, il faut user de stratagème, et éluder adroitement le malheur qui me cherche. Je veux que Sganarelle se revête de mes habits; et moi... »

Notre homme se plaît aux déguisements, aux manéges, aux piéges, aux complots, aux heureuses conspirations. Et quelle adresse ! quelle souplesse de renard à la fois et de chat-tigre ! Comme il excelle à couler aux gens la monnaie de ses belles paroles, à embrouiller sophistiquement les questions délicates, à donner le bon tour aux choses qui flattent sa passion !

« Vertu de ma vie ! comme vous débitez ! Il semble que vous ayez appris cela par cœur, et vous parlez tout comme un livre.

— Qu'as-tu à dire là-dessus ?

— Ma foi, j'ai à dire... je ne sais que dire : car vous tournez les choses d'une manière qu'il semble que vous avez raison; et cependant il est vrai que vous ne l'avez pas. J'avais les plus belles pensées du monde, et vos discours m'ont brouillé tout cela.

— Mon Dieu! s'écriera Charlotte, troublée par tant de paroles charmantes; je ne sais si vous dites vrai ou non, mais vous faites que l'on vous croit. »

L'admirable diplomate qu'eût fait don Juan! et pourquoi faut-il que les mauvais exemples d'un fainéant libertinage, le jetant tout entier aux bras de Vénus, aient privé l'État des services d'un tel homme en qui se condensent les vertus et d'Achille et d'Ulysse! Mieux dirigé, il eût pu, sans se refuser au plaisir d'attraper les belles de toutes les capitales civilisées, se donner la gloire d'enfourcher sous jambes toutes les chancelleries; et, à la fin de sa carrière, on l'eût admiré, beau vieillard, encore vert, toujours coquet et coquetant, assis sur les marches du trône, la poitrine couverte de crachats, d'ordres et de rubans, récompenses de ses activités patriotiques, civiques, diplomatiques, militaires et gaillardes!...

Pour dominer les hommes aussi bien que les femmes, il n'est pas nécessaire d'avoir l'estime d'autrui, mais il faut avoir l'*estime de soi*, l'amour-propre; et l'on peut combiner avec le dédain de l'opinion vulgaire, un certain *désir de plaire*, de paraître aux autres grand et fort. Comme le héros de Tellez, celui de Molière est porté par ce mobile, et même en allant au-devant de l'enfer, ne fût-il entouré que de valets, préoccupé cependant du qu'en dira-t-on, il voudra montrer au monde ce qu'il vaut. « Allons voir, et montrons que rien ne saurait nous ébranler. »

La haute puissance de plaire et dominer, combattre et conquérir qui est en don Juan, s'est tout entière concentrée et développée sur le champ de bataille de l'amour. Ce qui le tente dans ses équipées galantes, ce sont « les charmes attrayants d'une conquête à faire. Il n'est rien de si doux que de triompher de la résistance d'une belle personne; et j'ai sur ce sujet l'ambition des conquérants, qui volent perpétuellement de victoire en victoire, et ne peuvent se résoudre à borner leurs souhaits. Il n'est rien qui puisse arrêter l'impétuosité de mes désirs, je me sens un cœur à aimer toute la terre, et, comme Alexandre, je souhaiterais qu'il y eût d'autres mondes pour y pouvoir étendre mes conquêtes amoureuses. »

Le don Juan de Tellez est « la créature de César; » celui de Molière sent fermenter en lui la séve d'Alexandre. Voir, avoir, posséder, asservir, exploiter les âmes indéfiniment, à toutes les limites du monde, et par delà, *per fas et nefas,* voilà *l'ambition* civilisée dans son essor idéal perverti.

Mais don Juan, moins accessible aux illusions chevaleresques qu'Alexandre, et plus que César même gonflé de mépris pour le droit des gens politiques, éprouve d'ailleurs, autant qu'Auguste et sans avoir régné, l'ennui de l'Empire, le dégoût de la haute comédie du vieux Monde. Une qualité le rend impropre à jouer un rôle dans la grande roue officielle où s'engrènent les hommes d'État. Don Juan, par réaction contre les choses d'importance, prend son plaisir dans la fantaisie et met sa gloire dans la frivolité. Il est (pour nous servir du gros néologisme d'un grand penseur) *titré en favoritisme*; c'est-à-dire qu'homme à la mode, il demande et doit son succès à la faveur. *Favori* de tout le monde, pour mille belles raisons, mais surtout sans raison, il pose son trône sur cet insaisissable et tout puissant *on ne sait quoi*, à quoi Montesquieu, avec son esprit des lois, n'a rien compris, précisément parce qu'il est de l'essence des caprices d'échapper à la loi. Force mystérieuse, futile dans son objet, considérable dans son essor, que lord Byron admirait, que Charles Fourier a le premier classée parmi les puissances de l'âme humaine, dont Barbey d'Aurevilly a fait la poétique analyse et démontré l'incompressible puissance. « Brummel, était la preuve vivante de cette vérité, qu'il faut redire sans cesse aux hommes de la règle, aux puritains lourdeaux qu'insulte la gloire de la frivolité : c'est que si l'on coupe les ailes à la Fantaisie, elles repoussent plus longues de moitié [1]. »

Il y a des royautés de pure faveur. Dieu le veut, à la confusion des fausses dignités. La fonction de la Mode fantasque et de ses lions, c'est de faire niche aux solennités boursoufflées ; c'est de détourner de l'idolâtrie des grandes vanités par un tour de faveur accordé au culte des petites vanités. La queue du chien d'Alcibiade faisait

---

[1]. *Du Dandysme*, p. 29, 40, 33, 160. Petit livre gros de pensées, et de poids sur un sujet léger.

concurrence à la pose olympienne de Périclès ; l'astre de Brummel fut pour les Anglais une diversion à l'étoile sanglante de Napoléon, et les mèches blondes de don Juan sont de force à éclipser les rayons de Louis-Apollon et toute la majesté de la royale perruque.

Sur ce domaine souverain des infiniment petits, mode, frivolité, capricieuse fantaisie, excentricités élégantes et folâtres, don Juan est roi, roi « par la grâce de la grâce, » irrésistible dominateur et conquérant insatiable.

Don Juan, qui s'est un jour ressouvenu du grand mot de Térence : *Homo sum !* n'est pas homme à chantonner cet autre mot du poëte modéré : *Ne quid nimis.* Il est un *juste milieu* terre à terre, entre les murailles du Monde, où la médiocrité des désirs s'accommode honnêtement de la poussière et de la boue. Philinte peut s'y tenir ; don Juan pas plus qu'Alceste. Il faudrait, à notre Prodigue, rêveur de régions lointaines et de vastes dépenses de soi-même, montrer des horizons humains inouïs, vers lesquels, élancé, libre et enivré, il pût entrevoir, plus haut même que le *Bohémien* du poëte, ces cimes du milieu divin

Où tout voir c'est tout conquérir.

Au service de ses effrénés désirs, don Juan a toutes les facultés intellectuelles. L'activité de son esprit est immense et dans toutes les directions. On sent qu'à tout propos, il se demande : D'où vient ? Comment ?... Pourquoi pas ? Pourquoi ? Dans quel but ? Où sont les rapports des choses et leurs concordances harmonieuses ?... Il scrute les réalités et en poursuit les conséquences positives; il oppose les choses entre elles et les compare ; il en cherche les lois. Sans doute, il ne pousse pas sa dialectique au bout et ne pratique pas, comme Leibnitz ou le P. Gratry, l'induction infinitésimale; son coup d'œil à la recherche des lois ne plonge pas assez avant, et l'habitude d'une analyse étroite le rejette vite dans le doute.

— Quelle est ton occupation parmi ces arbres?

— De prier le ciel tout le jour pour la prospérité des gens de bien qui me donnent quelque chose.

— Il ne se peut donc que tu ne sois bien à ton aise?

— Hélas! monsieur, je suis dans la plus grande nécessité du monde.

— Tu te moques : un homme qui prie le ciel tout le jour ne peut manquer d'être bien dans ses affaires.

— Je vous assure, monsieur, que le plus souvent je n'ai pas un morceau de pain à mettre sous les dents.

— Voilà qui est étrange, et tu es bien mal reconnu de tes soins. Ah! ah! je vais te donner un louis d'or tout à l'heure, pourvu que tu veuilles jurer.

Cette discussion de don Juan contre le Pauvre est sans doute d'un esprit mal éclairé par la Grâce, mais assurément d'un rationaliste vigoureux et hardi, en qui sont très-grandes les forces dites *causalité* et *comparaison*.

Don Juan, dans la scène précédente, vient de pousser aisément le disputeur Sganarelle à se casser le nez sur ses fades croyances : médecine de Purgon, enfer de loup-garou, ciel de moine bourru; et, se sentant de plus en plus égaré « tout en raisonnant » avec ce fat, auquel il ne daigne plus répondre, voici qu'il prend la peine de discuter avec Francisque, voulant se donner raison devant cette âme simple.

Comment! il y a un Dieu qui, dit-on, multipliait les pains et disait : « Demandez, et vous recevrez, » et la société divine constituée par cette Providence paternelle n'a pas même les miettes de son pain à te jeter, pauvre Lazare? Tu te moques! Il n'y a donc pas de gens de bien en cette chrétienté! le lévite et le prêtre, dans cette Église de Dieu, te sachant là et te voyant misérable, passent donc leur chemin? Alors, où est le ciel descendu sur la terre? Où est le Dieu incarné? Voilà qui est étrange, incroyable... Ah! ah! une idée : je ne suis pas, moi, un de ces honnêtes gens que tu implores; je n'en suis pas, moi, de leur Église, et je ne crois pas le Dieu que tu pries. Eh bien! puisque l'esprit du bien ne te fait pas gagner ta vie, l'esprit du mal sera peut-être plus secourable, et le Malin va multiplier le pain pour toi, à la honte de ton Dieu impuissant. Jure, et je te donne cet or, ce louis, l'image de César et le nerf de tous les royaumes d'en-bas.

Don Juan ne connaît pas l'économie de l'humaine destinée. Il ne sait pas que la sainte humanité parcourt trois phases : souffrante, militante, triomphante; il ne sait pas que le pauvre Lazare, dont le nom signifie *aide de Dieu,* comme son Seigneur, souffre, combat, et, de cette double épreuve triomphant, trouvera son repos dans le sein d'Abraham.

Le Pauvre tenté se souvient mieux que son tentateur

de ces paroles du Sauveur : « L'homme ne vit pas seulement de pain... Nul ne peut servir deux maîtres... Vous ne jurerez ni par le ciel, ni par la terre, ni par l'Église, ni par votre tête, car tout cela est de Dieu... Vous direz : *Vade, Satana!* à tout ce qui est de Mammon; et vous n'adorerez que le Seigneur votre Dieu. Qui boit de cette eau que je verse et mange de ce pain descendu du ciel, aura la vie éternelle dans le royaume de Dieu[1]. »

Francisque a si bien combattu le bon combat, que don Juan, du métier de Satan, passe au rôle de bon Samaritain... Que don Juan soit ainsi, une fois encore, harmonieusement ramené dans le bon chemin, et il ne tardera pas à comprendre que la parabole du Samaritain, si elle prouve beaucoup, hélas! contre nous, chrétiens, ne prouve rien contre le Christ, Soleil qui réchauffe les infidèles à défaut des fidèles refroidis.

« Qu'importent les mauvais prêtres, quand nous avons un Dieu si bon! » répondait saint Augustin à un sceptique du vieil empire d'Occident.

Le Pauvre suffit donc pour prouver que don Juan a tort contre Dieu; mais don Juan n'a tort ni contre les mauvais prêtres ni contre les laïques dit pratiquants, ni contre tout ce beau monde de gens de bien, qui laissent tant et tant de pauvres, images de Jésus, dans l'isolement complet et dans la plus grande nécessité, au bord des grands chemins où se pavanent et travaillent en grand tant et tant de menus et gros voleurs, dorés et glorifiés à l'image

---

1. Saint Matthieu, IV, V; saint Luc, X, XVI; saint Jean, IV, VI.

de Mammon! Contre cette chrétienté·diabolique l'argumentation de don Juan demeure souverainement juste, victorieuse.

Don Juan a été détourné du vrai Dieu; mais qu'il voit clair dans l'homme, et comme, de ce côté, il excelle à l'analyse! Avec quelle sagacité son regard a fouillé l'âme bonassement vénérante de Monsieur Dimanche! Avec quelle rusée finesse et quelle fougue joyeuse il roule ce bonhomme, qu'éblouissent les étincelles et qu'ébaubit la fausse grandeur! Peut-on mieux empoigner un bourgeois français par son faible et l'empaumer par son ridicule!

— « Vite un siége pour monsieur Dimanche... je veux que vous soyez assis contre moi... Otez ce pliant, et apportez un fauteuil... Je sais ce que je vous dois, et je ne veux pas qu'on mette de différence entre nous deux. Or ça, monsieur Dimanche, sans façon, voulez-vous souper avec moi?... Allons vite, un flambeau pour conduire monsieur Dimanche, et que quatre ou cinq de mes gens prennent des mousquetons pour l'escorter... Je veux qu'on vous escorte... Embrassez-moi donc, s'il vous plaît! »

C'est le suprême du comique, et le bon Monsieur Dimanche aura pour fils assurément le *Bourgeois gentilhomme.* Il vit encore, ce bourgeois débonnaire, mais benêt et vaniteux; et vous pourrez le rencontrer, dimanche prochain, dans l'avenue de ses Champs Élyséens, arrêté devant l'escorte d'un prince régnant quelconque de l'État ou de la finance; panier à deux anses en contemplation, entre sa femme et sa fille Claudine, encourageant à l'enthousiasme le tambour de son petit Colin, lequel excite son petit chien Brisquet à aboyer après le cortége princier...

Don Juan voit tout cela ; il n'en abuse pas seulement, il s'en amuse ; il en voit le côté malsain et grotesque. N'aimant pas à se laisser mener, il n'aime pas les sots que mène la vanité enflée ou l'imbécillité béante. Pas un ridicule n'échappe à son *esprit de saillie*. Il se donne la comédie de toutes les sottises humaines, et il y tient son rôle allégrement.

Il surajoute à l'intrigue naturelle, l'intrigue artificielle, il aime la comédie, les jeux de scène. Il y a, dans le *don Juan* italien, une scène plaisante, où notre homme fait répéter son rôle au valet Passerino, pour s'assurer qu'il ne le trahira pas devant la justice [1].

Don Juan, même dans les choses graves et périlleuses, se donne un spectacle. Il prend plaisir à observer, en idée, les stratégies auxquelles se condamnent ses ennemis en campagne : « On a cet avantage qu'on fait courir le même risque (des biens, du repos et de la vie) et passer aussi mal le temps à ceux qui prennent fantaisie de nous venir faire une offense de gaîté de cœur. »

Les jeux de l'amour aussi sont pour don Juan plaisir de lutte et affaire de spectacle : « On goûte une douceur extrême à réduire par cent hommages le cœur d'une

---

1. Molière l'a utilisée dans les *Fourberies de Scapin*.

jeune beauté; à voir de jour en jour les petits progrès qu'on y fait; à combattre par des transports, par des larmes et des soupirs, l'innocente pudeur d'une âme qui a peine à rendre les armes; à forcer pied à pied toutes les petites résistances qu'elle nous oppose; à vaincre les scrupules dont elle se fait un honneur, et l'amener doucement où nous avons envie de la faire venir. Il n'est rien de si doux que de triompher de la résistance. »

Enfin (ne l'avons-nous pas déjà remarqué?) l'hypocrisie même est pour don Juan une comédie de haute intrigue, un déguisement plaisant de son propre caractère; et le vigoureux cabaleur mène ce jeu de grande tromperie, ces artifices de honteuses machinations, avec une verve d'allures et une fougue enthousiaste qui dénotent une puissance d'organisation prodigieuse.

« Tartufe et don Juan sont deux scélérats de même trempe, » a dit M. Auger. Erreur énorme!

Tartufe n'est que l'égoïsme fourbe à l'affût devant ses pièges : don Juan, c'est toute l'intelligence en campagne pour son coup de suprême politique.

L'hypocrisie de Tartufe est plus profonde dans un foyer plus étroit : celle de don Juan superficielle dans une âme plus vaste.

Ces deux fourbes sont si peu trempés au même feu, que j'ai entendu un bel et bon esprit, des plus déliés, affirmer que don Juan hypocrite n'est pas conséquent à soi-même, et plusieurs supposent que le cinquième acte de Molière n'aurait été qu'un placage déterminé par les préoccupations du *Tartufe*.

Je nie le placage et l'inconséquence, parce que je ne connais pas de génie dramatique plus logique que celui de Molière, et ne vois nulle part ce génie plus sérieux que dans le *don Juan*. « Jamais Molière n'a parlé un plus noble et ferme langage ; il y a là des tons de Pascal et de Bossuet[1]. »

M. Louandre va répondre victorieusement à l'objection.

« Après avoir épuisé tous les genres de perversité, don Juan essaye d'une perversité nouvelle, l'hypocrisie. Comme ce vice couvre tous les autres, et qu'il est la dernière ressource des misérables, Molière, par une admirable entente de son sujet, en a réservé la mise en scène pour son dernier acte. Don Juan, avec plus d'audace et de grandeur dans la scélératesse, est ici le précurseur de Tartufe, mais c'est Tartufe avec une épée, au lieu d'une discipline. »

Don Juan n'a pas seulement à la main une autre arme que Tartufe ; il a, au fond de l'âme, bien d'autres impulsions qui expliquent son hypocrisie finale et la différencient tout à fait de la cafarderie du cagot imposteur.

Dorimon et Villiers arment leur héros d'hypocrisie dès le troisième acte ; Rosimont dès le premier acte. Le personnage en est plus hideux à la fois et plus simple. Il semble que leur don Juan ait, comme Tartufe, l'hypocrisie innée. Dans Molière, avant que l'hypocrisie se surajoute pour diabolique couronnement, on a vu

---

1. Fiorentino.

l'homme tomber de chute en chute jusqu'aux boues luisantes de l'abîme. Cette progression fait le caractère plus humain et la déchéance moins désespérante. Observant cette échelle progressive des perversions, on peut mieux comprendre que l'image de Dieu, retournée peu à peu, démontée pièce à pièce, aurait pu être retenue et préservée de sa pleine décomposition. On le conçoit surtout, si l'on considère la diversité des mobiles qui poussent et amusent don Juan dans sa grande fantaisie de sacrilége dévotion.

Dans Tartufe, l'hypocrisie monte du cœur, fleur ténébreuse d'un égoïsme venimeux. Dans don Juan, l'hypocrisie retombe de l'esprit, et, par un effet d'imprévu, éclate, parmi les ténèbres, comme un bouquet d'artifice.

Pour bien comprendre l'explosion de fourberie du cinquième acte, voyons d'où vient et à quel jeu tend le premier grain d'hypocrisie savamment jeté par le poëte au premier plan de son drame.

Don Juan fait la rencontre fâcheuse d'Elvire, qui s'est mise en campagne après le volage envolé et qui veut savoir de quel air il saura se justifier. Le vaurien, fort embarrassé pour répondre, se rappelle que précisément il vient de motiver son inconstance, par devant Sganarelle, sur des considérants qu'on ne débite pas à une femme trahie, et il s'avise de passer parole à son valet, se faisant un malin plaisir de voir comment il pourra bien s'en tirer. C'est si bien à Sganarelle qu'il en veut, qu'il le force, par menaces, à s'exécuter et à lui donner la comédie.

—Vous vous moquez de votre serviteur... Madame, [les] conquérants, Alexandre et les autres mondes sont cau[se] de notre départ.

— Vous plaît-il, don Juan, nous éclaircir ces bea[ux] mystères?

— Madame, à vous dire la vérité...

Que va-t-il dire? en termes élégamment voilés et [...] il insinuera que le bel oiseau ne chante plus da[ns son] cœur et s'est envolé on ne sait où. Mais Elvire, po[ursui]vant sa campagne imprudente, a la maladresse de r[e]courir à l'ironie :

« J'ai pitié de votre confusion. Que ne vous arme[z] vous le front d'une noble effronterie! Que ne me jure[z] vous que vous m'aimez toujours avec une ardeur sa[ns] égale..., que des affaires de la dernière conséquence vo[us] ont obligé à partir sans m'en donner avis..., qu'il e[st] certain que vous brûlez de me rejoindre, et qu'éloign[é] de moi vous souffrez ce que souffre un corps qui [est sé]paré de son âme? Voilà comme il faut répondre, et n[on] pas être interdit comme vous êtes. »

Ah! se dit le leste et subtil esprit; tu ne veux pas q[ue] j'aie quelque confusion! Ah! tu crois qu'on m'interd[it] avec d'ironiques lardons! Ah! il te faut de l'effronte[rie] du genre noble! Écoute donc!

« Je vous avoue, Madame, que je n'ai point le talent [de] dissimuler et que je porte un cœur sincère. Je ne vo[us] dirai point que je suis toujours dans les mêmes sen[ti]ments pour vous et que je brûle de vous rejoindre, pui[s]qu'enfin il est assuré que je ne suis parti que pour vo[us]

uir, non point par les raisons que vous pouvez vous fi-
rer, mais par un pur motif de conscience, et pour ne
roire pas qu'avec vous davantage je puisse vivre sans
éché... Le repentir m'a pris, et j'ai craint le courroux
 léste... »

à, dès l'exposition, le prélude du pieux discours
 fourbe moqueur adressera à son père au cinquième
« Oui, vous me voyez revenu de toutes mes er-
eurs... et je regarde avec horreur le long aveuglement
ù j'ai été et les désordres criminels de la vie que j'ai
menée... Je prétends réparer le scandale de mes actions
assées, et m'efforcer d'en obtenir du ciel une pleine ré-
mission. C'est à quoi je vais travailler. »

C'est, sous les mêmes couleurs, une égale hypocrisie.
Mais, dans la première rencontre, saute aux yeux le jeu
l'esprit qui naît de la situation, la riposte de l'ironie.
lvire ne s'y trompe pas ; elle n'a garde de s'arrêter à la
 ion religieuse : « Il suffit ; je n'en veux pas ouïr
avantage, et je m'accuse même d'en avoir trop entendu.
'est une lâcheté que de se faire trop expliquer sa honte.»
e mot-là porte tout le trait cruel de don Juan. A la
emme qui vient contre lui se poser en juge sévère de ses
ctions honteuses, il retourne la face sur sa propre honte :
« Il m'est venu des scrupules, Madame, et j'ai ouvert
es yeux de l'âme sur ce que je faisais. J'ai fait réflexion
ue, pour vous épouser, je vous ai dérobée à la clôture
'un couvent, que vous avez rompu des vœux qui vous
ngageaient autre part, et que le ciel est fort jaloux de
es sortes de choses... J'ai cru que notre mariage n'était

qu'un adultère déguisé, et qu'enfin je devais vous oublier, et vous donner le moyen de retourner à vos premières chaînes. Voudriez-vous, Madame, vous opposer à une si sainte pensée, et que j'allasse, en vous retenant, me mettre le ciel sur les bras?... »

La leçon est atroce, assurément, surtout dans la bouche du complice, du séducteur; mais, sous l'aiguillon impitoyable, quelle invincible logique et quel jugement! Femme, nous fûmes à deux de jeu pour manquer à nos devoirs; si je brise un mariage peu sérieux, tu avais, toi, rompant tes vœux et tes engagements, la première trahi un époux plus jaloux de ses droits légitimes que tu ne peux justement l'être d'un vain titre adultère...

Si don Juan, au bout de sa carrière, a dû grandir en égoïsme, toujours nous retrouvons, dans son hypocrisie finale, les mobiles variés dont nous venons de surprendre le germe, et qui le distinguent radicalement du caractère de Tartufe.

Tartufe, nous l'avons dit, semble avoir été conçu dans son péché, couvé dans l'œuf de l'hypocrisie. Pour don Juan, l'hypocrisie est un accident, une aventure nouvelle de la vie; et il doit trouver un plaisir à ce changement d'allure : j'ai été au galop libertin; essayons de l'amble béate...

Tartufe est sérieux dans l'imposture, et d'un bout à l'autre de son opération gravement affairé. Mais don Juan, comme il mène son poëme en lutteur goguenard! Voyez-le sourire intérieurement à cette idée d'un changement qui va surprendre tout le monde comme un miracle inespéré du ciel, et avec quel empressement il prétend profiter de ce coup de grâce, faire éclater aux yeux du monde un soudain changement de vie; et à quelle comédie il assiste et se mêle d'avance sur la grande question du choix de son directeur!...

Tartufe est tout secret. Mais don Juan s'est à peine concentré un instant sous son masque, qu'il grille de le soulever avec fracas et d'épanouir, avec sa face railleuse, sa fourbe d'étalage. « C'est un dessein que j'ai formé par pure politique, un stratagème utile, une grimace nécessaire... Je veux bien, Sganarelle, t'en faire confidence, et je suis bien aise d'avoir un témoin du fond de mon âme, des véritables motifs qui m'obligent à faire les choses. »

Vous imaginez-vous Tartufe se dévoilant à quelqu'un? et non pas à l'oreille de son Laurent, « ce garçon qui dans tout l'imitait, » mais à l'oreille d'un Sganarelle indiscret et bavard, publiant les motifs qu'il a de faire les choses, et retournant son âme jusqu'au fond?... A don Juan, impossible de se resserrer jusqu'à vivre pour soi, en face de soi seul; il lui faut sortir de soi, et s'appuyer, l'âme ouverte, sur quelqu'un pour se jouer des autres, pour s'amuser à deux de son jeu, en jetant au nez du monde méprisé le secret de ses motifs insolents.

Don Juan est plus occupé à observer dérisoirement et arracher « le masque dont tant d'autres se servent pour abuser le monde, » qu'à composer le sien propre. « Ah! quel homme! quel homme! » s'écrie Sganarelle, qui est à mille lieues de comprendre toutes les profondeurs de ce joyeux contradicteur du Monde de Satan. Hé! double benêt, regarde donc et la Ville et la Cour, tout ce qu'il y a de plus honoré sous la calotte du ciel révéré; remonte avec moi jusqu'à ces hauteurs où, s'obombrant du droit divin, les hommes

> Font de dévotion métier et marchandise,...
> Et prêchent la retraite au milieu de la cour.

Vois, à cette source, puiser et se remplir, pour descendre empester la grande ville et leurs petites villes,

> Tous ces francs charlatans, tous ces dévots de place,
> De qui la sacrilége et trompeuse grimace
> Abuse impunément et se joue, à leur gré,
> De ce qu'ont les mortels de plus saint et sacré!

Vois donc Alceste, le sincère héroïque, auquel le ciel n'a point fait

> Une âme compatible avec l'air de la cour;

obligé de se bannir rudement de ce beau chef-lieu du mensonge : qu'y ferait-il, lui, cœur droit,

> Qui ne sait pas jouer les hommes en parlant?

« Il n'y a plus de honte maintenant à cela : l'hypocrisie est un vice à la mode; et tous les vices à la mode passent pour vertus. Le personnage d'homme de bien est le meilleur de tous les personnages qu'on puisse jouer. Aujourd'hui la profession d'hypocrite a de merveilleux avantages. C'est un art de qui l'imposture est toujours respectée; et, quoiqu'on la découvre, on n'ose rien dire contre elle. Tous les autres vices des hommes sont exposés à la censure, et chacun a la liberté de les attaquer hautement; mais l'hypocrisie est un vice privilégié qui de sa main ferme la bouche à tout le monde, et jouit en repos d'une impunité souveraine. On lie, à force de grimaces, une société étroite avec tous les gens du parti. Qui en choque un se les attire tous sur les bras; et ceux que l'on sait même agir de bonne foi là-dessus, et que chacun connaît pour être véritablement touchés, ceux-là, dis-je, sont toujours les dupes des autres; ils donnent bonnement dans le panneau des grimaciers, et appuient aveuglément les singes de leurs actions. Combien crois-tu que j'en connaisse qui, par ce stratagème, ont rhabillé adroitement les désordres de leur jeunesse, qui se font un bouclier du manteau de la religion, et, sous cet habit respecté, ont la permission d'être les plus méchants hommes du monde? On a beau savoir leurs intrigues et les connaître pour ce qu'ils sont, ils ne laissent pas pour cela d'être en crédit parmi les gens; et quelque baissement de tête, un soupir mortifié et deux roulements d'yeux rajustent dans le monde tout ce qu'ils peuvent faire. C'est sous cet abri favorable que je veux me sauver et mettre en sûreté mes affaires. Je ne quitterai point mes douces habitudes; mais j'aurai soin de me cacher, et me divertirai à petit bruit. Que si je viens à être découvert, je verrai, sans me remuer, prendre mes intérêts à toute la cabale, et je serai défendu par elle envers et contre tous. Enfin, c'est là le vrai moyen de faire impunément tout ce que je voudrai. Je m'érigerai en censeur des actions d'autrui, jugerai mal de tout le monde, et n'aurai bonne opinion que de moi. Dès qu'une fois on m'aura choqué tant soit peu, je ne pardonnerai jamais, et garderai tout doucement une haine irréconciliable. Je me ferai le vengeur des intérêts du ciel ; et, sous ce prétexte commode, je pousserai mes ennemis, je les accuserai d'impiété, et saurai déchaîner contre eux des zélés indiscrets qui, sans connaissance de cause, crieront en public après eux, qui les accableront d'injures, et les damneront hautement de leur autorité privée. C'est ainsi qu'il faut profiter des faiblesses des hommes, et qu'un sage esprit s'accommode aux vices de son siècle. »

« Que dites-vous de cette page? Tout Tartufe était là[1]. » Oui, tout Tartufe, dans la cabale privilégiée qui se fait un bouclier du manteau de la religion, pour mieux assassiner avec un fer sacré : mais non point dans notre don Juan.

Tartufe ne discourt jamais que sur les béatitudes dont on jouit au service de Dieu, et, fût-il question d'orner d'une coëffe le chef d'Orgon, il trouve moyen d'y accommoder le ciel !

Don Juan discourt sur les plaisirs et profits qu'assure le service du Diable, et il se flatte de manœuvrer dans l'enfer du Monde aussi bien que les démons.

En un mot, mot que j'emprunte à un très-fin critique : « Don Juan n'est qu'hypocrite d'hypocrisie. Il contrefait les dévôts pour s'en moquer et les exploiter[2]. »

1. De Puibusque.
2. Weiss.

L'idée de l'hypocrisie vient à don Juan du spectacle du Monde. Elle naît de la réflexion d'une très-forte raison au sein d'un cœur démoralisé et atteint de lassitude. Il a longtemps observé, peut-être détesté d'abord, assurément toujours méprisé la clique des hypocrites, et, dans cette âme expansive et fougueuse, le mépris déborde encore à flots aigres sur ceux-là même dont il entreprend de jouer l'infâme personnage. Essayez donc de découvrir dans ce bon monsieur Tartufe trace d'aucun dédain pour sa clique et pour sa cabale!...

Et qui n'entrevoit que don Juan, le cœur rempli d'un tel amer mépris pour la profession d'hypocrite, ne peut pas manquer de se mépriser soi-même, dès qu'un jour de méditation lui permettra de reconnaître, avec un retour de dégoût et d'horreur, qu'il n'est, lui don Juan, que le singe de ces grimaciers!...

Mais Tartufe? le pauvre homme! quelle apparence qu'il puisse songer à se mépriser lui-même? C'est ici, pour un tel changement, qu'il faudrait un coup de grâce, un miracle. Pour don Juan, on conçoit qu'il suffise d'un calme regard de la raison, sous le rayon permanent du Soleil des intelligences.

Ce moqueur est trop fort pour ne point finir par se moquer de ses désordres. Pour se moquer, comme il fait, de tout, il faut avoir l'âme éveillée sur tout, et capable de s'ouvrir sur tout, à toute clarté.

Don Juan n'est pas sans entendre répéter autour de lui l'axiome de Descartes : Je pense, donc je suis. Qu'est-ce que je suis? pourra-t-il, quelque jour, se dire; et qu'est-ce que j'en pense? D'où vient-on? Où allons-nous? Et sur quelle échelle et dans quelles limites, puis-je fixer et prolonger les termes, ombre et lumière, fini et infini, entre lesquels il plaît à ma fantaisie de se balancer à la recherche des analogies ingénieuses et dans la contemplation alternée des poétiques symboles?

Qui a besoin de chercher a puissance de trouver, s'attardât-il par les sentiers du doute méthodique. La faiblesse de don Juan, c'est de n'ouvrir son œil que vers un bord de l'horizon ; moins large d'esprit et moins équilibré que le savant de l'Évangile[1], il se détourne de toute chose ancienne, pour courir aux nouvelles.

Mais qu'il est curieux de nouveautés en tous domaines : séjours, cœurs, idées. Toute résidence prolongée le gêne, il fuit les vieux logis, et son caractère, dans le drame, incompatible avec l'unité de temps et de lieu, est la condamnation formelle du système imbécile de l'abbé d'Aubignac, de son compère Richelieu et de leur école. Un poëte allemand a distribué ses cinq actes entre les cinq capitales de l'Europe; c'est comprendre son sujet. Mais il y a mieux : don Juan fut certainement, comme on l'a dit, du nombre des aventuriers qui se donnèrent le plaisir d'accompagner Christophe Colomb et Pizarre et Cortez à la découverte des Paphos et des Idalies inconnues; et je parie qu'à cette heure, ayant poursuivi ses

---

1. Saint Matthieu, XIII, 52.

études d'anthropologie ou gynéologie en Chine, Cochinchine, Japon, Australie, Océanie, Aurocanie, don Juan se dispose à aller, par-delà les grands lacs de l'Afrique, chanter

> Là, ci darem la mano,

aux petites Zerlines noires, et que, recueillant l'héritage du très-aimable, mais fort papillonnant Radama II, il fredonne déjà à l'oreille des brunes Malegaches :

> Tu ch'hai la bocca dolce piu del miele,
> Tu ch'il zucchero porti in mezzo al core!...

Qu'est-ce à dire? Vais-je illustrer les Radama et les *barapipes* de Madagascar[1]? Dieu garde! Je veux seulement constater que Radama II, mal élevé dans une atmosphère sociale marécageuse et fébricitante, et qui disait de lui-même : « Je ne suis rien qu'un homme de plaisir, » avait cependant de très-belles facultés naturelles, et que ce Lucifer, tout en voltigeant des nymphées de ses marécages aux lianes de ses forêts vierges, brilla un instant sur son île sombre comme un phare d'espérance[2]. D'où je conclus : Ne désespérons pas de don Juan, et pas même de sa papillonne.

Tâchons de distinguer en lui et l'attrait de la nature et son égarement.

Il dit à Sganarelle :

---

1. Le barapipe est exactement notre don Juan.
2. *Radama II*, par le R. P. de Regnon.

« Les inclinations naissantes, après tout, ont des charmes inexplicables, et tout le plaisir de l'amour est dans le changement. »

Don Juan, tant qu'il n'est qu'un centaure au galop, ne peut pas se rendre compte des mystères célestes du cœur humain. Que peut savoir des premières amours ce malheureux, s'il n'a rencontré que des Rosalba et des Charlotte; s'il flétrit de son premier souffle Elvire et Zerlina, roses brutalement effeuillées; si, de sa rude main, il enlève à toute pêche son duvet? Que peuvent-ils comprendre au charme vivace et souverain de la femme, ces hommes hennissants, qui n'ont jamais, dans son haleine, respiré la Vierge, et, dans ses yeux, cherché l'Esprit divin?

On s'explique l'éternel inassouvissement de qui ne s'est jamais alimenté de l'éternel.

Ces charmes des inclinations naissantes qui restent inexpliqués à don Juan, un esprit attentif et respectueux en comprend la merveille. Observez bien, et d'un regard subtil, car il s'agit ici des profondeurs de l'azur éthéré, mystérieux.

Ce qui frappe, émeut, ravit don Juan même, à l'aveugle, à son insu, dans l'aurore des fraîches amours, c'est l'innocence et la pudeur, la pureté et la délicatesse : toutes essences de la vie parfaite et de l'amour éternisé!

« Don Juan, tu as pris le chemin de la mort... Tu as compris trop tard que le baiser arraché à la femme séduite, loin d'étancher la soif qui te dévore, est un poison âcre qui brûle et tarit toutes les sources de la vie... L'amour est le fils de la chasteté ; la pudeur alimente sa flamme[1]. »

Méditons bien : dans toute femme où ces vertus persistent, la candide beauté demeure, avec son rayonnement d'éternelle attraction, avec sa fleur à jamais parfumée, dans les ravissements d'un renouveau infini.

Contemplez une Vierge-Mère de l'ange d'Urbino : et vous concevez le mystère d'un amour immortel. Or, ce qui est vrai de la *Madone de Saint-Sixte*, créature d'un homme, ne serait pas vrai de doña Anna, créature de Dieu !

C'est le propre de l'amour, culte mystérieux du Beau, d'avoir des yeux pour toute beauté, suave et charmante image de Dieu, des lèvres pour un seul fruit délicieux...

Que vont dire les papillons ?

Les papillons ont, pour voltiger à l'aventure, la création tout entière : la colombe, pour se reposer, n'a qu'un nid.

C'est ce qu'a lumineusement exposé le plus spirituel des disciples de Charles Fourier, corrigeant aux lueurs de l'analogie le grand écart de son maître.

« Chez les Colombiens, dit Toussenel, savant naturaliste, le pacte conjugal suit de près celui des fiançailles ; il durera autant que la vie ; de part et d'autre on y sera fidèle. Et il y a mieux encore, dans le monde ailé, en fait d'amants fidèles que les colombes : il y a l'hirondelle. Voilà l'oiseau d'amour du plus haut titre ; inno-

---

1. Scudo, *Mozart et don Juan*.

cence, pudeur, chasteté, parfaite pureté de mœurs... Au contraire, dans le monde des oiseaux, les gens au vol pesant et les pieds-plats, Coureurs et Barbotteurs, espèces grossières, inachevées, ne sont que brutalité, impudeur, inconstance, sans délicatesse, sans amour vrai... Incapables d'amour pur, ils sont impropres aux vertus de famille [1]. »

Le disciple, plus sage que le maître, s'est à bon droit défié des Coureurs et des Barbotteurs aux terres basses de l'amour.

Fourier a vu dans l'homme mouvant une force divine, et c'est dans un sentiment de religieux respect qu'il se refusait à l'étouffer, et se proposait d'en faire une force motrice au service de l'humanité ; mais il se fût bien gardé d'agiter les ailes du papillonnant contre l'amour, s'il avait, selon son propre précepte, observé la nature, et dans le type même dont il empruntait le nom pittoresque et plaisant. Les papillons volent deux à deux : l'enfant sait cela, et l'enfant conclut à leurs amitiés fidèles. Observateur plus simple, plus enfantin, le théoricien de l'Analogie universelle eût remarqué que le groupe monogame promène dans le céleste azur son ellipse mobile et constante, et que ces cœurs volages, indissolubles, ne font innocente infidélité qu'aux fleurs et aux rosées...

Mais Fourier avait plus observé don Juan que doña Anna. Or, quand il s'agit de l'amour, c'est au cœur de la femme qu'il faut *prendre le ton* des célestes accords ;

---

1. *Le Monde des oiseaux.* Formule du Gerfaut.

et quand on veut déterminer l'ordre des destinées harmonieuses, il convient de consulter non pas l'instinct fugace de l'homme déchu, rampant, tortueux et séducteur, mais l'âme de la femme redressée, forte, immaculée, dévouée, exaltée en Dieu son salutaire!

L'homme a pour papillonner toutes les œuvres du Créateur, à la condition que partout il voltige conjugué au cœur de l'épouse, avec elle incessamment reposé au giron de la mère, deux foyers d'immuable amour, qui, l'un par l'autre, se complètent, s'harmonisent et se parfument d'éternelles suavités!

L'éducation de l'homme n'est pas faite encore sur ces candides lumières.

Mais de ce que l'époux chrétien, ayant fait de son épouse avec lui une seule âme et une seule chair, ne doit pas la diviser et ne peut pas la déchirer sans iniquité, sans malpropreté [1], s'ensuit-il que le *Village* d'Octave Feuillet soit le formulaire de la conduite parfaite, l'eldorado de la destinée humaine, l'idéal de l'être, de la vie et du mouvement en Dieu?

Sur ce petit modèle-là, Christophe Colomb, éteint sous un bonnet de coton, eût fermé l'oreille aux Chérubins qui lui criaient du plus haut des cieux : *Reple terram, subjice eam!*

Colomb, époux fidèle, ne tenait pas en place... Heu-

---

1. Deus castitatis amator... Mulierem dividere, id est animam et carnem suam incidere est iniquum et sordidum. *Catena aurea,* in Matth. XIX.

reuse l'humanité que la colombe ait eu des ailes, pour voler à la découverte, et rapporter à l'Arche aventurée le rameau d'olivier! Octave Feuillet et La Fontaine auront beau chanter

<blockquote>Bon souper, bon gîte et le reste!</blockquote>

ils n'empêcheront pas les colombiens d'être, au gré de Dieu, avec les hirondelles, des oiseaux voyageurs et de bonne nouvelle.

Dieu, qui veut dans les liens de la famille et de l'amour l'indissoluble constance, veut la variation et le mouvement dans tout autre ordre de relations et d'activités. Toute règle, dans la nature, a son exception; et l'exception confirme la règle.

Le besoin de changement, d'alternance, de déplacement, le désir des horizons nouveaux, l'élancement vers les rivages inconnus, l'aspiration aux sphères infinies : toutes impulsions irrésistibles, attractions essentielles de ce Dieu en qui se meuvent non-seulement les terres, mais les cieux mêmes, dans leurs vertus renouvelées. Notre Dieu est un feu consumant : dans cet immuable Esprit, toute substance est éternelle progression [1].

La mobilité est tellement la condition et la voie de la vie, que Dieu, n'ayant, sur la terre, immobilisé que le minéral, le fait toutefois participer au mouvement dans le véloce concert des astres incessamment poussés par l'éternelle activité. Les palmiers, fixés au sol par leurs

---

1. Saint Paul; Hébr., XII, 26, 29; Psaume LXXXIII.

pieds, balancent, sous les brises variées, leur tête et leurs bras vers les cieux. Le serpent rampe ; le quadrupède court et bondit ; le papillon, de ci de là, voltige ; l'oiseau, plus libre, plane, fend l'air, émigre, et l'hirondelle dit son gazouillant adieu au nid de nos clochers pour aller, bien loin, s'endormir au scintillement de la Croix du Sud. A l'homme enfin Dieu dit : Remplissez la terre ; faites le tour du globe ; et, vous élevant au-dessus de tout ce qui se meut sur la terre, au-dessus même des oiseaux, apprêtez-vous à monter de terre en ciel, et à vous mouvoir éternellement de cieux nouveaux en cieux inouïs [1].

Don Juan, au fond de son être, a reçu le coup de cette impulsion divine vers l'infini ; et il l'exprime confusément lorsqu'il dit : « Je me sens le cœur à aimer toute la terre, et je souhaiterais qu'il y eût d'autres mondes pour y pouvoir étendre mes conquêtes amoureuses. » Gardons-nous, l'œil mal ouvert aux secrets de la nature humaine, de ne voir dans ce mot que l'emportement de l'étalon ventre à terre. Don Juan, j'en conviens, suit sa poussée à la diable, et il se fait, contre le tendre amour, torrent dévastateur, faute d'avoir trouvé, sur un terrain plus libre, pour son expansion sans bornes, un vaste lit fluvial, l'océan et l'atmosphère. Cet essor désordonné hors du cours normal est ce que Charles Fourier a nommé, d'après Horace, *la passion en récurrence :*

Naturam expellas furcâ, tamen usque recurret [2].

1. Genèse I, 28 ; Saint Jean, xiv, 2, 3.
2. « Quand Pitt buvait, c'est de *variété* qu'il avait soif. Il fallait

Nous pouvons observer, dans une autre prodigieuse création de Molière, avec le même esprit de subtiles stratégies, le même appétit de conquêtes amoureuses, sans qu'il soit possible d'y soupçonner aucune concupiscence charnelle et grossière. Célimène ressemble singulièrement à don Juan : coquette, comme il est coq, mais sans ardeur aucune; comme lui pourvue des ailes rapides de l'oiseau de proie ; volage pour dominer ; reine des amours intriguées et tenant cour plénière ; la *Joconde* française, moins suave que le type de Léonard de Vinci, aussi puissante ; une femme chez qui tout l'univers est bien reçu, et dont le cœur

> A tout le genre humain se promet tour à tour;

un génie féminin dont l'étude est de garder tout le sexe fort, délicatement mis au pas, autour de son char encensé.

Ce n'est pas une petite force divine que Célimène : mais quel diabolique emploi de tant de charmes! La belle séve gâtée! Hélas! une franche coquette parisienne, éduquée et formée à la cour des coqs gaulois!...

Il y a cette différence, à l'avantage de don Juan, que Célimène est bien autrement réservée, contenue, secrète; c'est-à-dire qu'elle a de moins que notre héros la fougue et l'ardeur, l'enthousiasme et l'appétit de l'universel et vertigineux embrassement.

distraire et remplir d'autre chose que de patriotisme cette grande âme que l'amour de l'Angleterre n'assouvissait pas. » (Barbey d'Aurevilly. *Brummell*.)

Célimène ramasse à l'entour d'elle et à sa suite un peuple entier d'adorateurs,

Du haut de ses yeux verts les promenant en laisse [1];

mais elle ne se livre jamais. Don Juan a besoin de sortir de lui-même, et peut s'abandonner, ne fût-ce qu'un instant. Don Juan absorbe l'âme, comme dit l'Inès de Zorilla : ainsi pénétré d'elle et se l'assimilant, il a chance, au beau milieu de son triomphe, d'en subir l'influence intime et rayonnante.

Célimène attend au passage, et happe. Don Juan aspire, et court chercher passionnément.

Célimène est sèche, et son sourire, creusant sa fossette de marbre, a le froid de la fascination vipéréenne. Don Juan brûle; il a le feu au cerveau autant qu'aux entrailles; il court et se précipite comme l'incendie, et, comme la flamme, il pétille et s'exalte et veut s'épanouir dans l'éther invisible.

Qui peut dire où s'arrêtera ce coureur insatiable, pour peu que lui vienne, par ennui, par esprit de contradiction ou par fantaisie, l'idée de monter? Qui peut croire que don Juan, son tour du monde achevé, ne lèvera pas les yeux vers les autres mondes, et n'en viendra pas à se demander si l'attraction qu'il exerce produit des concerts aussi harmonieux que l'amoureuse attraction du Soleil sur les corps célestes fécondés et ravis?...

La curiosité insatiable de don Juan, sa vague soif de

---

1. Alfred de Musset.

l'infini n'est pas, comme on l'a dit, une imagination des poëtes panthéistes de nos jours. Le vieux don Juan marionnette allemand courait au festin des enfers « dans l'espoir d'y goûter quelque jouissance d'un caractère nouveau. » Le premier don Juan français, dès 1659, acceptait le rendez-vous de la Statue par lassitude des choses terrestres et maladive aspiration aux choses inouïes et surnaturelles :

> L'homme est lâche qui vit dans la stupidité;
> On doit porter partout sa curiosité...
> J'ai vu ce qu'on peut voir, Briguelle, sur la Terre,
> Les esprits forts, les grands, les savants et la guerre :
> Il ne me reste plus dans mes pensers divers
> Qu'à voir, si je pouvais, les Cieux et les Enfers.

Toute cette vibration de l'âme dans l'infinité du mouvement, du nombre et de l'étendue, et au delà, est, pour qui voit bien, dans le don Juan de Molière, non seulement en puissance, mais en acte même.

Tout désirer, à tout courir pour tout embrasser ; tout parcourir, pour de tout goûter ; et, pour que rien n'arrête cet élancement indéfini, tout déjouer ou renverser :

Tel est, dans son fond, dans son sommet, dans son allure, don Juan.

> Le ciel me résistant, je lui ferais la guerre ;
> Ou du moins je mourrais dans cette volonté.

C'est bien le mot de Prométhée ; et c'est le mot de l'homme passionné, désorbité, digne de pitié. « La passion, nous disait, hier, dans la chaire de saint Augustin, un sermonnaire original et ferme, M. l'abbé Clerc, la passion, c'est la force humaine, dans son essor vers l'infini heurtée, agitée, troublée, souffrante. »

Pour quiconque souffre, commisération ! Et n'en doutons jamais : dans le Prométhée libertin, dans ce fils de la terre, vaguement en quête des feux d'en haut et en lutte contre les faux dieux, nous pouvons pressentir l'homme de la bonne nature ; au fond de ce cœur inondé du fiel que l'aigle ne peut consumer, nous pouvons retrouver le sang du fils d'Abraham ; nous pouvons, dans don Juan, concevoir l'Israël faisant au vrai Dieu violence [1].

Don Juan fait guerre à mort au ciel résistant : que ferait-il contre le ciel attirant, contre le courant du Verbe exaltant, contre les baisers consumants de l'Esprit consolateur ?...

Là est le mystère suprême !

1. Genèse, XXXII.

XVII.

DON JUAN, HERCULE, CHRISTOPHE COLOMB.

Don Juan, tel que nous venons de l'analyser à la clarté du regard de Molière, n'est plus ce bel oiseau de proie nocturne, perché sur sa borne, que notre jeunesse enfiévrée idolâtrait sur parole, sous la bleuâtre lanterne d'Alfred de Musset.

Don Juan n'est plus un maniaque ; c'est un homme.

Est-ce l'homme ? un fils de l'humanité en sa plénitude ? Question capitale, que nous allons tout à l'heure librement examiner.

Don Juan est un homme : il faut bien que l'humanité se sente palpiter en lui, pour que, depuis deux cents ans, l'œil de la pensée concentre sur ce cœur maudit tant de rayons.

« Le charme de don Juan, a dit excellemment M. Antoine de Latour, toucherait moins les femmes, s'il ne se faisait sentir à tout le monde [1]. » En effet, tous les regards qui viennent du Verbe créateur trouvent à qui parler en don Juan, et don Juan peut correspondre à l'humanité par toutes ses langues.

Il est bien vrai que don Juan parle plus souvent d'une belle femme que d'autre chose ; mais prêtez une oreille attentive : s'il est vrai que sur ce clavier frémissant le *mi* (note tonique de l'amour, dit-on) sonne toujours au début de tout concert, entendez à la suite vibrer *si, re, fa, la, ut,* avec la note d'amour retentissant à l'infini, principe des mélodieuses activités de don Juan. S'il est une touche qui faiblit dans ces accords, c'est celle de la famille, médiante négligée, dont l'absence appauvrit le concert. Mais, en somme, que de richesses, et quelle prodigieuse puissance !

Nous nous expliquons désormais pourquoi, dans les hommes de cette trempe, Manzoni, Hoffmann, Georges Sand ont vu quelque chose de plus que puissant, de fatidique, de respectable ; pourquoi, sur cet abîme obscur, leur vue attentive a discerné les lueurs errantes de l'Esprit ; pourquoi leur cœur, au fond de ce monstre fantastiquement disproportionné, a senti l'humanité oppressée, mais survivante, avec quelque chose de Dieu.

Et dès lors, nous comprenons pourquoi « malgré tout, don Juan intéresse. » L'esprit humain ne s'intéresse pas au mal ; il s'intéresse à la force : deux choses bien différentes et trop souvent confondues.

1. *Études sur l'Espagne.*

Molière plus qu'aucun autre poëte, sous le criminel élargi, agrandit l'homme essentiel. Il fait de don Juan un caractère si complexe, il l'enrichit de tant de dons naturels, il combine en lui, pour ainsi parler, tant d'hommes en un, que spectateurs et lecteurs, à chaque mouvement du héros, verront apparaître comme une lueur d'eux-mêmes et se heurteront à quelque coin de leur propre nature. De là vient la secrète sympathie à laquelle presque personne, plus ou moins, ne saurait échapper, et qu'on ose à peine s'avouer à cause de l'énormité des désordres du personnage. Tout en maudissant ses vices croissant, nous nous intéressons au jeu de ses forces progressivement multipliées, saisis d'un sentiment vague d'inquiète sollicitude, parce que nous entrevoyons sur cette échelle de la déchéance morale comme rouler toute l'humanité et chacun de nous-mêmes avec don Juan.

Et maintenant n'aurons-nous fouillé et considéré ce faisceau dénoué de tant de forces de la bonne nature, que pour les laisser à leur jeu diabolique, ou pour les briser diaboliquement? Non, en retrouvant là en quelque sorte tout le genre humain et son immense vigueur en subversion, nous devons redoubler de commisération à la fois et de respect pour cette grande créature divine, et nous demander si elle ne peut pas reprendre sa ressemblance avec Dieu, et si un tel appareil d'énergies n'est pas destiné à produire des effets d'harmonie grandiose.

Hercule a bien accompli ses douze grands travaux,

sans compter les petits !... N'y a-t-il aucun rapport entre Hercule et don Juan ?

Théophile Gautier, sous le lion de Séville, a senti le muscle de l'Alcide Léontothymos. Son don Juan, en sa *Comédie de la Mort,* méditant, après coup, sur le chemin qu'il aurait fallu prendre entre les deux femmes mystiques de Prodicus, se dit mélancoliquement :

> Trompeuse Volupté, c'est toi que j'ai suivie,
> Et peut-être, ô Vertu ! l'énigme de la vie,
>   C'est toi qui la savais.

L'histoire ancienne prétend qu'Hercule, plus à temps sage et rangé, embrassa le parti de la Vertu ; mais le poëme moderne conclut que, dans tous les temps païens, à Paris comme à Athènes, la sagesse a consisté à chanter avec les vieux Romains : *Carpe diem..., carpamus dulcia !*

> Hâtons-nous, hâtons-nous ! Notre vie, ô Théone,
> Est un cheval ailé que le Temps éperonne,
>   Hâtons-nous d'en user...
>   Allons, un beau baiser[1] !...

Gautier connaît son antiquité, et notre Théophile possède son Olympe. Il sait que le fils de Jupiter, le gigantesque Musagète, l'homme-dieu païen, « le type parfait du héros bienfaisant, selon Jacobi, peut-être ce que l'esprit poétique des Grecs a produit de plus grand et de plus beau, » n'est en somme que *la force,* et que ce fort de la

---

1. *La Comédie de la mort,* au dénoûment, VIII.

halle olympienne est fort bien à cheval sur le vice comme sur la vertu.

Remarquons d'abord que sa naissance olympiacée et son éducation chevaleresque le prédisposaient au double essor.

Alcmène, sa mère, est une bonne femme, innocente victime des dieux mâles et femelles; mais Hercule n'en est pas moins un fruit de l'adultère, par surprise : il naît à la cour de Thèbes, d'un coup de main nocturne semblable à celui que don Juan commet sur Isabelle, à la cour de Naples. L'enfant demi-dieu est mis par son père en nourrice, d'abord chez Minerve, mais cette divine sagesse n'a pas de lait; puis chez Junon, mais cette divine matrone le rejette durement de son giron, et dégorge ses bubuleuses mamelles à former la voie lactée.

A sept ans, dès l'âge de raison, Hercule est enlevé aux influences amollissantes des femmes, c'est-à-dire qu'à l'âge où la raison se forme, on lui fait comprendre qu'un homme, ne fût-il encore qu'un petit bout d'homme, se doit sevrer de toute inspiration d'amour pur et cordial. Le petit lion thébain passe donc, corps et âme, aux Mentors de l'Université héroïque.

Amphitryon, qui tua le roi son oncle pour avoir ses bœufs, lui apprend à conduire le char de l'État, en se servant de la trahison pour vaincre ses ennemis, à la condition de tuer les traîtres après le succès (histoire de Cometo). Hercule est exercé à la gymnastique et aux escalades par Autolycos, favori de Mercure, au dire d'Homère, le plus fourbe des hommes et le plus subtil des trompeurs ; il est dressé à régler les différends et à rédiger le programme des congrès amphictyoniques, par Rhadamanthe, ce fils *européen* de Jupiter, qui fut nommé juge de paix aux enfers pour n'avoir jamais pu, sur la terre, se concilier avec son frère et son collègue Minos... L'hippo-centaure Chiron instruit notre jeune homme, comme il avait fait pour Pélée, à surprendre et attraper les déesses, à épouser les Néréides contre leur gré, et à monter au galop et atteler en flèche toutes les cavales de l'humain Océan. Eumolpe, guerrier, barde et prêtre, son deuxième maître de chapelle, lui enseigne mélodieusement l'inceste et le viol. Castor, son frère aîné, lui montre la manière de s'y prendre pour dompter les chevaux entiers et pour enlever les prêtresses de Diane. Enfin, le roi Eurythus, édifiant sa jeune piété, le style à tendre l'arc contre Apollon.

Tels furent les maîtres d'études d'Alcide adolescent, et telle l'instruction publique, à l'ombre de papa Jupiter, *ad usum Delphini* ; et nous savons que ce système d'édification a été quelque peu renouvelé du grec pour Pierre le Cruel, Henri de Montmorency, Lovelace et don Juan...

Le fruit d'une pareille essence et d'une pareille culture pouvait-il ne pas être piqué ?

On parle toujours des travaux d'Hercule en essor utile, du côté de la Vertu ; mais on n'a pas classé en série ses faits et gestes de l'autre côté, en contre-essor. Ceci est digne d'observation méthodique.

1° A peine Alcide enfant a-t-il étouffé les serpents, que, mécontent de son maître de musique qui lui donne sur les doigts pour ses fautes d'harmonie, il tue Linus d'un coup de lyre.

2° Aussi peu patient envers ses domestiques qu'envers son magister, Hercule rosse si bien Eunomus, coupable d'une maladresse dans le service, que le pauvre échanson en meurt; et le dernier coup de force du héros est de jeter à la mer son héraut Lychas, innocent commissionnaire de Déjanire.

3° Hercule, n'ayant pas appris de Jésus qu'il faut payer l'impôt même à César, coupe le nez, les oreilles et le reste aux percepteurs du roi Erginus. Voilà pour le respect des puissances : on sait d'ailleurs qu'en vrai politique grec, il vole à main armée et ensanglantée Géryon, les Amazones, les Hespérides ; mais, ici, c'était, paraît-il, pour le bon motif, et la souveraineté du but autorisait ces moyens de gouvernement...

4° Quant au respect de la famille, Hercule, excusant ses fureurs sur celles de Junon, menace de mettre à mort son père légal Amphitryon, et il jette au feu ses deux neveux et ses propres petits. Voilà un possédé qui va plus loin que Jean-Jacques mettant ses enfants à l'hôpital...

5° En amitié, Hercule est lunatique, tantôt arrachant Thésée au Tartare, et tantôt y précipitant de sa propre main Iphitus, le compagnon de ses travaux vertueux.

6° Hercule n'a pas à l'égard du pauvre la courtoisie de don Juan. Il vole au bouvier de Rhodes l'un de ses deux taureaux, et, le pauvre homme se plaignant, le héros l'assomme sur son bœuf immolé. Que faire? la fin justifie les moyens : Hercule avait faim ; il dut manger le bien du pauvre ; il le fallait !... On sait qu'Hercule le Dévorant buvait comme Falstaff, et la Grèce pouvait chanter de lui :

> Ce diable à quatre
> A le triple talent
> De boire et de battre
> Et d'être un vert galant.

7° Abordons les rives des vertes galanteries, et voyons comment le héros humanitaire grec entendait le respect du sexe. A dix-huit ans, pour se récompenser d'avoir tué le lion du Cithéron, Hercule met à mal et en mal d'enfant les cinquante filles de Thespios.

8° Hercule file aux pieds d'Omphale, tout en tricotant avec Cléolas, une esclave de son amante.

9° Hercule est bigame, et plus hardiment que don Juan. Déjà marié à Déjanire, il demande Iole, et l'enlève, après avoir mis à sac la ville d'Æchalie. Ajoutons sur ce chapitre un grain d'inceste : le fils de Jupiter donne en mariage à son héritier Hyllus cette même Iole, sa captive.

10° Hercule est répudiateur de sa première femme, Mégare, qu'il met à la porte du domicile conjugal, et pas de main morte...

11° Quant à ses relations avec les pères de ses amantes, nous ne voyons pas qu'Hercule ait des formes plus ménagères que don Juan avec le Commandeur. Il attrape Augée sous les yeux de son vieux père désolé. Il tue

Amyntor qui a l'audace de lui refuser Astydamie; et il donne la mort au roi de Cos pour pouvoir, plus à son aise, à sa fille Chalciope donner des enfants. En somme, le catalogue d'amantes et d'enfants illégitimes du plus vertueux des demi-dieux antiques, dépasse de beaucoup celui même du *don Giovanni* de Mozart...

12° Enfin, Hercule, qui ne se fait pas faute de braver les dieux, sacrilége plus même que l'impie de Tellez et l'athée de Molière, vole le trépied sacré de Delphes, et s'en fait un oracle à sa dévotion...

Voilà douze travaux qui ne sont pas précisément pour le compte de la Vertu.

Et pourtant, malgré tout, Hercule intéresse; il est appelé le Sauveur, le Pacificateur, le Générateur de tout bien; et, en effet, Hercule a passé sur la terre non sans y faire quelque bien, à coups de massue; et nous savons gré à la poésie antique de nous avoir représenté, à l'heure de la mort, le héros transformé, jetant à Pluton la dépouille de son humanité mortelle, et se revêtant d'un corps immortel et glorieux.

Pourquoi don Juan ne dépouillerait-il pas le vieil homme, pour revêtir de l'homme nouveau son esprit intérieur? Si Hercule, qui a fait pis que notre Prodigue, a eu de bons moments encore, pourquoi don Juan ne pourrait-il, par une péripétie plus honnête, arriver à faire une bonne fin?

Je dis plus : si don Juan, de toute évidence, est un type de facultés naturelles beaucoup plus riche, développé, raffiné et puissant que l'Hercule, nous devons attendre de lui de plus grands travaux et des actions plus belles.

Mais il y a ceci qui différencie les deux caractères : si l'Hercule antique est de ce pur-sang chevaleresque, noué du côté de l'intelligence, dont le roi Eurysthée a pu tirer de bonnes œuvres par voie de contrainte, don Juan est de ces races nouvelles et déliées qui, au dire du Roi-Prophète, supportent la martingale peut-être, mais non pas le mors : d'où suit que don Juan aura plus de mérite à se ranger au bien, et qu'il faudra plus de mérite aussi pour le mettre dans la droite voie.

Enfin, don Juan, fils d'une société chrétienne, ne saurait se borner à ce monstrueux mélange de bon essor et de mauvais dont la société païenne était obligée de se contenter, et qu'elle canonisait et divinisait. La Grèce antique peut être, à certains égards, justement fière de son Hercule : après des mille ans de croissance, l'humanité, ne fût-ce qu'au point de vue de la doctrine du progrès naturel, ne peut, sans reculade honteuse, modeler aucun de ses hommes forts sur le demi-dieu des sociétés mortes. Des chrétiens, songeurs du miracle, doivent vouloir que le charbon humain transfiguré apparaisse diamant.

Don Juan, placé entre le bon Ange et le mauvais Ange de sa famille, comme Dumas le représente, ne va pas indéfiniment, ainsi qu'a fait l'Hercule grec, se promener des bras de l'un aux griffes de l'autre, et ne doit pas trouver des Muses romaines pour chanter, en mode alterné, ces virements du cœur humain. Il faut que notre don Juan échappe à qui le déforme, et trouve refuge en qui réforme chez lui l'image essentielle à la ressemblance divine.

Le torrent, dit Manzoni, peut être encaissé et redevenir, dans un lit propice, force de fécondité.

Mais qui donc, murmure lord Byron, rendra au fleuve troublé la limpidité qu'il avait à sa source ?

Il y faut plus que des chimistes...

Il faut, pour faire à ce flot désordonné son lit de repos et lui redonner sa radieuse pureté, au-dessus de lui, distillant leur paix et leur candeur, ces groupes d'Anges que la miséricorde infinie échelonne des cieux à la terre et de la terre au ciel ; âmes dévotes à Dieu, au prochain dévouées, qui vont puiser là haut le secret des éducations réparatrices, et redescendent, comme saint Paul, du troisième ciel, prodiguer aux enfants prodigues et gâtés le lait de l'amour purifiant et restaurateur [1].

Il faut l'exemple des saints et des grands hommes que le Verbe du Christ a formés.

Le saint, c'est l'homme en qui toute force se meut dans l'ordre des perfections divines. Le grand homme chrétien, c'est celui en qui la vie, mise au service de Dieu et du prochain, prend son essor dans la direction du Vrai, du Bien, du Beau.

Une même force, avons-nous dit, est susceptible d'un double essor, harmonieux ou subversif. L'*Innominato* de Manzoni, s'expliquant lui-même devant l'archevêque de Milan, dit : « Que de fois, plus jeune, au spectacle d'une

---

[1]. Saint Augustin, sur saint Jean, v, t. VII.

violence et d'une iniquité, je me sentis saisi d'abord d'indignation, et puis, aussitôt, emporté par une envie d'émulation féroce. Si le bien m'était apparu plus souvent, si des choses bonnes et des hommes grands eussent fréquemment passé devant moi, qui sait, qui sait?... »

Tout le problème de l'éducation et de la rénovation sociale est contenu dans ce peu de mots.

L'erreur de beaucoup d'hérétiques est de croire que les forces naturelles prédestinent l'homme au mal; et, par effet de malentendu et de méprise, plusieurs libres penseurs s'imaginent que la religion catholique autorise cet égarement lamentable. Pour ma part, j'ai bataillé contre ces moulins à vent, et me suis entêté, dix ans, avec autant de sincérité que d'ignorance, à prêter à l'Église l'esprit de Satan.

Un jour, dans l'Église de Notre-Dame de Lorette, j'entendis un Frère prêcheur, le R. P. Souaillard, qui criait fort éloquemment : « Vous avez des passions? tant mieux! tant mieux! tant mieux! Retournez-les donc au service de l'humanité, et leur donnez plein essor dans la gloire de Dieu! »

Cet appel à l'épanouissement dans la lumière, au libre ralliement de toutes les forces humaines dans leur foyer d'unité, Dieu, me rappela que Fourier lui-même a rendu ce témoignage à la vivante philosophie de l'Église. « L'Église catholique, dit-il, n'a pas étouffé l'âme passionnelle; elle a fait le ralliement de toutes les passions à l'*unitéisme*, à Dieu. »

Et il n'est pas une des forces et passions de l'homme

naturel qui ne puisse, sous l'attraction du Christ et l'impulsion de l'Esprit saint, devenir un instrument de fécondité et de délivrance. Allez consulter le docteur Castle, et s'il trouve chez vous comme chez don Juan, se dressant au-dessus de l'oreille, les bosses (qui ont tant fait crier les demi-savants) de la *combativité* et de la *destructivité*, il vous démontrera, en clair langage de rationaliste, qu'on peut toujours utiliser ces armes vaillantes pour combattre Satan et le jeter dehors. Croyez-vous qu'il soit possible, sans lutte et sans destruction, d'en finir avec l'empire du vieux monde, pour faire place au royaume de Dieu?... Qui donc a autant combattu et détruit que Jésus, avec le seul glaive de la bouche, *gladio de ore*?

Il est si vrai que l'on peut faire de don Juan un homme, et, avec cet homme, de grandes choses, que Dieu et l'Église, avec un type à très-peu près semblable, ont fait Christophe Colomb et unifié le globe.

N'en doutez pas, ami lecteur : notre libertin superbe, en qui vous venez de voir, aux veines écoulées, toute la séve des vices d'Hercule, a dans son cœur le germe des vertus de Christophe Colomb. J'ai essayé de dramatiser ce parallèle curieux [1]. Un poëte original avait déjà signalé l'accord singulier qui se peut établir entre ces deux plus grands coureurs du monde, Christophe Colomb et don Juan ; et des critiques distingués ont conçu que le libertin se devait volontiers conjoindre au héros.

1. *Don Juan converti*, acte III, sc. v. Voir les lettres de Colomb, et sa *Vie* par son fils, par le protestant Washington Irving et le catholique Roselly de Lorgues.

Népomucène Lemercier [1] fait dire à son héros :

Et je puis au besoin tout être, homme, ange ou diable.

Voilà, fort bien indiqué, le double essor possible d'une même puissance. De plus, Lemercier nous a montré, dans le découvreur du nouveau monde, un esprit pénétrant et fécond, qui connaît les ressources de la nature humaine; et tandis que sa femme Béatrice, arrangée par le poëte pour un effet de contraste, s'écrie :

Ah! que n'ai-je un mari posé, sage, tranquille!

Colomb, lui, pour mieux courir sa divine aventure, voudrait avoir dans son équipage des repris de justice, des bandits,
   De vrais démons enfin :
Je leur serai Satan s'il m'en faut rendre maître [2].

M. Antonio Ferrer del Rio et M. de la Rigaudière [3], après avoir dépeint le poëte éminent du *Diable Monde,* le Byron et le Musset castillan, actif, remuant, bondissant, effréné autant qu'inassouvi, ajoutent que Esproncero eût été, « dans l'antiquité, soit le lieutenant de Léonidas, soit le rival d'Alcibiade, et à la Renaissance, l'un des compagnons de Colomb ou don Juan Tenorio. »

Esproncero a été, en Espagne, le don Juan de notre âge;

---

1. *Christophe Colomb,* comédie shakspearienne. 1809.
2. Satan ne se rend maître de rien : dans son enfer, l'anarchie fermente toujours sous le despotisme instable.
3. *Revue nationale,* décembre 1863. Étude sur Esproncero.

et ce don Juan ayant en lui la séve d'un aventurier héroïque, aurait pu suivre, en Christophe Colomb, un ange de lumière.

Oui, les grands esprits envoyés du ciel à l'humanité ont cette propriété d'attirer dans leur clarté les âmes obscurcies, et de faire la lumière là où ne paraissaient que ténèbres. Ils ont la vision des mondes nouveaux, et ils font entrevoir intuitivement aux cervelles les plus opaques, par delà l'Océan ténébreux, l'horizon de la terre ferme : et mêmement font-ils concevoir aux gens timides et de mesquine foi que, dans une âme humaine, au dessous des surfaces troublées, il y a un fond de bonne nature, comme le Créateur immuable !

Quel beau spectacle (s'il était bien donné) que celui d'un homme vraiment fort, Alcide chrétien, puissance spirituelle, qui, nettoyant à grandes eaux lustrales les auges et les entrailles de don Juan, le tirerait des repaires d'Eurymanthe et de Némée ; qui l'arracherait aux juments de nos Diomèdes et aux Stymphalides de Mars, hideux vampires des marécages civilisés, pour le lancer à fond de train du cœur à la poursuite de la biche idéale, de la Cérynite au front d'or ; qui écoulerait de don Juan, sans blesser en lui l'humanité, le sang du taureau de Crête, et lui couperait, avec la faux dorée, les cent têtes de l'hydre de sa Renaissance, et qui, descendant aux enfers sociaux, en ravirait notre Prodigue, sans y laisser la moitié de son cœur au Léthé, ou de son arrière aux banc des Champs-Élysées, comme il advint au roi Thésée, trop brutalement arraché au Ténare !...

Le beau nœud dramatique (si j'avais été de force à le le bien nouer et dénouer) que celui du plus grand des aventuriers chrétiens, venant avec cordialité à don Juan son frère germain, à cette force naturelle égale à toute autre, mais désorganisée, parce qu'elle s'est soustraite au vivifiant soleil ; et fouillant ce cœur déconcerté, pour y toucher d'un doigt délié et faire successivement résonner toutes les cordes persistantes de cette lyre, œuvre de Dieu ; et plaçant notre mauvais sujet, surpris et stupéfait, devant un miroir miséricordieux, et le forçant, par force d'amour et pure attraction, à voir, dans un ravissant éclair, qu'il est, lui, don Juan, de la race des Christophe Colomb, des sublimes porte-Dieu !...

Et Dieu n'a pas, comme croit le vulgaire, Dieu n'a pas qu'un ange gardien pour chaque âme. Les apôtres, ici-bas, se font rares : les anges, dans les cieux, demeurent innombrables ; et la Bonté infinie les multiplierait encore, s'il était besoin, ne fût-ce que pour le salut d'une seule de ses créatures.

Mais, ici-bas même, quelle âme ne voit, autour d'elle veillant, plusieurs gardiens du bon Dieu ? Quand l'éclat des grands chérubins te fait défaut, don Juan, que de soupirs séraphiques exhalés autour de ton cœur assourdi par les bruits du Monde ! Que de flammes et de parfums autour de ton âme au cercueil ! Ici, c'est une mère, un frère adoptif, demandant le Paradis pour toi, pauvre Larron ; et là, une sœur, en sa calme espérance, attendant ta résurrection, ô Lazare !

L'homme-dieu grec a ses générations d'Héraclides, et ses disciples Doriens, Ioniens, Alexandrins, tous princes mâles de ce monde, grands seigneurs ou rois, toujours : l'Homme-Dieu des chrétiens a ses héritiers sur toute l'échelle sociale, aux plus humbles degrés, et le plus souvent c'est du foyer des familles pauvres et du cœur des femmes, des enfants mêmes que remontent les consolations pour les malades de haut parage...

Tout chrétien peut devenir sauveur : le Pauvre de Molière est là pour le prouver. Toute âme de bonne volonté peut, sous l'inspiration d'en haut, remplir cet office angélique d'extraire l'ivraie de nos cœurs pour la jeter au feu, et d'élever au ciel le bon froment naturel vanné, trituré, pétri entre de pures mains, transformé au feu de l'Esprit, et devenu *une bonne pâte d'homme*, fermement salée, joyeusement sucrée, abondante en saveurs, toute fumante d'encens, digne des anges[1] !

---

1. Saint Matth., XIII. *Chaîne d'or.*

XVIII.

DON JUAN, FAUST ET DON QUICHOTTE.

Don Juan, avons-nous dit, est un homme, et il peut devenir une bonne pâte d'homme. Mais quelque soin charitable que nous prenions à envisager cette énergie par le beau côté de ses essors possibles, pouvons-nous, devant ce caractère, nous dire : Voilà l'homme !

Non : pour que fermente et se métamorphose divinement cette pâte humaine dont parle l'Évangile, il faut, assurent de grands docteurs, deux choses :

Il faut d'abord, dans l'ensemble des forces de don Juan, verser le levain de la charité. Nul ne contredit plus, en théorie du moins, à ce précepte salutaire; et tout esprit libre, désormais excédé et dégoûté de la foudre qui ne rime qu'à mettre en poudre, attend du seul amour l'unité et la paix. Il faut, de plus, la science de la charité, et saint Paul ajoute que cette science doit progresser vers l'infini, jusqu'à ce que nous ayons rejoint les membres disjoints de l'être, et restauré, en don Juan, l'humanité, à la mesure de l'homme intégral et parfait.

Ainsi donc, nos savants docteurs, à la recette de la charité, ajoutent la manière de s'en servir. Il faut, disent-ils, que le Verbe de Dieu, en don Juan, rejoigne l'esprit et pénètre l'âme et le corps ; il faut que le souffle ressuscitant s'adresse à sa volonté, à sa raison, à ses sens, qu'il parle le miracle de ses attractions aux trois énergies de l'être humain divinement sollicitées dans son cœur, dans son cerveau et jusque dans sa chair concupiscente, *et concupiscibilem*[1].

Le Verbe, lumière de l'Amour et de la Toute-Puissance, saisit tout l'homme, l'embrasse, le perce, l'envahit en entier, pour tout sanctifier par le levain céleste, « de manière, dit saint Ambroise, que les trois humaines énergies rallient leurs désirs vers un même but, et que toutes les volontés aspirent au bien dans une harmonieuse concorde. »

Contemplez Christophe Colomb : quelle unité et quelle harmonie! quelle concentration merveilleusement hiérarchisée de toutes les énergies ! et comme on sent bien que cet homme fort et vaillant, si fermement attaché par ses pieds à tous les horizons du globe, marchepied de Dieu, touche par le front au ciel et tient à Dieu même par le cœur !

Considérez don Juan et tous les Prodigues : quelle dis-

---

1. Saint Ambroise, saint Théophile, Bède. *Chaîne d'or*, sur saint Luc, XIII.

persion de leurs énergies dénouées ! quel éparpillement de leur substance ! *Dissipaverunt substantiam suam, vivendo luxuriose.* La luxure, c'est l'excès d'essor de l'énergie basse qui dérègle l'ensemble ; le dissolu, c'est celui-là qui, faute de s'équilibrer en Dieu, dissout son unité humaine.

Regardez toute la chevalerie antique, d'Hercule à Alexandre : partout l'excès, jamais l'équilibre ! Alexandre, cordial par accès rares, intelligent à grandes volées, perd le bon sens, de Diospolis à l'Hyphase, et s'abrutit dans les luxurieuses débauches de Babylone. Son grand ancêtre Hercule, le prototype de la chevalerie errante, n'est qu'un perpétuel bondissement d'écarts exorbitants en excès énormes.

Lors donc que l'Europe chrétienne s'avisa, à l'aube profonde de la Renaissance païenne, dès le xie siècle et par les soins du comte de Preuilly, de rédiger le *Code de la Chevalerie* sous l'occulte invocation d'Hercule et d'Alexandre, ces deux fils du Jupiter Ammon, il devait nécessairement en résulter, dans l'homme actif, la division des énergies, la dissolution de la substance. Et comme le chrétien est appelé à être plus parfaitement homme que ne le fut le païen, son égarement dut avoir pour résultat une plus complète dispersion de la vraie noblesse.

En face du saint, surgit alors le gentilhomme : un nom de couleur païenne ; au lieu du héros chrétien, survinrent le chevalier et son écuyer, titres qui ont des senteurs d'animalité et des parfums d'écurie... La génération du fils de l'*Homme* dut céder le premier rang aux géants, fils *des hommes*. L'Homme, perdant son unité en lui-même et avec Dieu, cessa de contempler son idéal dans l'Emmanuël ; et, de chute en chute, sur l'échelle héroïque, d'Artus à Charlemagne, à Lancelot du Lac, il finit par se trouver résumé et idéalisé dans des monstres.

L'étalon originaire, médaille fourrée de l'antique Hercule, s'effaçant au déclin de la Renaissance, s'est divisé, dans l'Espagne mozarabique, en deux images fameuses de chevaliers : à la face vertueuse, le Don Quichotte, et au revers martelé, don Juan...

Voilà chacun chez soi, bien divisés, l'esprit et la matière, le cœur et l'appétit sensuel.

Mais l'homme, fait à l'image de Dieu, est plus que deux ; il est trois : « un et triple, » disent les *Mémoires de don Juan;* composé de trois énergies, dont l'unité et la circumincession font le vrai fils de l'Homme à la ressemblance de l'Homme-Dieu. La Renaissance païenne ayant rompu le faisceau de l'humaine trinité, nous devons trouver trois espèces d'hommes, fragments démontés de l'humanité, trois héros du Monde dont le renom sinistre a, dans le ciel de la poésie, éclipsé la gloire du saint.

En effet, l'Allemagne a poétisé l'homme fort en qui l'orgueilleux intellect atrophie le cœur et jusqu'aux sens, comme don Juan engloutit son cœur et jusqu'à son intelligence dans la mare du sensualisme, comme don Quichotte, en ses cordialités exaspérées, perd, avec la raison, la perception même des choses sensibles.

Don Quichotte, Faust, don Juan, trois chevaliers errants loin de leur centre humain et de leur foyer céleste!...

Molière nous avait révélé, dans son don Juan, le penseur négatif; Philarète Chasles a conçu que don Juan porte en soi Faust même, le penseur actif; et le docteur Kahlert a fortement compris que le Faust et le don Juan sont deux moitiés de l'homme qu'il est nécessaire de rejoindre et d'équilibrer pour avoir un entier. Mais il faut trois notes pour avoir un accord parfait; les Allemands savent cela, et mieux que nous : pourtant Kahlert ne dit mot de don Quichotte.

L'auteur du *Fil de la Vierge* a senti que le cordial sentiment faisait défaut à Faust comme à don Juan. Ce plus autorisé de nos critiques dans la sphère mélodieuse, dont l'oreille subtile, au fond des harmonies du *don Giovanni* de Mozart, entend chanter « les tristesses de l'idéal et les pressentiments de l'avenir, » Scudo a compris, en psycologue sagace, la cause des excès de nos grands héros désolés.

« Faust et don Juan sont les types de deux ambitions extrêmes, l'expression vivante de deux erreurs de la nature humaine. Le premier cherche le bonheur dans le développement des seules facultés de l'esprit, dans la solitude et les ténèbres de la pure intelligence où sa tête s'égare. Il ne trouve l'apaisement de la fièvre qui le dévore qu'en se reposant sur le cœur naïf de la pauvre Marguerite. Le second, au contraire, se plonge tout enier dans la matière, croyant en sortir, comme Achille, retrempé et brillant d'une immortelle jeunesse ; mais il expire de satiété et de remords. Personnifications saisissantes d'une époque révolutionnaire, ils cherchent à saisir l'infini, l'un dans les mille phénomènes de la matière, l'autre dans les abstractions de la pensée. Tous deux se perdent, et le bonheur qu'ils poursuivent leur échappe, *parce qu'ils ont troublé l'économie de l'œuvre de Dieu, parce qu'ils ont rompu l'unité de la vie* et oublié que l'homme est avant tout une intelligence fécondée par le sentiment[1]. »

Hors de l'unité point de salut ! et le sentiment le plus généreux lui-même, s'il est isolé, aboutit au mal.

Faust et don Juan, cœurs fermés, hommes incomplets, oppriment, à leur propre dam, la moitié de l'humanité, la femme. Marguerite est sacrifiée au fantôme d'Hélène, Elvire plantée là pour la première venue ; et Grabbe nous les a montrés tous deux, l'aigle et le vampire, acharnés sur une même victime, dona Anna. Mais voici un autre homme incomplet, qu'on n'accuse pas apparemment de manquer de cœur et de pratiquer le dédain ou l'exploitation de la femme : don Quichotte ! « Grand cœur, loyale nature, éprise du beau et du juste, » dit Gautier ; et notre Théophile ne manque pas de lui donner pour divin patron Hercule, « l'ancien chevalier errant. » Cette généalogie suffit à constater que don Qui-

---

1. Mozart et don Juan. *Revue des Deux-Mondes*, 15 avril 1849.

chotte n'est rien qu'un troisième *homuncule*, mais d'un type qui contraste singulièrement avec celui de don Juan.

Quel mépris de la chair! « Où as-tu vu qu'un chevalier errant doive songer à son ventre? Il vit de l'air du temps... Suis-je obligé, étant chevalier, de distinguer les sons ni les objets? » Aussi le spirituel chevalier prend-il des moulins à vent et des marteaux à foulon pour pieds et bras de géants, une outre de vin pour le cœur de l'ennemi, et son propre plat à barbe pour l'armet de Mambrin; aussi, de la servante d'auberge, hommasse et dodue, fait-il une damoiselle et une fleur de beauté, et d'un fantôme sa dulcissime Dulcinée.

Mais nous, qui rions de ses bévues, avisons à n'avoir pas ici nous-mêmes la berlue, s'il vous plaît, et voyons clairement, sous la caricature de Cervantes, l'un des grands types de la Renaissance, de la déchéance renouvelée, de la nouvelle dispersion de l'homme au pied de la Babel replâtrée.

Don Quichotte, s'il prend modèle sur le pieux Énée, s'autorise volontiers des exemples de l'adroit Ulysse et du rude Mars; s'il invoque la chaste Diane, il n'en parle pas moins de Vénus avec respect. En résumé, au lieu des neuf chœurs de la hiérarchie angélique, il se compose un ciel astral des neuf chevaliers de la Renommée :

Hector, Alexandre, César,
Josué, David, Judas Machabée,
Artus, Charlemagne, Godefroid de Bouillon.

Voilà bien l'amalgame des trois chevaleries : païenne,

juive et chrétienne; monstrueux ragoût, où l'esprit de vie, altéré et refroidi, se délaye et disparaît dans les vieilles eaux fades ou corrompues.

Conséquemment verrons-nous toute vertu faussée dans le chevalier castillan.

Sous des airs d'humilité et d'humanitarisme, il traîne les vieux levains de la gentilhommerie, orgueil, colère, ambition. « Dis-moi, par ta vie, Sancho, ne suis-je pas un chevalier incomparable?... Toi, tu n'es pas chevalier, n'ayant ni la volonté ni la force de venger tes injures et de défendre ta seigneurie... C'est par là que, de chevalier, on devient roi et empereur (ch. xv). »

Champion affiché des pauvres, n'ayant qu'une idée « s'exposer à tous les périls pour secourir les faibles et les nécessiteux, » don Quichotte, cependant, ne perd pas une occasion de déblatérer contre « l'obscure canaille, » et il n'hésite pas à préférer le bien-être de Rossinante à celui des viles multitudes.

Tout affairé à redresser les torts, faire trembler les méchants et venger les bons, il tombe sur les Confrères de la bonne mort et sur les Pénitents blancs, empêche les processions sur la voie publique, et fait déserter le culte de la bonne Vierge, qu'il a la prétention de vénérer (ch. xix, lii).

Se posant en protecteur de la religion, il prend les moines pour des démons, bouleverse les moineries, dont il abandonne les dépouilles à Sancho, ce valet gourmand, cupide et paresseux, autant que Sganarelle habile à sermonner l'orgueil et la colère; et lorsqu'on fait enfin reconnaître au redresseur de torts qu'il a donné la chasse aux plus fidèles milices de l'Église, il se déclare, avec solennité, catholique sincère et indépendant, invoquant, pour justifier ses équipées, le Cid, lequel se fit bravement excommunier par le pape, sans, pour si peu, cesser d'être le plus loyal des chevaliers (ch. VIII, XIX).

Fils de l'Espagne très-catholique, don Quichotte n'a vraiment pas d'autre Église et communion des saints que la cour du roi Artus et celle de l'empereur Charlemagne, et son festin est, par excellence, celui de la Table Ronde.

Il hante aussi les cours d'Amour et leur platonique banquet. C'est un cœur si dévoué, qu'à sa Dulcinée il sacrifie Maritorne, Altisidore, la Duchesse : « Que lui voulez-vous, reines? Pourquoi la persécutez-vous, impératrices? Pourquoi allez-vous sur ses brisées, jeunes beautés de quinze ans? Faut-il que je sois un chevalier errant si malheureux, qu'il n'y ait pas une damoiselle qui, à première vue, ne s'amourache de moi!... Arrière, troupe amoureuse! Je suis pour la seule Dulcinée de cire molle, pour toute autre de marbre ; pour elle, tout miel, pour vous toutes, amer chicotin. Pour moi, Dulcinée seule est belle, spirituelle, chaste, attrayante et bien née; toutes les autres femmes sont laides, sottes, impudiques, sans charme et sans naissance. » Ce culte exclusif va droit à l'idolâtrie. « Il ne saurait y avoir de chevalier sans Dame ; et en toute aventure, le chevalier doit commencer par se recommander à sa Dame avec autant de dévotion que si elle était son Dieu. — Oh! oh! objecte Cervantes par la bouche du voyageur, voilà qui sent quelque peu le païen. » Et en effet, la Dame de don Quichotte, ce n'est point Notre-Dame Marie, pas même la Madeleine : c'est, au ciel, la fée Urgande, et, sur la terre, quelque dondon du Toboso! Culte égaré, imbécilement diabolique, sans charme comme sans réalité, poésie grotesque et fruit coulé!

Enfin, quel est le but de ce cœur d'or? Le rétablissement de l'âge d'or. Il en rêvasse, dès sa première campagne, avec les chevriers, et, jusqu'au bout de sa carrière, avec la Duchesse : et à qui va-t-il imaginer de passer parole et de remettre la réalisation de son beau rêve? A Sancho Panza, gouverneur de l'idéale Barataria!

Que je sais encore, parmi nous, de braves gens assez don Quichotte pour retourner à la Table Ronde, s'alimenter des vieux levains, faire de la philanthropie à distance des viles multitudes, mettre les processions en déroute, courir sus aux moines, prendre exemple sur quelque roi galant homme pour envoyer promener le Pape, préférer leur Dulcinée naturelle ou spiritiste à la bonne Vierge, et se reposer sur les Panza de la Bourse du soin de réaliser l'âge d'or social!...

Et ce sont bien, pourtant, des âmes chevaleresques, de loyales natures, de grands cœurs épris du juste et du beau, absolument comme l'admirable chevalier de la Manche. Il leur manque, comme à lui, sous les aspirations de leur front exalté, la force de réflexion de Faust et la netteté de perceptions de don Juan.

Félicien Mallefille, scrutant plus largement que Kahlert,

a fort bien entrevu la secrète fraternité de ces trois grands organes de l'errante humanité. Il a dit de don Juan : « Curieux comme Faust, aventureux comme don Quichotte, il a l'amour du merveilleux, la passion de l'inconnu, la soif de l'infini. » Et de plus, Mallefille est le premier qui, suivant d'un œil soucieux ces énergies égarées, ait aperçu le foyer qui doit les recueillir, et salué, au sommet du Calvaire, le front rayonnant du Sauveur !

Trois notes ne suffisent pas à la perfection de l'accord parfait : il faut au trio son octave supérieure, pour que l'oreille et l'âme se reposent dans un harmonieux infini.

Une dame anglaise disait de la belle nature de Jean Reynaud : « J'ai cru voir Adam avant sa chute ; » et Legouvé, expliquant d'une lèvre cordiale ce mystère de l'homme un et triple, nous apprend qu'au collége, l'auteur de *Ciel et Terre* avait reçu de ses camarades, qui l'aimaient, ces trois sobriquets :

> Le bandit,
> Le philosophe,
> Femme sensible.

Les commentaires les plus subtils de la plus tendre amitié n'empêcheront pas ces trois noms de rappeler :

> Don Juan,
> Faust,
> Don Quichotte.

Ce n'est point là le primitif Adam ; et le vieil Adam, fût-il innocent et immaculé, ne suffit point à parfaire l'homme : il y faut le nouvel Adam, Homme-Dieu.

Réorganiser le concert parfait dans l'âme humaine, c'est le problème de la science religieuse et sociale, c'est le Grand-Œuvre : pour que s'édifie l'humanité, au-dessus du fondement et de la pierre d'assise, posons la pierre de l'angle, le dôme et le céleste couronnement.

Jésus-Christ est le principe de toute libre unité harmonieuse.

Jupiter, qui est le contraire du Christ et sa parodie, l'Antechrist, est le principe non de l'unité, mais de la centralisation, qui consiste toujours, partout, en tout, à diviser pour mieux régner, en beau diable, parmi les cacophonies olympiennes.

Les éléments de la Puissance sont, en ce père céleste là, si mal combinés, qu'il n'engendre que de grands dieux fatalement discordants les uns avec les autres ; et les éléments de la Beauté émanant de lui ne sont que l'éternel féminin en pièces.

Junon, chaste matrone, est tout cœur (pour ceux qu'elle aime), sans la moindre cervelle.

Vénus, cœur gâté, tête folle, est vraiment idéale à la surface, de la nuque aux hanches et dans toutes les poses.

Quant à Minerve, « il n'y a plus en elle trace des formes féminines, » dit O. Müller ; femme sans mamelles et sans giron, de cœur tiède, idéal issu d'un front léonin, elle est toute en front et sublime par ce bout-là.

Nos trois chevaliers pur sang de la Renaissance, si nous les considérons sous la face de leurs grands écarts, si nous étudions en eux le *vieil homme,* nous apparaîtront comme produits olympiens, par Jupiter issus :

>Don Juan, de Vénus,
>Don Quichotte, de Junon,
>Faust, de Minerve...

Ce n'est pas un jeu d'esprit pour l'amusement de nos don Juan du *Bébé-Club.* Cette triple généalogie est gravée au *Stud-Book* de l'archéologie psychologique. Comparaison est raison, et sous l'analogie se dévoile la vérité.

La plupart des commentateurs du *Faust* de Gœthe mettent un certain entêtement excessif à ne vouloir reconnaître dans le don Juan méridional que l'appétit sensuel en mouvement, et ils en déclarent la frénésie justement damnable; mais ils ont la faiblesse de croire que leur Faust, étant l'intelligence en action, est seul digne de miséricorde. Ne disputons pas sur les prééminences; mais Faust, fût-il plus noble que notre don Juan, n'est toujours qu'un fragment de l'âme intégrale, qu'un tiers de l'homme; et don Quichotte, le rôle assurément le plus sympathique du grand trio en déroute, ce virtuose qui chante si tendrement la partie du cœur, ne peut pas échapper au ridicule, et la femme elle-même ne peut pas s'empêcher de rire de son chevalier de la triste figure. Piteux héros, qu'un homme manqué, en qui l'œil cherche en vain les proportions de l'Homme-Dieu! Les bons cœurs ont droit de se moquer du meilleur des cœurs, s'il bat sous un cerveau fêlé. L'humanité est par Dieu même sollicitée à se donner la comédie sur chacun de ses excès.

« Toute maison divisée sera livrée à la désolation, » dit l'Évangile : ainsi l'homme, qui est le temple de Dieu, s'il se démantèle et se disperse en organes fragmentaires, devenant incapable de contenir et porter l'Infini, devient désolamment informe et plus ou moins grotesque. Ne croyez pas, Faust et don Juan, que vous-mêmes, ô superbes! vous échappiez aux risées des anges!

Toutes les désolations, douleurs et laideurs, viennent de la division. Cela est vrai, pour le genre humain, de la dispersion de ses trois rameaux, comme pour l'individu humain de l'éparpillement de ses trois énergies. Même effet de chute : même problème de restauration. Le premier acte de l'Enfant Sauveur, tandis que les Anges et les Pasteurs célèbrent le concert du ciel et de la terre réconciliés, est de rassembler autour de sa Crèche lumineuse, et d'unir en soi les trois Mages, les trois puissances de l'humanité, Sem, Cham et Japhet. Et toutes les opérations de Dieu et de l'Église chrétienne n'ont qu'un but unique : restaurer en tout et partout l'unité originelle, et de trois ne faire qu'un, à la ressemblance divine.

Væ soli! Ce mot profond s'adresse aussi aux trois énergies de l'âme. Qu'une seule s'élève : et elle tombera, faute de concours et d'appui. Deux valent mieux qu'un, parce que le cœur réchauffe l'intelligence, qui l'éclaire. Et les trois en un constituent la force de résistance au mal. *Funiculus triplex difficilè rumpitur*[1].

---

1. *Eccles.*, IV.

Que si le philosophe s'entête à poursuivre d'un œil myope l'analyse séparée de chacun des grands misérables fragments de notre humanité, achevant de faire de don Quichotte un bonasse insensé, évaporant Faust en ses abstractions, poussant don Juan au torrent de ses sensualités, où sera l'idéal parfait et divin ? Chose curieuse : plus il poursuivra, sur ces types ainsi rétrécis, ce qu'il croit être l'idéal, et plus le poëte aboutira à un réalisme monstrueux, difforme et bientôt ignoble. De ce train-là, notre don Juan en est venu « à aimer la femme comme le chacal aime la chair fraîche[1] ; » et son humanité s'absorbe aux songes et contemplations de ces taureaux que notre ami Stahl dépeint regardant d'un air ahuri les génisses des prés par-dessus les haies du prochain, l'œil dévorant, le mufle en feu[2]...

Et à quoi bon? dirai-je avec le docteur Kahlert, « à quoi bon tenter de faire ce qui est bien fait, et qui peut espérer de peindre un séducteur plus achevé que le don Giovanni de Mozart? » Qui donc croit pouvoir atteindre aux profondeurs des abîmes où Cervantes, Tellez et Gœthe ont acculé les trois héros désolés de l'humanité divisée?

« On peut toujours refaire les grandes choses, » dit Mallefille : oui, à la condition d'en faire d'autres choses. Comme le sage de l'Évangile, sur le vieux tronc faisons épanouir les ramures nouvelles.

---

1. Le *Don Juan* d'Eliacim Jourdain.
2. Stahl. *La Petite Comtesse.*

Cervantes, Tellez et Gœthe nous ont montré jusqu'où vont les énergies de l'homme dissous et divisé en lui-même : à vous, poëtes, prophètes des temps nouveaux, à recueillir ces débris grandioses, à les rejoindre et souder, pour recomposer avec ces superbes faiblesses, en leur foyer restaurées, la complète, forte et sainte humanité!

Pour réussir à cette opération, il faut ne pas quitter de l'œil la Lumière du monde.

Ernest Renan, que tant de bonnes âmes déchirent à belles dents, s'amuse à effacer, en Jésus-Christ, le Dieu; mais il s'en tient toujours à l'homme, et, dans ce modèle des parfaits, il cherche l'équilibre des activités humaines. Enfantin, lui, pour aller plus vite et plus loin sur la roue du progrès indéfini, voulut faire changer d'axe à l'humanité, et ce, sous l'invocation de don Juan.

« L'imitation de Jésus, disait-il, est moins fréquente aujourd'hui que celle de don Juan ou de Valmont : cela dit tout. Là est le signe qu'il faut au monde un autre type. Valmont est la réaction de Jésus. Et l'apparition de la morale nouvelle est urgente, car le mal est grand[1]. »

Et le père des Saint-Simoniens concluait à rendre la main à l'étalon arabe pour mettre l'ordre aux herbages conjugaux, à servir légalement un peu de chair fraîche au chacal pour prévenir ses déprédations, à entr'ouvrir

---

1. *Globe*, 10 décembre 1831.

la haie et laisser passer sur les prés voisins les taureaux ahuris pour légitimer leurs débordements.

Je crois bien qu'Enfantin avait puisé cette morale neuve dans la théorie mal comprise « des attractions proportionnelles aux destinées, » et je reconnais que le chef de l'École saint-simonienne avait adouci, épuré même les tableaux quelque peu licencieux de nos Bayadères et Bacchantes. Mais qu'il était loin encore de comprendre le mystère de la réhabilitation de la chair, et celui de l'affranchissement de la femme, et celui de la rédemption de don Juan!

Le plus brillant de ses disciples, dans une très-vigoureuse étude comparée de *Don Juan et Othello* [1], eut le tact de ne pas conclure des maladies contraires du jaloux et du libertin à l'infirmité de l'homme-Dieu; et, bien qu'il se fît alors illusion sur les raccords de la morale nouvelle, il fouillait si profondément la double perversion de ces cruels héros, Maures et Castillans, qu'il faisait sentir le besoin d'un divin guérisseur.

« La femme, s'écriait-il dans la chaire de la rue Taitbout, la femme, proie toujours étouffée sous le rugissant Othello, ou ravagée par le hennissant don Juan!... Othello ravit à la société son ornement; et plein d'une joie farouche, dans son calme repaire, il l'emporte... Il veut qu'il soit doux à la femme aimée de s'enfermer avec lui

---

[1]. *Globe*, 1ᵉʳ février 1832. Il y a à la fin de cet article, d'Émile Barrault, l'idée d'un très-beau drame, si, entre Othello et don Juan, le poëte chrétien place une sainte femme.

dans un cercle étroit, de boire avec lui dans une coupe solitaire l'oubli de tout le reste, et de s'ensevelir dans son voile nuptial comme dans un linceul, sous lequel il n'y aura de vie que pour leur couple... Il souhaite autour d'elle un désert, afin que sur lui seul eussent à se reposer les rayons de ses yeux... Il remet sous son enclume la créature de Dieu, la mutile, et encore trouve à se plaindre d'elle, et sur le moindre soupçon, la tue. »

Quant à don Juan, un peu plus ménagé, et avec justice, que ce crétin d'Othello, c'est « l'homme de l'inconstance et du plaisir qui a renié, avec le ciel chrétien, les délices uniformes d'une immuable béatitude et la monotonie des éternels concerts. »

En deux mots, don Juan, c'est le païen; Othello, le mahométan; double réaction du chrétien, en effet, et révolte contre le Christ. Faut-il renoncer à les convertir et à les faire rentrer dans l'ordre de Dieu?

De ce que le monde est plein de ces hommes-là, qui rêvent de cloîtrer la femme esclave dans le sérail de leur ménage, ou la veulent libre pour mieux la déchirer à la ronde en la maculant, s'ensuit-il que l'humanité ait besoin d'un type nouveau autre que celui de l'Homme-Dieu, pour ramener les forces humaines à leur essor mesuré, harmonieux?

Le disciple d'Enfantin, d'accord avec son père, rendait du moins hommage à ce que l'Église avait fait et si bien réussi pour préserver la femme de la double et mortelle atteinte d'Othello et de don Juan. Il disait : « L'ère de la virginité commença celle de l'indépendance : la femme de l'Occident est sortie libre des couvents; la femme de l'Orient est encore esclave dans les sérails. »

Oui, le culte de la virginité, voilà le contrepoids des idolâtries de don Juan; et il n'y en a pas d'autre encore. Instrument d'harmonieuse réforme, sois béni! mystérieuse attraction de l'esprit sur la chair, sois glorifiée, toi qui ne veux parler que la langue du charme à la liberté respectée! suave correction des excès d'en bas, par l'exaltation vers le haut! sacrifice de l'amour en Dieu, où se mesure de lui-même l'amour de la créature, comme, autour de la Crêche et de la Croix, apprennent à se réfréner les esprits d'orgueil, de domination et de violence!

Ainsi mélodieusement appelé par le Verbe, et sentant fermenter dans sa chair l'attraction de l'Esprit, don Juan, libre, peut chercher son équilibre. Pour l'aider, nous n'irons pas, après avoir renoncé à l'étouffement, recourir au relâchement, où tout déjà le sollicite. Lui chanter la divinité de sa chair et la réhabilitation de ses amourettes, est-ce le moyen de faire diversion à ses goûts et à ses habitudes? S'il ne faut pas réveiller le chat qui dort, encore moins faut-il hennir avec les chevaux entiers, dit la sagesse des nations.

Observez de quelle manière Molière a élargi l'âme de don Juan: nous n'avons pas à procéder autrement pour achever l'œuvre de la conversion du héros, soit au théâtre, soit dans la vie réelle.

Théophile Gautier et Paul de Saint-Victor ont constaté que le don Juan de Molière est beaucoup moins sensuel que celui de Tellez : pourquoi? parce que le poëte a fait plus de jour aux autres passions de l'âme. Des facultés supérieures prenant essor, le sens se sont tus; l'andaloux, trouvant à qui parler d'autre chose, a moins henni.

Dès que la scène française a réveillé dans le *viveur* espagnol ses facultés de raison et de méditation, vous le voyez s'épurer, par cela seul qu'il s'élargit. Il cesse d'être grossier; il est poli, brillant, gracieux. Considérez notre don Juan sous les formes de suprême élégance que lui donne l'acteur Bressant, et déjà vous le sentez incapable des violences du torrero castillan, même des surprises du coq gaulois... Le grand seigneur aborde le Pauvre avec courtoisie; il prête l'oreille de la raison à ce cœur simple : et voici que, de cet humble foyer venue, une éclaircie de l'intelligence entr'ouvre le cœur même chez don Juan.

Dès lors, ce sceptique moqueur, qui aura commencé, sans études sérieuses, à n'user du raisonnement que pour ébranler pêle-mêle le ciel avec l'enfer, finira, réfléchissant sur lui-même, par s'estimer homme de pensée, et par regretter de n'avoir pas jusqu'ici appliqué sa forte tête aux recherches d'une science plus positive.

> J'avais la tête forte, et j'aurais lu ton livre
> Et bu ton vin amer, Science, sans être ivre
>   Comme Faust l'écolier.
> J'aurais contraint Isis à relever son voile,
> Et du plus haut des cieux fait descendre l'étoile
>   Dans mon noir atelier[1].

1. Le *Don Juan* de Théophile Gauthier.

Pourquoi don Juan aurait-il échappé à l'enivrement de la science abstraite? parce qu'il a les sens plus fins et les facultés perceptives bien plus sûres que Faust ; et il n'est pas homme à réfléchir sur le vague et à prendre des fantômes pour la réalité.

Don Juan vient de s'avouer qu'il a laissé inactive et sans fruit une part de lui-même, sa puissance de réflexion. Mais aussitôt que l'estime de soi le monte au niveau et au dessus même de Faust, il n'est pas homme à laisser perdre cette force grande. Il observe, il étudie ; et, faisant, comme le veut Charles de Rémusat, l'analyse de l'analyse, il ne peut pas ne pas arriver à douter du doute.

Don Juan n'est pas d'humeur à se laisser mener par le bout du nez aux mains des demi-savants et à la queue des Académies.

Les puritains lui avaient crié : « Tu n'es que sens ; et la matière est de Satan : va-t-en au diable ! » Mais Molière, d'accord avec les Pères de l'Église, lui a révélé que, sous des sens en ébullition, il a l'intelligence nette et ce brio cordial que Tellez lui-même nous accordait...

Mais quoi ! se dit don Juan, la vie instinctive, l'énergie sensitive prédomine en moi, et je tiens à cette attraction passionnelle. Que faire? Voici le jeune Victor Hugo, après tant d'autres, pour m'inculquer dans l'esprit que la société catholique, comme la protestante, dit anathème à la nature sensible et à la science. Par la mort-dieu ! voilà une religion dont je me ferai un vrai plaisir de délier les nœuds...

Mais, attention !

Vais-je croire que le glorieux père dudit jeune Victor a pour dogme la proscription de la nature sensible, parce que j'ai lu, en ses gigantesques *Contemplations*, cette manichéenne sentence :

« Le mal c'est la matière, arbre noir, fatal fruit. »

Aucun Pape, que je sache, n'en a dit autant que cette Bouche d'Ombre.

Donc, réfléchissons :

Comment le catholicisme serait-il le complice des malédictions de la Réforme contre la nature, puisque l'un des grands chevaux de bataille des Huguenots français et des Puritains anglo-saxons était la béate horreur du Sensualisme romain ? « J'avais été élevé, confesse Jean-Jacques, à n'envisager le papisme que par ses liaisons avec la gourmandise et les amusements. »

Considérons :

N'ai-je pas entendu dire que Rome n'a cessé d'anathématiser non pas précisément la chair, mais les anathématiseurs de la chair : Manichéens et Albigeois, qui attribuaient la matière au Diable ; Montanistes, qui proscrivaient l'union des sexes ; Pauliciens, qui faisaient de la femme elle-même l'œuvre par excellence de Satan ? O sacrilége bêtise ! si la femme venait de votre Diable, irait-elle à votre Dieu, et mieux que vous ?...

Si le catholicisme est l'ennemi mortel de mes sens et de la nature qui me charme, comment se fait-il que saint François d'Assise appelle la créature matérielle : ma sœur ;

que le ciel chrétien dise à la terre : mon épouse ; que Dieu dise à l'humanité : ma mère ; et que lui-même, Dieu, se fasse chair ?...

Puisque, avec Faust, j'ai appris le grec sur les lèvres d'Hélène, et puisque Gœthe nous recommande la lecture des Pères du désert et des Docteurs mystiques, et puisque l'attique Villemain nous a présenté le gâteau de miel rayonnant, ouvrons le saint patron de l'un de mes poëtes, Théophile, et lisons un peu, pour voir...

« L'évangéliste saint Jean, voulant montrer l'inénarrable condescendance de Dieu, ne dit pas que le Verbe s'est fait *âme humaine* : l'âme se rapproche sous quelques rapports de Dieu ; mais il prend soin de nommer *la chair,* afin que nous admirions ce miséricordieux amour, qui va choisir la substance même la plus distante de la nature divine, pour en revêtir Dieu, et par ainsi la sanctifier. D'où résulte une unité parfaite composée de divinité, d'âme et de chair ; exaltation de l'humanité, et glorification de la chair en Dieu [1]. »

Ma chair glorifiée, mon humanité exaltée, Dieu !... Quel sentiment d'unité universelle et de mélodieuse harmonie !... Tout donc, en nous, a le droit d'être, de se mouvoir, et tout est destiné à chanter l'hymne de la vie éternelle :... je n'ai donc pas à maudire la nature, ni à étouffer mes forces qui aspirent à s'épandre et à s'exalter.

Mais alors, qu'est-ce donc que la chute, le péché, la subversion ? Ne serait-ce que l'exaspération d'une énergie

---

1. *Chaîne d'or.* Sur saint Jean, 1.

exclusive, la perte de l'équilibre, hors du foyer de mon unité même?

Interrogeons un Grec encore, Denis l'Aréopagite, un illustre fils de Minerve, converti par saint Paul, le fondateur de la première Université dans la ville où naquit Molière. Voici, à point nommé, pour nous bien traduire et commenter le saint docteur, la parole de son dernier héritier au siége archiépiscopal de Paris, un apôtre très-savant et fort libéral, qui n'a point cherché à convertir Renan à coups de foudre et ne me paraît pas d'humeur à faire de la Statue du Commandeur son grand vicaire.

« La déchéance n'est que le résultat d'une activité faussée. Le mal est une force se déployant à contre-sens. Le péché, c'est l'exercice déréglé de la force libre...

« Quel que soit l'emportement de ta brutale convoitise, don Juan, tu participes encore au bien, en ce qu'il y a, avec un reste d'affection, en toi, dans un certain sens, une manière d'alliance avec l'Être éternel...

« Le mal n'existant pas sans mélange de bien, tous les sujets dans lesquels réside le mal, ont quelque chose de bon qui leur vient de Dieu, et, à ce titre, demeurent l'objet des soins de la Providence.

« De là vient que Dieu ne violente point les natures, mais les régit selon les exigences et les besoins dont elles sont pourvues.

« Si, par l'abus de sa liberté, l'intelligence se soustrait à l'action de la lumière, la lumière ne l'abandonne pas pour cela, mais elle continue à luire sur cette âme malade et court se placer avec bonté sous son regard indocile...

« L'hiérarque (le vrai prêtre qui opère en Dieu, l'évangélisateur) se façonne à imiter ce sublime exemple. Ses lèvres n'ont point d'amer reproche pour ceux qui combattirent la lumière, ou voulurent l'absorber par l'orgueil ; et il fait luire devant tous le flambeau de la lumière pontificale avec je ne sais quoi de divin et d'harmonieusement proportionné aux besoins de chaque nature [1]. »

Ainsi donc, se dira don Juan, après avoir jeté un simple coup d'œil sur ces courts traités des *Noms divins* et des *Hiérarchies* où se trouve, condensée, l'essence de l'Église vivante, ainsi le mal n'est substantiellement ni dans mon cœur, ni dans mon intellect, et pas davantage dans ma chair. Le mal n'est qu'un accident qui survient aux substances ; et cet accident, c'est un défaut d'intégralité, d'équilibre, d'accord parfait, d'harmonie. Le mal, c'est toujours, plus ou moins, une monomanie ; et nos Maisons de santé (mélancolique antiphrase) regorgent de maniaques en démence, qui, pour avoir fait de leur lyre un monocorde, sont déchus à l'état d'animaux, et se croient étalons, coqs, taureaux, boucs, et ne sont que cela, en effet : êtres détraqués, où le corps, dominant l'âme, étouffe le Dieu intérieur...

Le Dieu intérieur ? il est de mode d'y croire aujourd'hui : après le déisme, qui isolait par respect l'homme de Dieu, nous avons le panthéisme, par qui Dieu, l'homme

---

[1]. Mgr Darboy. OEuvres de saint Denis l'Aréopagite.

et l'univers, c'est tout un, fusionné, confusionné. J'aime la mode, jusque dans ses folies ; mais s'il lui prenait fantaisie, sous prétexte qu'il y a du blanc dans toutes les couleurs, de vouloir nier la personnalité de la couleur blanche, je l'estimerais sotte, et je forcerais le monde à changer de mode.

Y a-t-il un foyer, d'où viennent toutes les nuances de la création, et qui n'est pas la créature ? Y a-t-il un Dieu extérieur ? voilà la question.

Et qu'en sais-je ?

Ai-je beaucoup plus d'esprit que Faust, mon frère, l'intelligence laborieuse, qui me dit : « Par mes larmes, don Juan, je sens qu'il y avait autrefois un Dieu ? Ce Dieu a été brisé : nous en sommes les morceaux[1]. »

Ce Dieu habitait-il en nous ?...

— « Dieu, c'est le mal, » dit un chercheur du bien. — Pure hypothèse. A l'heure même qu'il est à l'horloge de nos bas-empires, je ne suis pas que mal, moi, don Juan.

Dieu, c'est le mal : oui, le dieu de Sganarelle, celui que raille mon bon sens, et dont le moine bourru et le loup-garou complètent la trinité. Je ne suis pour rien dans cet entier-là, et ce n'est pas ce principe-là que pleure Jean Faust.

Mais qu'est-ce donc que Dieu, dont nous sommes l'image brisée ?

J'entends dire : Dieu, c'est l'Infini invisible, pur esprit, et cependant principe spirituel qui met ses délices à faire

---

1. Grabbe. *Faust et Don Juan.*

de la chair sa demeure ; Verbe parlant au fond de moi, et toutefois foyer supérieur de toute vie, soleil de mon humanité !

Qui peut comprendre, comprenne l'Infini vivant, l'Esprit incarné...

Ai-je une intelligence pour reculer devant les grands problèmes?... A nous deux, Faust !

Avons-nous, mon frère, jamais vu de l'œil du corps notre vivante raison, toi, ta pensée, moi, mon désir? Ai-je palpé de ma main cette douce violence que me fait la Beauté? Et d'où vient que nous avons tous, diversement, mon Faust, également souhaité d'autres mondes pour y pouvoir étendre nos conquêtes de lumière et de possession à l'infini; d'où vient, si rien n'existe au delà de ce fini, dont l'embrassement nous lasse, dont le charme s'épuise?

« Quand nous observons avec nos yeux l'homme visible, qu'y cherchons-nous? l'homme invisible. » Sur ce ton sonne la dernière trompette de la Renaissance [1] ; et le plus savant organe de l'antiquité, le plus vaste et précis observateur des choses visibles, Aristote, au-dessus de l'âme invisible dans l'homme, croyait voir un autre invisible encore, *le quelque chose de divin* des poëtes anciens, l'*unitéisme* du grand naturaliste moderne.

Y aurait-il pour l'homme, et dans l'homme, qui s'en pénètre, un esprit solaire, pour lui faire sa vie lumineuse, comme le feu fait le fer ardent? Il y a bien le

---

1. Taine, *Journal des Débats*, décembre 1863.

soleil pour le germe, qui, à lui seul, ne se suffit pas ; mais l'astre, qui le suscite, le transfigure et le pousse à éclore, fait du germe la fleur charmante et le fruit savoureux !

Le grain, l'herbe, la feuille, la racine repaissent l'animal ; le papillon se nourrit aux fleurs, dont l'abeille fait son miel ; le fruit, par les soins de l'homme, présenté au soleil qui le remplit de succulence, devient un mets pour l'homme qui mesure le soleil. De même ne se peut-il pas faire que les types humains, à mesure qu'ils se remplissent d'esprits plus parfaits, entrent en communion avec des êtres supérieurs et des sphères plus sublimes ?

Jean Reynaud, un jour qu'il philosophait sur le ton de femme sensible, nous a donné comme une nouveauté cette idée vieille comme les Pères de l'Église, que « tous les sentiments humains participent à l'éternité. » D'où qu'elle vienne, est-elle vraie ?

Ces cordes de mon âme, verbes invisibles et qui aspirent à l'infini, s'accorderaient-elles sur le cœur d'une Mère spirituelle, avec les entrailles d'une éternelle paternité ?

Un Père céleste ! une divine Mère ! un frère aîné Dieu !... Qu'en dis-tu, Faust ?

A notre aide, cordial héros de Cervantes ! où l'œil et le cerveau faiblissent, cœur, lance à grands battements le courant de la flamme vitale !

Comme l'arbre tient par ses racines à la terre où nos pieds d'hommes marchent libres, y aurait-il, dans ce dessus des choses tangibles que l'on conçoit, un ciel, auquel je tiens, moi, par les racines lumineuses de mon cerveau, par les aspirations brûlantes de mon cœur, et d'où me descendent, séve miraculeuse, mes forces de vie, d'entendement et de volonté?... Est-ce là une vue grande, bonne et belle? et ce qui est beau et bon ne serait-il pas vrai?

« Le ciel, trône du Dieu vivant, un et triple, qui m'a fait à son image, et me veut à sa ressemblance, » disent-ils : triple, je le suis; un, nous ne le sommes pas, c'est évident; et l'un des grands peintres de l'amer océan de nos âmes, George Sand, peut mettre aux lèvres de tout le genre humain, ce mot qu'elle m'a fait dire : « Tous les éléments de ma vie étaient en guerre les uns contre les autres. »

A qui la faute? c'est bien ce Monde divisé et tourmenté qui nous a faits ce que nous sommes, Don Quichotte, Faust et don Juan, vastes troubles, fragments piteux!

Ai-je écrit la *Célestine?* Es-tu, mon pauvre bon chevalier des Lions, l'auteur d'*Amadis de Gaule*, de *Tiran-le-Blanc*, des *Exploits de l'Empereur*, que ta nièce et ta gouvernante voulaient jeter au feu, et sur lesquels le licencié Péro Perèz lui-même criait : Bénédiction! Est-ce toi, Faust, qui avais caché Méphistophélès sous la perruque des Académies nouvelles et jusque sous le bonnet de l'Université scolastique?

Le mal vient de plus loin et de plus haut que nous, c'est clair; mais n'avons-nous pas, à ce grand livre du gaspillage des richesses humaines, ajouté quelque chapitre ? Et faut-il nier, comme un sot, que j'aie, de mon propre mouvement, achevé d'éparpiller mon âme, par les mal-soins du Monde dissipée ?

Donc, fatalité sociale et concours individuel ; mal héréditaire et maladie provoquée : c'est-à-dire, péché originel et péché actuel ;... des mots qui m'ont toujours paru niais, et qui, pourtant, semblent couvrir une grande chose : la liberté !

Le genre humain et don Juan ont donc eu la liberté de faire le mal...

Eh mais! voilà un Dieu vraiment libéral, plus qu'aucune puissance d'en bas que je sache, autocratique, aristocratique, démocratique même, voire théocratique. C'est noble, cela, de laisser les gens faire ce qu'il leur plaît, fût-ce des folies ! et j'admire que l'espèce humaine ait pu devenir, à son gré, noire comme Chanaan, jaune sale comme Othello, blanc fade comme Hamlet, et que le libre jeu de l'âme, à son bon plaisir dissidente, ait épanoui sous le soleil égayé ta calvitie, Jean Faust, ton blême visage, Don Quichotte, et, mon encolure vagabonde!..

Mais à bout de champ, quoi? et en ce bel essor de récurrence divergente, où le progrès indéfini nous fait-il tous trois arriver?

La peste de ta chute, empoisonneur, au diable!...

Felix culpa ! mot étrange !

Je ne vois pas ce qu'il y a d'heureux à ce que la liberté ait jeté le chevalier platoniquant aux pieds d'une Margoton de Toboso, le docteur à l'aveugle au linceul du fantôme d'Hélène, et don Juan à tâtons aux bras d'une idole de Sganarelle...

S'il y a quelque chose d'heureux en ces disgrâces, c'est donc la liberté périlleuse de l'écart, parce qu'elle permet l'épreuve, qui produit l'examen de conscience, et conduit chacun de nous, au bout du compte, à se dire, comme le Prodigue de la parabole : « Je meurs de faim ! »

J'ai faim des réalités de l'amour et de la vie ! crie Faust.

J'ai faim de bon sens et de simple raison ! crie Don Quichotte.

J'ai faim d'une vie intellectuelle et cordiale ! crie don Juan.

Faisons donc cesser entre nos énergies le schisme qui nous affame et nous appauvrit.

Est-ce possible? et suis-je libre de revenir à l'unité autant que je l'ai été de dissiper ma substance? Ayant eu la liberté du mal, serai-je privé de la liberté du bien?

Pas une École de philosophie fataliste, désormais trempée au panthéisme, qui ne nous accorde une part de libre arbitre.

Et quelle école fut sans maître? quelle nation sans législateur? quelle civilisation sans promoteur? Eh bien! donc, l'humanité, quel est son maître-homme, son chef, son moteur et son guide, organe capital, au sein du genre humain et reflet idéal de la lumière infinie?

Quel sera cet éducateur, cet esprit libre, modèle des libres esprits ?

L'Homme-Dieu grec, que tous nous avons suivi, et toi-même, Faust, vers les illusions dans l'Éden des Hespérides, et les feux follets aux marais de Stymphalis: Hercule, libre de choisir entre la concupiscence basse et la vertu, les suivit toutes deux alternativement. De qui faisait-il la volonté? de son père, le dieu du bien et du mal.

Jupiter! spectre difforme! nul ne croit plus en ta réalité : et tout le monde, plus ou moins, en est encore à faire la volonté de ton fantôme!...

Pas un César chevaleresque, bienfaiteur des nations, pas un Mentor ou un Wagner, reflet de sa cervelle, pas un viveur issu de sa cuisse, qui ne réalise, à grand effort, à l'effigie de ce faux dieu, une humanité de bien et de mal, sur une terre baignée de rosées et de pleurs!

Non : ce n'est point là le Père céleste vers lequel nous nous sentons sollicités, toi, Faust, par tes larmes, Don Quichotte par ses mélancolies, moi, don Juan, par mon pesant malaise.

Il est, dit-on, un Homme-Dieu, qui n'alterne pas entre le bien et le mal, qui fait la volonté de son Père céleste, et, par ses œuvres, prouve que la volonté de ce Père invisible est que nous soyons un dans chacun de nous et un entre nous, hommes, comme en Dieu la puissance, la raison et l'amour sont un même foyer de perfection et d'harmonie.

Le Père céleste de ton Hercule, don Quichotte, de ton Hélène, Faust, n'est bon qu'à clouer mon Prométhée sur la haute montagne d'où l'on voit tous les royaumes de ce bas monde. Son Olympe n'a même pas une femme de cœur pour s'apitoyer sur le Titan enchaîné : c'est de l'Océan des multitudes que des voix plaintives s'élèvent et montent, avec nos gémissements, dans le désert d'un ciel glacé ; et le prince des chevaliers errants, rallié à l'empire de Jupiter, a charge de balancer au-dessus de mon Caucase, leurre éternel, ta couronne, ô liberté !

Constraste miraculeux ! voici un Homme-Dieu, fils de la Femme libre et du Père des parfaits, qui laisse à tous la liberté jusqu'à l'homicide et jusqu'au déicide, ne prenant de chaînes que pour lui-même ; qui pleure sur Lazare et sur Jérusalem, sur l'individu et sur la société rappelés à la vie, sans être cause pour personne d'aucune larme versée ; et qui, de ce cœur par les hommes percé et déchiré, fait la nourriture de ses amis, de ses ennemis mêmes, de ses bourreaux !...

Voilà l'Homme ! et tel est celui qu'on appelait Dieu, autrefois... C'est le Dieu vers lequel n'ont cessé de te rappeler ta nièce et ta servante, toi qui fus don Quichotte, mais qui restes toujours au fond Alonzo Quixano le Bon ; le Dieu dont la lumière te fut rendue par Marguerite, Jean Faust, intelligence restaurée ; le Dieu dont le joug léger est enfin présenté aux épaules de don Juan par la main douce d'une mère, d'une sœur, d'une amante divine.

Il nous dit, ce Dieu, notre frère attrayant :

« L'intelligence que je baignerai de mes rosées contentera sa soif de l'infini ; le cœur que je nourrirai de mon sang palpitera de l'amour éternel ; le corps, fût-il infirme, cacochyme, pourri, que j'aurai touché du souffle de ma bouche, s'épanouira dans la vie de plus en plus abondante. Venez à moi, vous tous que la division désole, accable d'ennui, de peine, de dégoût, venez, et je vous restaurerai. Venez où je vous attire, en haut, à moi; au nom de notre Trinité sainte, rassemblez-vous, deux et trois en un, et que la nature humaine, rendue conforme à la nature divine, réalise, dans l'âme l'unité de ses énergies, dans le genre humain l'unité de ses rameaux; l'unité partout, principe d'ordre, de puissance, de bien-être, de glorieuse béatitude [1] ! ».

Est-il bien Dieu, celui qui enseigne ainsi? je ne sais trop : mais que sa parole est donc forte à la fois et douce! et qu'à de tels rayons le front humain s'éclaircit! qu'à de telles suaves effluves le cœur voudrait s'ouvrir ! et dans quels nœuds charmants on se sent les mains prises et noblement pressées et joyeusement liées par la liberté, par la lumière et par l'amour !

Décidément, s'il est vrai que deux et deux font quatre, il est vrai encore que je suis plus qu'un chiffre, et que Faust, don Quichotte et don Juan se complètent l'un par l'autre; et que Christophe Colomb est, plus que nous trois, esprit fort, cœur énergique et vie bien employée : et c'est un fait que ce Christophe, le prince des aventuriers, s'est modelé, non sur Hercule, mais sur Jésus-Christ : qu'il a confié sa nef non à Vénus, Pallas ou Junon, mais à la Vierge-Mère ; et qu'il s'écria, sur son nouveau monde découvert, comme Raphaël, Gluck, Mozart, Weber, sur leurs chefs-d'œuvre achevés : Gloire à Dieu !

---

1. Saint Paul, I *Cor.*, XII.

Poëtes chrétiens, où donc êtes-vous, pour nous rappeler à ce Dieu vivant, nous refaire quelque peu et nous restaurer en Lui? O grandeur humaine, qu'il serait beau de t'envisager sous toutes tes faces! et qu'il serait doux, sur le berceau d'une vie nouvelle, où don Juan renaîtrait en sa plénitude, le front éclairci, le cœur réchauffé, de chanter aux cieux étonnés : Gloire à Dieu aux cimes des esprits, et paix dans la chair aux hommes de bonne volonté !

IX.

LE DON JUAN BARBON.

Nous avons vu jusqu'ici don Juan surpris par la dure mort dans la fleur de sa jeunesse : nous allons passer aux champions de la société et de la famille qui le poursuivent dans sa vieillesse délabrée.

Par ce fait seul que la poésie attend le déclin du héros, elle diminue son sujet; elle ne peut plus tirer parti de ce monde de forces vives dont nous avons fait la nombreuse énumération; elle n'a prise que sur des cordes usées, raccornies; elle se refuse toute chance de pouvoir greffer sur le tronc divin des rameaux desséchés ou pourris. Dès lors, nous soupçonnons que le poëte se sera dit, à l'inverse du Christ : J'aime mieux le sacrifice que la miséricorde; et nous pressentons une exécution, sanglante ou avilissante [1].

---

1. *Don Juan barbon,* par Gustave Levavasseur. Michel Lévy, 1849. *La Vieillesse de don Juan,* par Jules Viard, 1857.

Pour retrouver, à la tombée de la vie, le ressouvenir de son humanité et le pressentiment de Dieu, il n'est pas nécessaire d'être chrétien : il suffit à chacun de nous d'être homme. Pline constatait chez le païen ce bon retour *in extremis : Tunc deos, tunc hominem esse meminit;* et je crois voir le dernier regard et ouïr le gémissement d'un esprit fort au mouroir, dans ce vers de Virgile :

> Oculis errantibus, alto
> Quæsivit cœlo lucem, ingemuitque reperta.

C'est le sort de don Juan Barbon. Il enrage toujours quand Leporello lui parle de l'enfer; mais lui-même, tout bas, s'entretient du ciel. Les prières d'Elvire, morte en bonne odeur de pénitence, l'ont arraché à l'abîme.

> Parmi les condamnés j'allais prendre ma place,
> Quand une voix d'en haut s'écria : Grâce, grâce!
> Pardon pour lui, Seigneur, il n'a pu blasphémer
> Que par orgueil; son cœur était fait pour aimer.
> Le Seigneur répondit : Que cette âme renaisse,
> Et puissent ses vieux jours expier sa jeunesse!
> Alors, par des chemins aux hommes inconnus,
> Je remontai sur terre, et là je reconnus,
> A l'endroit où j'avais poussé mon dernier râle,
> Mon valet qui tout seul faisait de la morale :
> Il remit à son cou sa chaîne de valet,
> Et de l'humanité je repris le boulet;
> Mais mon cœur rayonnait, mon âme avait des ailes,
> Car j'avais entrevu les choses éternelles!

Malheureusement, les choses temporelles traînent pesamment autour de don Juan, et de la trace de ses méfaits anciens surgissent les épreuves et les tentations. Don Juan a doté Charlotte, et il a épousé Mathurine. Rien de plus honorable que ce beau rangement : mais que de déboires, de scandales, de troubles retournés contre don Juan !

> Mathurine fut fière, et ce fut très-touchant
> De me voir emmener comme une Cidalise
> Ma simple paysanne à mon bras à l'église ;
> Le peuple me jetait des couronnes, et moi,
> Sur les débris des fleurs je marchais comme un roi.
> Les cloches renvoyaient leurs plus beaux airs de fêtes
> Aux acclamations qui semblaient des tempêtes,
> Et comme un grand niais, ma femme à mon côté,
> J'étalais au soleil ma popularité !

> C'était une coquette et de plus une sotte
> Qui, faute d'un Pierrot, ne valut pas Charlotte.
> Il faudrait avoir vu ce que j'ai vu d'enfers
> Pour savoir les tourments que mon cœur a soufferts ;
> J'ai connu dans mon sein les serpents des Furies ;
> Moi, don Juan, j'ai senti l'accès des railleries
> Sur la sotte beauté dont j'étais le mari ;
> J'ai vu ma vanité clouée au pilori !
> Puis, je suis devenu très-vieux et très-malade,
> Domestique à mon tour d'un serviteur maussade.

> Je tenais pourtant tête à l'expiation,
> J'étais calme, j'avais ma consolation,
> Ma fille, mon unique enfant, ma sainte fille,
> Qui m'a sacré du nom de père de famille.
> Fleur éclose au milieu de toutes les douleurs,
> J'ai, pour la rendre belle entre toutes les fleurs,
> Versé sur son calice, en mon angoisse amère,
> Tous les trésors d'amour qu'a dédaignés la mère.

J'ai vu ma Dolorès grandir, et par degrés
Mes actes et mon nom devenir ignorés ;
Aussi, vers le tombeau ma vieillesse soumise
Descendait le chemin de la terre promise...

Mais voici qu'au soleil un nouvel arrivant
Pour se parer de moi m'exhume tout vivant,
Et dans ses lieux communs de morale honnie
Met en pièces don Juan que le fat calomnie...
Ce jeune homme se croit un génie infernal,
Parce qu'il a mené la Mathurine au bal !
Pauvre petit niais !... Exécrable vipère,
Que je vais écraser du pied dans son repaire !
Cet impur a passé le seuil de ma maison ;
S'il allait voir ma fille !... Horreur et trahison !
Don Juan est dans son lit, le bonhomme sommeille...
Vous en avez menti, le bonhomme s'éveille !
Il est debout, il marche ainsi qu'en son printemps.
Dors en paix, Dolorès, don Juan n'a que vingt ans !

Voilà le drame de Gustave Levavasseur. Un jeune inconnu, don Sanche, qui a pris pour modèle don Juan, suborne la femme du vieux libertin et va lui enlever sa fille ; et don Juan n'a, contre cet ennemi, d'autres armes que celles dont on s'est servi contre lui-même : l'injure, la menace, l'épée. Don Juan tombe frappé à mort par la main du jeune homme, comme autrefois le Commandeur succomba sous ses coups.

DON SANCHE, *penché sur son épée, à don Juan étendu par terre.*
Par combien d'écus d'or arrangeas-tu l'affaire,
Don Juan, quand tu tuas le Commandeur, mon père,

Pour enlever sa fille? O vieux maître impuissant.
Ta fille vaut sa fille, et ton sang vaut son sang.
    DON JUAN, *seul, agonisant.*
Le fils du Commandeur!... Ma fille!... Oh! que je souffre!...
Le plancher sous mes mains s'entr'ouvre comme un gouffre:
Je vais mourir! Otez vos visages hideux,
Ma femme et mon valet : ... je vous maudis tous deux!
Don Sanche, ne viens pas contempler ta victime :
Je te maudis!... Ton crime a surpassé mon crime,
Car tu n'as pas d'amour, et j'en avais jadis.
Amour, qui perds ma fille, amour,... je te maudis!...
    LA STATUE DU COMMANDEUR, *sortant de terre.*
Tu blasphèmes, don Juan.
              DON JUAN.
                       Encor cette statue,
Dont le pas est de pierre, et dont le regard tue!
Tu viens voir si ton fils t'a vengé, Commandeur?...
Sois tranquille, son fer m'a traversé le cœur.
                LA STATUE.
Les morts ne viennent point poursuivre leur vengeance,
Et les pauvres vivants ont besoin d'indulgence.
Il est un mot plus doux que les noms les plus beaux,
Que l'on devrait inscrire au-dessus des tombeaux :
PARDON!... Je défendais le seuil de ma famille :
Tu m'as tué, pour prendre et délaisser ma fille;
Puis, avec ton valet, tu t'en vins lâchement
M'insulter dans ma paix et dans mon monument;
Par l'exemple pervers que le libertin donne,
Tu m'as perdu mon fils :... don Juan, je te pardonne!
                DON JUAN.
Commandeur, ta main.
                LA STATUE.
                    Prends, don Juan, et lève-toi,
Meurs grand comme un martyr, et debout comme un roi.

ENSEMBLE.
Seigneur, soyez clément, pour nos enfants coupables,
Grâce pour nos bourreaux ! En vos mains secourables,
En vos puissantes mains nous les abandonnons.
Seigneur, pardonnez-leur comme nous pardonnons.

Il y a beaucoup de talent dans ce drame original. Le poëte a voulu combiner la vengeance qui germe de la terre où don Juan a semé, avec l'oubli des injures, céleste rosée de Dieu. La Statue de Gustave Levavasseur a le pas plus lent que celle de Henry Blaze : elle manque d'orthodoxe solidité, car elle va jusqu'à attribuer la grandeur du martyr à un homme que la mort surprend tout rempli des esprits de haine, d'homicide et de malédiction ; et son souffle ne prolonge pas assez libéralement la miséricorde sur la terre consolée. C'est le meurtre encore qui punit le meurtrier ; c'est l'homme qui se fait juge et se fait lui-même justice ; c'est la loi du talion toujours poétisée sur la terre. Le *Don Juan barbon* de Levavasseur paye sa dette dans un duel, comme le *Héros du siècle* de Lermontoff : heureux encore que son dernier soupir ne soit pas amer comme celui du jeune don Juan russe, ou glacé comme celui de *Manfred !*

Loué soit le poëte de n'avoir pas du moins étendu le vieux levain de la vengeance jusqu'à la table du céleste banquet ! Béni soit le poëte d'avoir réuni dans la prière les mains des pères réconciliés et mis sur leurs lèvres, avec le baiser de paix, ce mot de la charité, espérance des générations futures :

Pardonnez à nos fils, comme nous pardonnons !

M. Jules Viard, lui aussi, envoie finalement promener son héros devenu vieux au ciel plus indulgent; mais, bon Dieu! qu'il fait à la vieillesse de don Juan la terre sèche et dure! L'axiome mozarabique de Tellez lui est revenu à l'esprit :

Non hay deuda que no se pague;

mais il s'est arrêté devant la règle païenne de Cicéron :

Noxæ pœna par esto.

Le dictionnaire de l'Académie française lui-même criait au poëte justicier : « La loi du talion n'est point en usage parmi les chrétiens. » Alors, M. Viard a supprimé le Commandeur et son épée, se réservant de régler à don Juan le payement de son compte avec toute rigueur judaïque, mais sous forme plus subtile et plus raffinée, entre des griffes spirituelles. Le drame est d'ailleurs vigoureusement conçu et vivement mené, mais terre à terre, débarrassé de la Statue et de tout esprit surnaturel.

Le prologue prend le héros à son dernier festin. Don Juan, qui s'est assoupi sur la table, se réveille au bruit que fait Sganarelle en mangeant. Il sort d'un rêve étrange. La Statue a marché, est venue à son souper, l'a convié au banquet des morts, abîmé aux noirs rivages; et là, durant la traversée de l'Achéron, don Juan a vu passer englouties toutes les victimes de ses amours brutaux, plaintives, hurlantes, et lui jetant à la face leurs imprécations. — Don Juan, tu m'as faite adultère! —

Don Juan, tu m'as faite parricide! — Don Juan, tu m'as faite infanticide! — Don Juan, tu m'as faite prostituée!... Des foules d'enfants livides suivaient ces femmes perdues, criant tous d'une voix : Notre père, sois maudit!... La fatale barque arrive au gouffre éternel.

« Sur le seuil de l'enfer, se tenait un homme en haillons, qui priait. Je ne sais par quel phénomène de mon imagination tous les incidents, même les plus vulgaires, de notre journée d'aujourd'hui, me sont restés dans la tête : cet homme qui priait, c'était le *pauvre* de la forêt, le *pauvre* à qui j'avais fait l'aumône le matin. Interrompant sa prière, il dit quelques mots, à voix basse, à la statue : ... et le Commandeur, qui allait me précipiter dans le gouffre, prononça ces paroles : « Don « Juan, à la prière d'un homme que tu as secouru, je t'ac- « corde un plus long temps pour te repentir! Pour châti- « ment de ta vie, je te donne ta vie! Avant d'être châtié « par le Ciel, tu le seras par les hommes et par la nature ! « Jeune homme insensé, tu vieilliras!... » Alors la statue m'a lâché; le tonnerre a grondé, et je me suis réveillé aux éclats de la foudre céleste! Eh! eh! Sganarelle, sais-tu quel était ce bruit de la foudre divine, à laquelle je viens d'échapper si miraculeusement?...

SGANARELLE, *piteusement.* « C'était le bruit d'une assiette que je cassais sur la tête de Ragotin.

DON JUAN. « Eh! eh! eh!... Un rêve, Sganarelle, rien qu'un rêve!... Et à moins que je n'aie vu l'enfer étant bien éveillé, je n'y croirai jamais. »

Chose digne d'attention, pour le dire en passant, que,

sans se connaître, l'auteur de la *Vieillesse de don Juan* et celui de *Don Juan converti* aient eu, chacun de son côté, cette même idée de faire intervenir, à l'heure suprême, le Pauvre priant pour don Juan. Ce simple trait de concours confirme tout ce que nous avons dit, avec MM. Paul de Saint-Victor et Moland, sur la religieuse création de Molière [1].

De ce point de départ commun, la prière du Pauvre, nous n'avons pas navigué vers les mêmes rivages. Au premier coup d'œil jeté sur la liste des personnages dont le poëte entoure la vieillesse de don Juan, j'ai compris qu'il n'avait pas de quoi sauver notre héros. Hélas! comme dit Richardson, « nous avons peu de comédies où se meuvent des personnages vraiment vertueux. »

Nous aurions pu mettre quelque espoir en don Carlos; mais, dès le prologue, ce brave jeune cœur perd patience et se fait tuer en duel.

Le poëte semble d'abord avoir compris, avec le docteur Kahlert, « la haute valeur artistique de dona Elvire. » Mozart a passé par là : l'héroïne est plus douce, plus tendre que dans Molière ; mais qu'elle se soutient peu !

---

1. J'ajoute que je trouve dans le drame de M. Jules Viard, présenté et d'abord reçu au Théâtre-Français en 1853, qu'il a la bonté de me communiquer, aujourd'hui 7 février 1864, d'autres idées communes à nous deux, et des phrases même presque textuellement écrites par moi en 1857 : tant il est vrai qu'il y a, au-dessus de nous, pour nous pousser dans un même courant, des Anges, bons ou malins. Molière voyait un Chérubin dans les éclairs sublimes de Corneille. Pour les petits aussi le ciel a des lueurs.

Dès sa première rencontre, elle désespère : « Mon Dieu ! cet homme est un monstre ! » Elle le laisse là, va cacher sa vie, s'occuper de son salut et de la bonne éducation de son fils ; mais le vieux levain mozarabique n'a pas cessé de fermenter dans ce cœur-là, et quand don Juan reparaîtra, semeur de scandales autour d'Elvire, on entendra tout naturellement sortir de sa froide lèvre le cri de l'impitoyable furie de l'abbé da Ponte :

Gli vo cavar il cor!

Quels autres esprits de Dieu, pour faire autour de don Juan une atmosphère plus saine et salutaire ? Le bonasse M. Dimanche et sa famille, Pierrot confit dans ses vieilles rancunes, une ignoble courtisane, et Sganarelle et son fils Leporillo : ... avec cet entourage, mon don Juan est perdu ; et je suis d'avance d'autant plus assuré de sa perte, que l'auteur, pour l'arracher au naufrage, ne lui avance que cette vieille planche de Sganarelle : « Oui, je convertirai don Juan ! » C'est le dernier mot du prologue.

M. Viard, comme M. Levavasseur, a très-nettement compris mons Sganarelle. Le bon apôtre s'est marié, en invoquant saint Paul, « pour ne pas brûler, » et ne se fait pas faute d'envoyer sa femme au diable, tout en travaillant à ramener son maître à Dieu, se rendant d'ailleurs à lui-même ce témoignage qu'il n'a cessé de graviter moralement vers le ciel. Mais il est moins sûr du salut de son fils. « Cet enfant aura-t-il mes vertus ? Don Juan me le gâtera... Ah ! si Mme Sganarelle avait voulu me croire, nous n'aurions pas les soucis de la paternité... » Ce dernier trait est profond : Sganarelle inspiré de Malthus!...

Quant à sa génération, elle est plus que gâtée; et Giliberti pourrait dire de ce Juanito d'antichambre : « Pour peu qu'il eût coulé un peu plus bas, il contait fleurette aux baleines. C'est un diable à débaucher Proserpine, dès qu'il sera tombé en enfer. » Chérubin des bas lieux, hardi et insolent comme un page de Béelzébuth, à la première découverte de ses fredaines, il va crier à Sganarelle ahuri : « Vous m'ennuyez avec vos sermons; vous m'irritez avec vos menaces... Ah! que le Diable emporte papa! » On ne peut pas imaginer une petite créature plus véreuse et putride que ce Leporillo: un serpent issu de l'œuf de Sganarelle couvé par don Juan!

Quant à don Juan, plus que jamais tourbillonnant dans la sphère frénétique du sensualisme, il est bien changé, le vieux damné! Usé, faisandé, fardé, perruqué, corseté; un vieux beau à la surface, au dedans rempli d'infirmités, réduit à courir après Danaé, qui le trompe et entretient à ses dépens son page libertin! Desséché de cœur et d'intelligence, don Juan jure tout haut qu'il ne croit à rien qu'à la sensation et à la volupté.

Pourtant, à ses heures de solitude, il pense encore, et il voit sa décadence, et il se souvient de son rêve. La Statue est bien venue; elle l'étreint : c'est la vieillesse! Les spectres de l'Achéron, ce sont les regrets, les remords, qui ne le quittent plus. Ses enfants, où sont-ils? portion de son être détachée de sa vie! Pas une femme pour vieillir avec lui ! Pas un enfant pour grandir dans ses bras ! Seul ! seul !

« Quelle trace, quel souvenir laisserai-je parmi les hommes ?... Me serais-je trompé sur la destinée de l'homme ?... Moi, qui me croyais un dieu, je ne suis qu'un homme, vieux, cassé, isolé, abandonné, aspirant toujours à l'amour, et ne pouvant plus jamais l'inspirer ! Rester seul, fantôme de soi-même ; assister, avec la rage de l'impuissance, à la lente destruction de tout son être ! Aujourd'hui la mort, demain le néant ! Ma vie s'éteint ; l'humanité me hait : la nature, comme me l'avait prédit la Statue, la nature a suffi pour vaincre don Juan...

« Eh bien ! vais-je porter envie à la philosophie de Sganarelle ? Je veux être plus fort que la nature, dominer l'humanité ; et au diable le Ciel !... Je me sens jeune encore ; je veux aller, voir, vaincre ! Allons, don Juan, en campagne ! »

SGANARELLE, *entrant une perruque blonde à la main*. « Monsieur veut-il essayer sa nouvelle perruque ?... »

Ce monologue est admirable : Toute la situation de don Juan vieilli est là résumée, avec tout son poids d'amertume et son rude châtiment. Cependant, au fond de ce monstre maudit il y a encore des cordes humaines qui voudraient vibrer sous le soleil de la vie et de la paix.

Où est Elvire, pour se venger, non point par le coup brutal du talion que recommandait le moraliste païen : *talione ulcisci !* mais par le céleste trait de l'amour, que révèlent l'exemple du Christ et la parole de ses apôtres : *Vince malum in bono !*

Les morts ne viennent pas poursuivre leur vengeance,

dit le poëte : quand donc les vivants auront-ils l'esprit des morts ?...

Don Juan n'a près de lui, « cherchant quelque bonne raison pour le convertir, » que son valet : le philosophe, en Sganarelle, n'est que pour dégoûter don Juan, et le serviteur maladroit pour l'exaspérer.

Ah ! tu blesses ma vanité, avec ton étalage de perruque ! ah ! tu te poses en défenseur de l'innocence : eh bien ! je te veux prouver que je suis jeune encore ; et puisque tu ne sais me parler, idiot, ni de la femme que je regrette, ni des enfants qui me manquent, puisque tu n'as aucun baume à verser sur mes langueurs, aucun rayon à faire luire sur mes désolations, je vais, pour m'arracher à mes pensées amères, recommencer mon éternelle équipée, et tu vas m'y servir, cervelle de mulet, autant qu'entêtée, inféconde !

M. Viard a dû entendre ainsi raisonner fortement et à la diable son vieux don Juan exaspéré. Sur quoi, le conquérant sexagénaire, paré de sa blonde perruque, charge Leporillo et sa courtisane de lui livrer la jeune fille de M. Dimanche. Or, Claudine est la fiancée de Jacques ; Jacques est le fils d'Elvire... Don Juan, dans cette dernière aventure, après toutes les humiliations de l'impuissance décrépite, subit toutes les tortures de la honte, lorsque Elvire ménage diaboliquement la surprise d'une reconnaissance au père sous le bâton du fils...

Le bâton reste suspendu ; mais le coup moral porte à

toutes les profondeurs de l'âme. Le don Juan de Jules Viard, comme a fait plus récemment le Montjoye d'Octave Feuillet, commence par mettre à la porte sa courtisane, que suit le petit drôle de Leporillo, criant à son maître et à son père : « Bonsoir, quand je serai vieux, je reviendrai vous tenir compagnie. » Puis, don Juan, vêtu de noir, paré de ses cheveux blancs, s'en va humblement demander pardon à dona Elvire, à son fils, à Claudine ; il s'offre à tout réparer, et demande à se restaurer dans l'ordre du devoir et dans la paix de la famille.

Mais don Juan, se faisant une pénitence trop facile, trouve devant lui, double mur infranchissable, le vertueux orgueil de dona Elvire et de Jacques.

« Ah! ah! ah! don Juan! (c'est la tendre Elvire qui ricane sur ce ton); la naïveté de votre égoïsme me fait rire... Mais c'est précisément parce que vous avez besoin de moi pour vous soigner dans vos maladies, de votre fils pour faire honneur à votre vieillesse, que je ne veux pas vous le rendre.

— Vous me torturez le cœur.

— Ce n'est pas votre cœur qui souffre; c'est votre orgueil de gentilhomme qui pleure, c'est votre isolement de vieillard qui vous épouvante! Votre projet de réparation et de réconciliation vous rendrait heureux; et vous êtes indigne du bonheur. Il faut, pour l'expiation de votre vie, que vous souffriez à votre tour... Votre rêve est charmant : mais vous avez brisé le mien!... je brise le vôtre! »

Que voilà une héroïne touchante, justicière autant au

nom de son égoïsme personnel, qu'au nom du devoir social ! Ce n'est pas tout. La noble Elvire appelle son fils pour en faire le juge de don Juan ; et là, en plein conseil de famille et par-devant les Dimanche, elle raconte tout au long son aventure et son histoire. Digne fils d'une telle mère, Jacques, ferré sur la loi du talion, prononce solennellement l'arrêt de son père coupable :

« Votre devoir ne vous obligeait-il pas à aimer votre fils ? je ne vous connais pas, monsieur. Nous sommes quittes !

DON JUAN, *éperdu.* Ah ! vous, Elvire, priez pour moi ! Intercédez auprès de votre fils ! Ne m'abandonnez pas !

ELVIRE, *froidement.* Votre crime est irréparable, comme mon malheur, don Juan. Vous me priez d'intercéder pour vous, moi, qui vous ai déjà condamné !

DON JUAN, *avec désespoir.* Mon fils ! mon fils !... (*A lui-même.*) Oh ! mon père !...

(Jacques et Claudine, Elvire et Mme Dimanche s'embrassent tous sous les yeux du maudit, pour lui faire sentir plus vivement sa désolation.)

DON JUAN, *désolé, avec accablement.* Plus d'amours ! plus de plaisirs ! pas de famille ! seul ! toujours seul !... jusqu'à la mort ! Que me reste-t-il dans ce monde ?

ELVIRE, *triomphante.* Rien !... Don Juan, songez à l'autre !

DON JUAN, *à lui-même.* Oh ! s'il existait un Dieu ?... J'ai peur d'y croire, un jour !... (*Il s'en va.*)

SGANARELLE, *le suivant avec un fanatisme comique.* Maintenant, il est à moi ! Je tiens mon homme ! je le convertirai !... »

Il y a dans cette conception de la vieillesse de don Juan incontestablement une grande vigueur. Mais pourquoi tant de talent au service de tant de dureté! L'arrêt est juste, j'en conviens, selon la justice rigoureuse, étroite. Mais qui peut croire que le public, à cette heure de l'humanité, pût s'intéresser à cette exécution impitoyable, et ratifier l'arrêt d'une justice vide de miséricorde?...

L'auteur de la *Vieillesse de don Juan* s'est trompé, ou plutôt il a été trompé. Il écrit, dans sa dédicace à M. Henri Giulès, son ami et collaborateur : « J'ai trouvé dans un manuscrit de vous l'idée du dénoûment, implacable et terrible, qui me manquait et que je cherchais, pour rendre l'expiation de don Juan plus *réelle*, plus *humaine*, et pour distinguer, plus spécialement, ma façon de comprendre ce sujet des auteurs qui l'ont traité avant moi; c'est-à-dire pour montrer don Juan châtié, non plus par le diable et le feu de l'enfer, mais *par sa vie même et par la conscience tardive du devoir* de la vie de l'homme châtié dans ses sens, dans son cœur, dans son égoïsme, dans son bonheur. »

Ah! poëte, poëte! où sont, pour votre héros, vos entrailles paternelles? et se peut-il, lorsque vous avez si bien entendu votre vieux Prodigue crier : « Je meurs ici de faim ! », que vous ne l'ayez pas vu, si loin qu'il fût, et qu'attendri vous n'ayez pas couru pour tomber sur son cou et le baiser, et le ranimer du souffle de votre amour? Ne voyez-vous pas que votre Elvire, *triomphante*, ne triomphe point par le chemin de la croix? Ne comprenez-vous pas que cette Elvire sans miséricorde n'obtiendra pas miséricorde? Ne sentez-vous pas qu'avec don Juan désespéré vous condamnez à un éternel regret cette femme implacable, à un éternel remords son orgueilleux fils, qui se croit un juste, étant parricide?...

Drame à refaire! au comité de lecture des Anges *reçu à correction!* L'auteur a tout ce qu'il faut de talent pour redresser son œuvre dans la lumière.

Que M. Jules Viard, incarnant le rêve de don Juan, fasse de son récit une *action* : et par ce simple changement à vue, son prologue devient grandiose, effrayant, magnifique. Qu'il mette hardiment aux prises le ciel contre l'enfer; contre ce spectre atroce, qui tire d'une intercession miséricordieuse l'occasion d'un raffinement de vengeance, que le poëte lance l'homme du bon Dieu, le Pauvre, associé au bon M. Dimanche et à sa fille plus idéalisée, à dona Elvire et à son fils armés de plus d'amour et de patience; qu'il poursuive au cœur de don Juan la veine du monologue de son premier acte; et je lui prédis, pour une bonne œuvre, un grand succès.

C'est une bien grosse erreur de croire que, la Statue ôtée, le Diable ne soit plus pour rien dans la fin de don Juan telle que l'a comprise M. Jules Viard. Son dénoûment est de beaucoup plus cruel que celui de Tellez. Si abîmé que soit don Juan entre les mains de la Statue, les poëtes inspirés par le cordial Évangile protesteront contre ce mot fatal : « Il est trop tard! » et la Mère des miséricordes suscitera une de ses filles, Inès ou Anna, pour sauver le grand pêcheur criant : Grâce! Mais don Juan, laissé aux pattes d'oie de Sganarelle, est bien autrement aventuré. S'il allait se convertir au dieu loup-garou et au moine-bourru !... Devons-nous le voir traîner sa décrépitude aux pratiques d'une pénitence superstitieuse et malsaine?...

XX.

DON JUAN PÉNITENT.

La légende dramatique de don Juan nous a surabondamment démontré cette thèse de Stendahl et de Weiss : que « la fausse dévotion a pour fruit l'impiété révoltée[1]. » Mais il arrive encore que l'impie, s'il vient à résipiscence, sous des influences malpropres, opère son retour à Dieu de travers, et fait de sa pénitence même un scandale.

Le Suédois Almquist et notre Félicien Mallefille prennent don Juan où Jules Viard le laisse : se retournant vers le ciel pour échapper aux souvenirs de la terre, Mérimée, avant eux, a fait un don Juan pénitent, et il l'a conduit, non sans accident, au port du repos. Le don Juan d'Almquist et celui de Mallefille restent en route, échoués aux barres des bas-fonds mozarabique et païen.

---

1. *Les Cenci*. Conférences de la rue de la Paix. 1862.

Pour bien entrer dans ces analyses délicates, écoutons nos Pères, les maîtres de la pensée chrétienne.

Lazare, cette figure de l'homme corrompu, du gentilhomme gâté[1], après qu'il a été ressuscité, vit, marche, parle, prend part au festin avec l'Homme-Dieu[1]; c'est-à-dire que, pour don Juan comme pour Lazare, restauré dans la justice, l'homme est appelé par le Christ à la vie publique religieuse, et qu'il emploie son activité, avec les saints et avec ses frères convertis, à se réjouir dans la présence de Dieu, et qu'il marche sur les traces de Celui qui passait sur la terre faisant le bien. Rétabli dans l'équilibre et dans la liberté de ses mouvements divins, il s'associe à sa sœur Madeleine pour parfumer la tête et les pieds du Seigneur, adorer l'Homme-Dieu, revivre dans sa Gloire, et servir les pauvres qui sont les membres préférés de Jésus. C'est ainsi qu'en Lazare la vérité du Dieu vivant était montrée, pour confondre l'incrédulité des juifs[2].

Voyant ainsi revivre et agir vertueusement le Lazare qui avait été si bien mis à mort par la fièvre et enseveli par la vieille piété, les Pharisiens se disaient : « Nous n'avons là rien à gagner ; tout le monde va courir à celui qui ressuscite et qui rend à la vie ; » et c'est pourquoi les faux dévots de ce temps-là rêvaient de remmaillotter Lazare dans les bandelettes de la vieille loi, de le rendre à la mort[3].

1. *Non ignobilis, vir clarus.* Saint Jean Chrysostome, *Homel.* 65.
2. Saint Augustin, *Traité 50e sur saint Jean.* Alcuin, *Chaîne d'or.*
3. Saint Jean, XII.

Ceci dit, nous allons constater qu'avec les meilleures intentions Almquist et Mallefille, comme M. Viard, ensevelissent judaïquement don Juan au lieu de lui faire place au vivant festin de l'Homme-Dieu. Nous verrons ensuite que Schiller et Octave Feuillet ne l'appellent qu'à banqueter loin de la table divine, chez ce roi-citoyen, qui finit par nourrir l'Enfant prodigue de cosses, le diable sait en quelle compagnie!...

Mallefille a analysé l'état morbide de don Juan avec une sagacité et une pénétration que personne peut-être n'a égalées, même parmi les Allemands; mais il faiblit sur la conclusion, par défaut de foi parfaite et d'espérance infinie.

Voici, en trois mots, toute la philosophie des *Mémoires de don Juan* :

« Météore sanglant, il pouvait être une étoile... Quel gaspillage de forces! Que de facultés perdues!

« Don Juan, en sa qualité d'homme, est un et triple : esprit, âme et corps, il pense, il sent, il agit... Mais son activité s'est usée stérilement; son cœur a été éparpillé parmi les idoles; son imagination est tombée en plein égarement, faute d'un but utile et positif...

« Poursuivre l'infini, c'est s'acharner après une ombre... Où trouver le centre d'une sphère sans bornes? La vie n'est qu'un accident et ne peut contenir l'absolu. »

Ce dernier trait implique méconnaissance de l'Emmanuel, qui a fait de la vie humaine le support de l'absolu et de la terre l'habitation de Dieu.

Don Juan (nous l'avons montré) ne s'est acharné après l'ombre que pour avoir tourné le dos au soleil. Il n'a poursuivi, à propos de l'infini, que le fini ; il ne pouvait donc rencontrer l'Être universel, alors qu'il ne donnait essor, en lui-même, qu'à une parcelle de son être individuel, et à contre-jour.

Mallefille a dit éloquemment : « Océan trop plein, son imagination a débordé le monde et ne connaît plus de port. Il erre éperdu dans ce désert qu'il a fait lui-même. » L'Océan laisse pomper son trop-plein par le soleil, et cette exubérance, au ciel tamisée, retombe en rosées bienfaisantes... Ce n'est pas le foyer de l'infini lumineux qui se refuse à don Juan : c'est don Juan, qui, se refusant à communier avec le centre de la vie universelle, délaisse son propre centre de gravité, et, se précipitant vers l'infini par un seul point de la circonférence, déborde hors de soi-même et perd la possession de sa propre sphère, avec la vue des autres et du commun soleil.

Don Juan, c'est l'homme-torrent que tout pousse et précipite à ses débordements et sa force propre et l'afflux de tous les courants mondains ; que tout exaspère, surtout la digue brutale, maladroite et impuissante ; et qui n'a pas su se faire un lit, et que les riverains n'ont pas su interroger dans ses allures jusqu'à sa source, afin de le ménager, assouplir et diriger harmonieusement vers sa fin.

Ce n'est pas la soif de l'infini et l'élan vers l'absolu qui font le mal en don Juan : c'est, au contraire, l'aspiration imparfaite, et c'est le mode d'élancement, la voie mauvaise.

Quelle âme plus en quête de l'infini que celle de Christophe Colomb? Et n'a-t-elle embrassé qu'une ombre? S'est-elle fait un désert? Et voit-on qu'elle ait manqué son port?...

Mallefille avait vu un portrait du jeune don Juan Tenorio-Salazar, comte de Marana, seigneur d'Albarren, peint par Antonio del Rincon « en costume du règne de Ferdinand et Isabelle; » mais, comme Zorilla, il ne le prend au berceau que sur la tombe de Christophe Colomb. Il n'a pas, malheureusement, saisi l'idée de Lemercier et des apologistes d'Esproncero : de quel souffle puissant il eût poussé l'étoile à entraîner le météore dans son orbite harmonieuse !

Mallefille a fort bien conçu que don Juan peut revenir de ses dissipations et rejeter parmi les fossiles le vieil Herculé, le modèle païen : mais il n'a pas remplacé cet idéal dans l'esprit de son héros par la sereine vision de l'Homme-Dieu; il n'a pas reposé son cœur sur les proportions parfaites de l'humanité; il n'a trouvé aucun Ange de bon secours pour remettre le pied de don Juan dans le chemin qui unit la terre au ciel.

Voici, d'après le poëte des *Mémoires,* quelle doit être la fin de don Juan.

« Mécontent du monde, qui ne lui a pas apporté son idéal, et de lui-même, qui n'a pas su le trouver, il quitte le monde et s'abdique... Le désespoir du présent contient la frayeur de l'avenir. Quel sera le lendemain de cette terrible journée?... La voix de la conscience, étouffée dans le tumulte de l'action, se réveille dans le silence de l'inertie.

« Un sentiment nouveau, celui de la responsabilité, surgit tout à coup au milieu des ruines et pèse sur cet esprit affaissé. Comment le soulever sans point d'appui?... Plus de force, plus d'amour, plus de foi; rien que la peur!

« Peut-être y a-t-il une autre vie; peut-être un juge : ce juge possible, il faut le désarmer par l'expiation.

« Mais l'existence ne se recommence pas. Il ne reste à la fin qu'à déplorer le commencement.

« La pénitence, donc! et le remords, à défaut du repentir. Car le repentir, c'est le regret du mal, et non la crainte du châtiment. Il veut la sincérité, le désintéressement, et se refuse aux sollicitations hypocrites de l'égoïsme.

« Des cris, point de larmes; des supplications, point de prières; des grimaces, point de vraie douleur. Le scepticisme défaillant tombe aux pieds de la superstition : c'est la seule religion qu'il connaisse.

« Celui qui naguère bravait Dieu et méprisait les hommes, le voilà à présent qui tremble devant le diable. La peur du supplice est pire que le supplice même. Qu'il échappe ou non aux tourments d'un autre monde, le malheureux n'en aura pas moins subi, dans celui-ci, un double châtiment, l'épouvante dans la honte.

« Étrange fin d'une telle entreprise! triste abaissement d'une témérité si haute! Aspirer au ciel, dédaigner les montagnes, et se noyer dans un marais!

« Heureux les humbles d'esprit! Heureux surtout les simples de cœur !

« La vie n'est qu'un accident et ne peut contenir l'absolu. L'idéal ne laisse traîner qu'un pan de sa robe dans la poussière de nos réalités. La science et le pouvoir de l'homme sont bornés : le bonheur complet n'est pas non plus de ce monde.

« Mais ce qui s'en approche le plus, son image la plus fidèle, la plus pure émanation de cette divine essence, le rayon le plus vivifiant de cet astre perdu dans l'immensité des cieux, c'est l'amour : mais l'amour véritable, le grand, le saint amour, celui qui comprend, pardonne et se dévoue !

« Noble destinée !... »

(Ici, le poëte fait un touchant portrait de l'*homme-amour,* un éloge raisonné de la supériorité de son caractère et de son rôle, et il termine par ces paroles, où j'entrevois quelques reflets de l'idéal stoïcien :)

« Si, payé d'ingratitude, méconnu et trahi, il se voit crucifier par ceux qu'il a voulu sauver, il lui reste, dernière et sublime consolation, la conscience de sa générosité. Il vide avec un doux orgueil le calice empoisonné, et savoure aux bras de la Mort l'austère ivresse du sacrifice... »

Ce n'est point ainsi, en doux orgueilleux, l'œil tourné complaisamment sur lui-même, que meurt l'Homme-Amour, selon saint Luc et saint Jean. Regardez bien, méditez : le regard du divin Crucifié s'incline, miséricordieux, de son Père à ses bourreaux, et remonte des larrons à son Père, et puis se repose sur sa Mère et sur les enfants de Marie. A cette Humanité nouvelle qu'il divinise par son sang tout entier écoulé, il dit : J'ai soif que, par votre amour, les méchants soient pardonnés et les égarés remis sur la voie du Paradis [1].

Ce regard de l'Amour sauveur a manqué au don Juan de Mallefille. Né d'un viol, allaité par une chèvre comme Jupiter, confié à la tutelle d'un Morisque tout plein encore des effluves de Mahomet, nul n'avait plus que lui besoin d'évangélisateurs parfaits. Or, sa mère, qui porte le nom de Maria, n'a pas été pour son fils l'image sans tache de la Vierge-Mère : avec l'inspiration de la piété sincère, elle lui a insufflé le germe de la superstition ; et son père et ses mentors ont offert à son culte la figure du Christ un peu trop accompagnée de celles de Socrate et de Zénon ; et son poëte, ne suscitant pour le sauver ni homme saint, ni sainte femme, finit par abandonner son héros aux lâchetés de l'égoïsme, aux grimaces superstitieuses, à la peur du Diable, à l'épouvante dans la honte...

Piteuse destinée !...

Un autre poëte éminent, Almquist, « génie puissant, esprit universel, en qui l'on trouve confondus Rousseau, Lamartine, Dumas, Eugène Sue, Lamennais, dans une personnalité originale et bizarre, » disent le Dr Sturzenbecher et mistress Howitt [2], Almquist, lui aussi, a fait

1. Saint Luc, XXIII, 34, 43, 46. Saint Jean, XIX, 26, 27, 28.
2. *Littérature du nord de l'Europe.* Je dois la connaissance de ce

de don Juan qui se survit un sombre pénitent, un monstrueux dévot.

Don Ramido Marinesco, fils de don Juan, vient de Majorque, sa patrie, en Espagne. Successivement amoureux de quatre femmes, qu'il veut épouser, la veille du mariage, il découvre successivement dans chacune d'elles une sœur ; dans toutes, les filles de don Juan. Se voyant ainsi partout déshérité de l'amour légitime par les désordres de son père, don Ramido retourne à son vieux donjon, et s'y enferme. Là, dans une pièce retirée, est un portrait merveilleux. C'est la Beauté même ; il semble que tous les traits de la perfection, épars chez tous les peuples et dans toutes les races humaines, aient été recueillis et condensés dans cette image de la femme sans égale. Ce portrait, c'est l'idéal de don Juan, et c'est son œuvre. Tout ce qu'il découvrait, dans ses courses indéfinies, d'attraits, de charmes, de merveilles enchanteresses, il le rapportait et le fixait sur cette toile, plus belle que l'humanité réelle, miracle du génie de don Juan, sa créature, par lui seul possédée.

Le fils tombe amoureux de l'idéal paternel ; il peut, sans crime, adorer cette fille de don Juan : il en fait l'objet de son culte, sa divinité ; et sur ce rêve de la Beauté, il colle ses lèvres affamées, pour s'y alimenter de l'infini... Il en meurt, empoisonné ! Don Juan se servait, pour peindre son idéal, de couleurs empestées comme ses actions mêmes...

poëte de don Juan à l'obligeance de M. Depping, de la Bibliothèque impériale.

La mère de don Ramido, désespérée, appelle, pour être consolée, un ermite dont la sauvage austérité édifie les Baléares. Le père Anselmo lui dit : « La cause de tous vos malheurs, c'est don Juan. Il faut, sur le corps de ce fils infortuné, maudire le père, votre époux. » La veuve, autre lionne vaillante, au lieu de maudire don Juan, maudit le fanatique : « ·Dieu soit loué ! car vos imprécations, malgré vous-même, sont tombées sur don Juan. » Le religieux, rejetant sa capuche, montre à sa femme la face ravie de don Juan... Il part et il poursuit son pèlerinage sur toute la terre, allant partout demander ou surprendre la malédiction de toutes les femmes qu'il a corrompues durant le cours de sa vie licencieuse...

Certes, voilà une conception forte autant qu'originale ; mais au fond de cette bizarre pénitence, quel esprit de rigueur et quelle désolation ! Et que ce don Juan repentant a de brutalité dans sa religion ! O rude poésie, muse Mégère, qui n'offre pas au fils d'autre idéale issue que l'impasse infernale du père ! et qui n'encapuchonne don Juan que pour nous montrer en lui, survivant au taureau, le bœuf, et le faire repasser sur ses victimes, pour les éventrer encore d'une corne bénite et les renfoncer d'un pied fanatique dans la bourbe remuée de leurs douleurs !...

Dans tous ces grands drames, point de vrai salut et de consolation, faute de sauveur et de consolatrice ! Point de repos, faute, sous les pieds, d'un coin de terre paradisiaque !

Nous ne voyons, dans tout ceci, que la conversion manquée d'un don Juan invalide. Aucun esprit de vie n'ayant soufflé en sa jeune virilité, le changement des mœurs ne résulte que de l'épuisement des forces vives, et le retour à l'ordre garde quelque chose de fiévreux et de malsain comme la dissipation même.

Que si, le prenant jeune pour l'amender, vous faites succéder à son train de plaisir « un état d'inertie, » don Juan, sa nature étant donnée, ne saurait être réformé par la contrainte et l'immobilité. Si, au lieu de le délier divinement, vous le liez et l'ensevelissez, votre béat étouffement n'aura mené qu'à le fausser dans un autre sens. Des gens de cette trempe on peut faire des missionnaires, non des reclus.

Et gardons-nous de dire à don Juan que « l'existence ne se recommence pas. » C'est là un mot gros de désespoir : le mot du prétoire césarien et de la synagogue. L'Homme-Amour du calvaire a, pour le bandit sur l'échafaud agonisant, une parole plus fortifiante : « Aujourd'hui tu seras avec moi dans le paradis. » C'est annoncer la perpétuité de l'être, du mouvement et de la vie. Ainsi, quand nous revenons bravement dans l'ordre de Dieu, les saints sont là pour nous dire : N'aie pas souci de ces courts moments mal passés, quand tu as devant toi la vie nouvelle à bien mener et pour l'éternité.

Le clément Crucifié fait, avec célérité, passer le condamné de la croix aux cieux[1] : de même pouvons-nous, si nous avons foi, espérance et charité, faire remonter vite don Juan de son abîme en pleine lumière. Et les cieux, dit un suave et ferme Oratorien, ne sont pas si loin de la terre qu'on croit ; et il est vrai qu'il y a sur la terre même un ciel : une vie bien remplie de Dieu[2] !

Dieu ne laisse pas la fièvre, le chaud et le froid du fanatisme et de l'hypocrisie dans l'âme qui lui revient : le Christ donne sa paix à l'humanité ; il répand sa paix sur la création tout entière.

Le don Juan d'Almquist et celui de Mallefille survivent à l'acte de leur conversion pour s'égarer encore. Ils s'alimentent de trouble, qu'ils propagent. Parce qu'ils ont abusé de la vie terrestre, ils disent anathème à la terre ; et je ne vois pas le bien qu'ils y font, et ils trouvent moyen encore d'y semer le scandale d'une dévotion maladive. Ce sont des don Juans marabouts et faquirs, et de la pire espèce : ce ne sont pas des convertis au Christ.

Comparez ces monstres de conversion, idéalisés par le monde poétique, aux retours féconds incessamment réalisés dans la maison de Dieu ; et prêtez l'oreille au dernier chant de David, ce roi des pénitents :

« Alleluia ! Louez le Seigneur, vous tous qui êtes des cieux : soleil, lune, étoiles, louez ! Louez le Seigneur, vous tous qui êtes de la terre : montagnes et vallées, grands bois et vergers ; vous, oiseaux, qui avez des ailes ;

---

1. Saint Jean Chrysostome.
2. Le R. P. Gratry.

vous, troupeaux, et jusqu'à vous, serpents! Que tout esprit de vie s'exhale en louanges! Alleluia[1]! »

Comme on sent bien, à de tels accords, que ce royal converti, comme Lazare, s'attable avec son Dieu à l'infini festin de la nature réhabilitée!

Quel sera le convive de don Juan converti? et dans quelle maison sera dressé le festin? C'est la grande question politique, sociale et religieuse de notre âge. Nous allons examiner à quels anges s'adressent et vers quels parvis s'engagent les poëtes qui ont le plus pratiquement travaillé à l'heureux retour de notre Prodigue.

1. Derniers psaumes.

XXI.

L'ANGE DE SCHILLER.

Si le fils impie de Philippe II est, comme disent les érudits, le modèle vivant sur lequel Tellez a copié le don Juan, il est intéressant d'observer comment l'art s'y est pris pour convertir don Carlos, surtout lorsque le poëte évangélisateur est Schiller.

Mallefille, Almquist, Levavasseur, Jules Viard, supprimant les envoyés du ciel qu'avaient appelés Henri Blaze, Dumas et Zorilla, ont à peu près abandonné don Juan à lui-même sur la terre. Ni mère, ni amante, ni frère, ni chef sublime, ni ministre de Dieu : personne, aucun appui autour de ce cœur infirme!... Schiller a mieux compris la situation et le besoin de l'âme prodigue.

Tout dépend, en effet, pour don Juan rappelé vers le ciel, des anges qui le conduisent sur la terre, des amis qui le guident, des modèles dont il s'inspire.

J'ai confiance dans l'avenir de l'*Innominato* rendu à la

vie, parce que son poëte l'appuie d'un bras sur le ferme Borromée, et de l'autre sur le pur Christoforo : on marche droit entre saint Pierre et saint Jean, sous le souffle du génie, sous l'impulsion d'un Manzoni, ce vrai Italien, *in quo dolus non est...*

Henry Blaze de Bury, lui aussi, a voulu faire reprendre à don Juan dans le chœur des hommes sa partie harmonieuse ; mais à quels anges donne-t-il la mission de remettre dans la bonne voie l'égaré ? Aux Statues des grands ancêtres de dona Anna, braves gens de marbre assurément, mais qui nous laissent, dans la salle du festin, non plus le parfum des pastilles du sérail arabique, mais une odeur de chevalerie andalouse et de connétablie castillane quelque peu inquiétante ; à tel point que j'ai cru voir, sortant de leurs mains de fantômes majestueux, mon don Juan faire sa veillée des armes sous l'armet de Mambrin... Ce qui est certain, c'est que je l'entends crier, lorsqu'il s'élance vers la vie nouvelle : « A cheval! »

Or, le prince des convertis, dans ces mêmes chants de la vraie Renaissance dont nous venons de citer le finale harmonieux, David dit expressément que le Seigneur n'aime pas à voir la bonne volonté à cheval : *non in fortitudine equi voluntatem*, et il ne prend pas davantage plaisir à la voir engagée dans l'infanterie : *nec in tibiis viri*[1]. C'est pourquoi Jésus fit son entrée triomphante à Jérusalem sur un pied beaucoup plus humble, et sur un animal beaucoup plus doux. Le cheval, disent Charles

---

1. Ps. CXLVI.

Fourier et son disciple Toussenel, avec tous les poëtes, après la Bible et les Pères de l'Église, le cheval symbolise l'homme de guerre. L'Église du Christ est militante : elle n'est point militaire.

Hélas! qui donc, en nos derniers temps de foi obscurcie et de charité refoidie, n'est pas un peu militaire? c'est le cas du grand Schiller, l'ardent et sonore fils d'Hermann.

Je ne connais pas de poëte dramatique qui ait, autant que l'auteur de *Don Carlos*, fait effort pour remettre l'Enfant prodigue dans le droit chemin. Empruntant à l'antiquité la bonne nature amicale de Pilade, il lui a, de son doigt brûlant, allumé au front la flamme de l'apostolat libéral et démocratique ; et, du haut du ciel humanitaire, il envoie à l'âme dissipée et perdue son sauveur, le marquis de Posa.

— « Qui vient là? que vois-je? Oh! mes bons anges! mon Rodrigue!

— Mon Carlos!

— Est-il possible? est-ce vrai? est-ce réellement toi?... Oh! c'est bien toi. Je te presse contre mon cœur, et je sens le tien battre avec force. Oh! à présent le bonheur va renaître ; mon cœur malade se guérit dans cet embrassement... Mais à qui dois-je cette surprise? A qui? je le demande encore. Providence céleste, pardonne ce blasphème à l'enivrement de la joie. A qui le devrais-je, si ce n'est à toi, Dieu de bonté? Tu savais que Carlos était sans ange, tu m'as envoyé celui-ci !

— Cher prince, ce n'est plus le compagnon de jeu de Carlos que vous voyez ici, c'est *le député de l'humanité entière* qui vient serrer dans ses bras le jeune homme au cœur de lion. Au nom de l'humanité, délivrez les peuples des rudes bourreaux du fanatisme, et devenons les créateurs d'*un nouvel âge d'or*... »

Quel verbe cordial! quel feu dans l'âme, et quel éclair dans les yeux de Posa! Voilà un marquis, plus généreux même que le jeune Lafayette, qui comprend à fond son ancien régime mozarabique, et l'anathématise de la lèvre la plus éloquente. Rien de plus saisissant que la peinture « vraie et terrible » du monde royal des XVIe et XVIIe siècles, de cet Olympe fanatisé. La Cour, c'est le rapetissement et l'étouffement de l'homme; l'ordre de ces bas-empires, c'est le repos du cimetière [1].

Carlos jure d'échapper à ce gouffre. Mais enfin, où le marquis veut-il emmener le jeune don Juan royal? Il lui propose « d'aller avec l'armée, là où le duc d'Albe irait avec ses bourreaux [2]. » Posa n'arrache donc son ami à une intrigue amoureuse que pour le jeter dans une intrigue révolutionnaire et martiale. Il veut supprimer le bûcher; mais il maintient le charnier...

Posa, c'est l'enthousiaste de la libre pensée, l'adorateur de la nature et de son libre essor; mais, par malheur, comme tant d'autres, c'est encore et toujours l'homme de la force, qui demande le triomphe de la liberté à un système de contrainte. Sa thèse chevaleresque est très-nettement offerte au roi Philippe II : « Sire, quand vous aurez

---

1. I, sc. 9; III, 10.
2. II, 2.

rendu l'Espagne libre et heureuse, alors ce sera pour vous un devoir de subjuguer le monde. »

Voilà bien le beau rêve de la Révolution française, que Napoléon Ier avait retourné en grand contre le dehors : d'abord subjuguer le monde, pour lui tresser par l'asservissement sa couronne de liberté, et lui faire par l'oppression préalable son petit bonheur indéfini...

Notre don Juan, à la place de don Carlos, eût dit au marquis de Posa :

Mon brave ami, voilà un raisonnement qui nous mène doublement à nous casser le nez.

D'abord, tu me tentes par l'ambition superbe et me pousses à l'empire par la voie des coups d'État, chose condamnée non pas seulement par Jésus, que nous n'écoutons guère l'un et l'autre, mais aussi par le grand poëte Lucrèce, que l'on m'accuse d'avoir appris par cœur :

> Nam petere imperium, quod inane est,...
> Hoc est adverso nixantem trudere monte
> Saxum, quod tamen a summo jam vertice rursum
> Volvitur, et plani raptim petit æquora campi.

Me donner beaucoup de peine, *durum sufferre laborem*, pour ne parvenir qu'à dégringoler et à m'aplatir dans les marécages sur quoi flottent les trônes, c'est jouer le sot rôle de Sisyphe, le fondateur de Corinthe, le père naturel d'Ulysse, dit Sophocle, un grand politique, aussi adroit qu'entreprenant, et qui finit mal...

En second lieu, c'est me mettre en contradiction avec moi-même. Observe : il y a des siècles que je me débats entre la Statue et le gendarme : et que veux-tu de moi? Que je combatte avec l'armée organisée par le Roi contre les bourreaux formés par le Roi! que je mette à la raison le Fanatisme homicide par le bras de la Guerre anthropophage! que je me fasse gendarme contre la Statue! Il y a mieux : ne vois-tu pas que, me détournant pieusement de mes excès contre les femmes, tu me pousses à reporter mes violences sur les nations ?

— C'est bien différent, ripostent les nobles rêveurs. Tes emportements n'avaient qu'un but égoïste et illégitime, tandis que nous allons forcer les nations à être heureuses, et presser l'humanité d'une étreinte sublime !

— J'entends : pour le bon motif! et la fin justifie les moyens... Mais encore faut-il que le moyen mène à la fin : or, n'était-ce pas pour le bon motif, à leur avis, et pour me faire faire une bonne fin, que la Statue et Torquemada, le Roi et compagnie m'ont fait violence? et penses-tu que le succès de leur politique doive recommander leurs voies et moyens? Tu rêves de nous voir tous deux, nouveaux Alcides, enfoncer dans le cerveau de l'humanité le bonheur à coups de massue, ou, comme Thésée et Pirithoüs, remuer du glaive l'enfer pour l'affranchissement de la Proserpine humanitaire ? vois-tu que la massue et l'épée du Monde aient pu entamer et mon front et mon cœur?... Sois donc logique, marquis : ne me propose pas de faire à autrui ce que je n'ai jamais souffert qu'on me fît à moi-même; sois raisonnable : ne compte pas, pour ramener qui que ce soit au bien, sur les procédés dont la radicale impuissance trouve en moi sa vivante preuve! Et prends garde, ami, qu'au bout de ton rêve d'universelle libération, tu n'aies le piteux déboire de regarder ta couronne de liberté, retirée vers l'Olympe par quelque ficelle, se balancer indéfiniment sur ton front chauve, défleuri...

« Mais, tout en raisonnant, je crois que nous nous sommes égarés. Appelle un peu cet homme que voilà là-bas, pour lui demander le chemin. »

Cet homme, de qui vient à don Juan l'indication de la route droite vers la cité de Dieu, prend soin d'ajouter : « Je vous donne avis que vous devez vous tenir sur vos gardes, et que, depuis quelque temps, il y a des voleurs ici autour; » et il ne lui donne pas le conseil de se mettre à la tête de ces larrons, mauvais ou bons, pour sauver l'humanité. C'est le pauvre de Molière! Et combien ce mendiant qui passe est plus libéral que le marquis philosophe de Schiller! Posa, l'ami intime, ardent et dévoué, penché durant cinq actes sur le cœur de don Carlos, y fait luire un éclair de vie moins efficace, que Francisque dans le cœur de don Juan, pour l'avoir côtoyé cinq minutes à peine. Imaginez quelle serait la puissance d'une telle pureté, présentée aux lèvres de don Juan par l'amitié, dans sa coupe d'améthyste!..

Mais quoi! j'entends d'ici notre ami Posa, toujours enflammé d'amour pour l'humanité, mais quelque peu échaudé par le déluge des révolutions, reposer enfin la trompette guerrière, ajuster ses flûtes pour accorder celles de messieurs ses frères, et chanter à peu près la même chanson sur un air plus suavement attrayant :

> Vite un congrès !
> Deux congrès ! trois congrès !
> Quatre congrès !
> Cinq congrès ! dix congrès !...
> Don Quichotte, vite en campagne !...
> Vivent les rois qui sont unis !...
> Peuples, formons une sainte alliance
> Et donnons-nous la main [1] !

A-t-on jamais remarqué combien il y a du don Quichotte dans le marquis de Posa ! Même générosité cordiale, et mêmes illusions...

Son nouveau rêve est plus auguste, et qu'il aurait de chances, s'il n'était pas présenté au monde par un prince chevaleresque et si habile écuyer ! Imaginez un noble apôtre du Dieu de la paix, sous l'uniforme du dieu Mavors ; qui, tout bardé de fer, le pied sur son aigle et la main sur son épée, prêcherait de Congrès amoureux et d'embrassade universelle...

Hé, là ! tirez un peu votre gantelet de fer pour me serrer la main ; supprimez votre lance en arrêt, si vous voulez que j'aille vous presser sur mon cœur ; dépouillez le vieil homme de fer, si vraiment vous voulez m'avoir pour camarade de lit.

---

1. Le poëte national, *le Roi Christophe*, *la Sainte Alliance barbaresque*, et *la Sainte Alliance des Peuples*.

Ainsi murmure *in petto* la belle Europe, avant de se laisser enlever...

Avez-vous, plus que nous, faim et soif de désarmement? désarmez le premier, chantent les bons Allemands et autres bons enfants de l'Europe en émoi. Prêchez d'exemple, un petit peu. Descendez de cheval, et renvoyez la bête homicide à l'écurie! Comme Jésus, venant de Béthanie et de Bethphagé à Jérusalem par les doux ombrages des Oliviers, apparaissez au monde n'ayant pour monture que la race innocente des paysans, l'armée des pacifiques, bonnes gens qui détestent cordialement et la conscription et l'inscription maritime, et l'impôt du sang et l'impôt des armements ruineux, et tout cet infernal attirail de Mars et de Bellone?... Les peuples, alors, et les femmes et les enfants crieront : « Hosanna! béni soit celui qui vient au nom du Seigneur! A la bonne heure! voilà un roi qui n'exige pas des impôts, qui n'arme pas ses armées de fer, qui ne fait pas trembler ses ennemis; voilà un roi qui ne nous régit que par la raison, et ne nous mène dans son royaume des cieux que par la foi, l'espérance et la charité. Voilà un roi comme on n'en a jamais vu! Vive Dieu! nous ne ferons plus la guerre au ciel; à ce foyer sublime nous emprunterons notre gloire : et vive le roi!... Sinon, non[1] ! »

---

[1]. Humilitatis magister est Christus : non rex dicitur ad exigendum tributum, vel exercitum ferro armandum, hostesque carnaliter debellandos; sed quod mentes regat, et in regnum cœlorum credentes, sperantes amantesque perducat : quod enim rex esse voluit Israel miserationis indicium est, non potestatis augmentum... Undè sequi-

Le Carlos de Schiller, don Juan d'Espagne, se laisserait-il séduire et transporter par la nouvelle aventure de son héroïque ami? je ne sais ; mais je suis sûr que le don Juan français « grand impie en médecine, » ne s'y laisserait point prendre, et que Posa en serait réduit à se dire, avec Sganarelle : « Voilà un homme que j'aurai bien de la peine à convertir ! »

Quant au don Juan anglais, sceptique s'il en fut, il a rendu hommage à la belle manœuvre de son grand ami, mais il arrête la mise en scène splendide de son drame humanitaire par cet argument délié : « Johnny (nous disons de ce côté-ci de la Manche : John Bull : c'est bien le don Juan anglo-saxon) Johnny aime la paix; et voilà pourquoi il refuse les interventions bienveillantes et les reconnaissances fraternelles, et les Congrès de sainte alliance et les Conférences d'amour, en un mot tout ce qui sent la poudre ! » Et le rétif chevalier de la Licorne a posé à l'aigle ardent de Posa cette question profonde et délicate, à laquelle aucune plume n'a encore su que répondre : « Le moderne conseil des Amphictyons sera-t-il, comme l'ancien, en droit de convertir la minorité à ses résolutions pacifiques par voie guerrière[1] ? »

Le problème du salut de l'humanité est là. Certes, tout le monde, aujourd'hui, concerte dans un même élan

---

tur : pax in cœlo; hoc est, bellum antiquum quo Deo adversabamur, evanuit. (Ambros. Theophil. in Luc., xix.)

1. *Times*, décembre. Lettre de don Juan Russell.

vers la justice, la liberté et le bonheur, et, pour ce qui est du but noble et sublime, tout homme est Posa ou don Quichotte. Mais, sauf le très-petit nombre des élus, eux-mêmes tentés, tout le monde, tout homme marche au but divin par une voie non divine.

« Je suis la voie, a dit le Christ, et je suis venu dans l'humanité par une voie immaculée. Nul ne va au Père céleste, à la Vie éternelle, qu'en moi, avec ma Mère, par nos chemins purs, saints, harmonieux. »

En vain le Sauveur a parlé : « Bienheureux les doux! bienheureux les pacifiques! » Les meilleurs d'entre les hommes s'entêtent à vouloir aller, en douceur, vers la paix, par la guerre; et chacun retourne la croix et s'en fait une épée contre le prochain. Et les sages et prudents de ce monde en sont à recevoir leçon même de notre don Juan, ce vaurien!

Il y a deux cents ans et plus que don Juan, faisant face à la Statue et au Roi, répond invinciblement : Non! non! Fût-ce pour le meilleur des motifs et pour la plus belle des fins, point de contrainte! Parce que j'ai fait violence en bas, d'en haut vous me faites violence : c'est la loi du talion, cercle vicieux dans lequel nous roulerons éternellement l'un sur l'autre. Vous aurez beau tourner Ixion sur sa roue, et précipiter Sisyphe chaque fois qu'il aperçoit l'horizon, et faire ronger par vos aigles le Titan cloué sur les sommets du Monde, tout cela, c'est moins fort que de dire à un brigand : Paradis! à des bourreaux! Pardon! et à toute l'humanité : J'ai soif pour toi de pardon et faim de paradis!

Or, don Juan n'est pas seulement un homme : il est peuple, il est nation ; et il n'est plus, sur terre chrétienne, un peuple prodigue qu'aucun homme de marbre puisse ramener à Dieu sous l'appareil de l'intimidation, ni aucun homme de fer pousser et maintenir dans le bien par la contrainte armée.

Et pourquoi ? savez-vous ? C'est qu'il est écrit : « Nul ne se sauvera seul. » Portez aux plus hautes sphères humaines l'application de ce mot, et comprenez :

Un sexe ne se sauvera point seul ; il faut à l'un le concours de l'autre pour se restaurer dans le bien, et pour que toutes choses renaissent à la joie avec l'homme réhabilité.

Eh bien, pouvez-vous concevoir que la femme, la femme chrétienne ait rien à faire dans vos congrès diplomatiques, *in concilio vanitatis ;* qu'elle soit propre à s'associer à vos généreux entrepreneurs d'injustices, *cum iniqua gerentibus*, heureuse de siéger dans l'Église des malins, *in ecclesiá malignantium ?* et espérez-vous qu'elle va cesser d'entourer l'autel de l'Agneau pour aller hurler avec les loups révolutionnaires ? et concevez-vous que sa main, lavée dans l'innocence, se puisse marier aux mains qui se baignent au sang de l'humanité et ne rapportent aux nations que présents remplis d'iniquité[1] ?...

Non, sur ce terrain des conspirations, des guerres, et dans ces compagnies ténébreuses et brutales, la femme n'a que faire ; la femme n'ira point ! Et sans la femme sainte, compagne ingénue, libre associée, aide effective,

---

1. Psaume xxv, à l'Offertoire de la messe.

fussiez-vous le noble Posa sous le souffle enthousiaste du génie, vous ne sauverez rien, pas plus les peuples que les individus, et moins que qui ce soit don Juan!

XXII.

LE DUC POMPÉE, MONTJOYE.
DESGENAIS ET CHAUVIN.

Entre l'apparition infernale de Tellez et la vision céleste de Zorilla, Schiller, enflé d'une raisonnable miséricorde, nous a retenus à mi-côte et dans un demi-jour, sans nous donner finalement beaucoup plus de consolation que les sacrificateurs de don Juan. Son ange ne venait pas d'assez haut. MM. le comte d'Alton-Shée et Octave Feuillet réconcilient le libertin, dans une atmosphère purement naturelle, par les attractions de la famille et de l'amitié, et font luire sur des champs Élysées bourgeois quelques lueurs du ciel chrétien.

Nous ne quittons pas notre sujet ; c'est toujours don Juan qui est en cause et sur la sellette. Nous en avons pour témoins le comte d'Alton-Shée et Jules Janin : le critique, qui voit dans le *Mariage du duc Pompée* « le mariage de don Juan ; » le poëte, qui fait sur quelques lèvres féminines palpiter ce mot : « C'est don Juan lui-même. » A vrai dire, c'est un Almaviva, de la veine de Beaumarchais bien plus que du sang de Molière.

Le duc Pompée, toutefois, à l'heure où il s'amende, est moins simple que le comte Almaviva vieillissant. On sent en lui circuler un filet de cette hypocrisie placide de l'homme *comme il faut,* dont se raille le don Juan de Molière. Devenu homme d'âge, Henry de Joyeuse (Pompée est un nom de guerre) s'en va « rhabillant adroitement les désordres de sa jeunesse. » Son valet le trouve « sévère comme un nouveau converti ; » une de ses belles dit de lui : « Un serpent engourdi sous le ciel de la froide Allemagne et qui se croit devenu berger ; » et lui-même se confesse, avec quelque complaisance, en ces termes : « Il s'est fait en moi deux hommes différents : l'un qui n'adore que sa femme, l'autre toujours esclave de l'occasion. » Toutes ces nuances sont observées avec une rare finesse par un homme d'esprit qui a la science du monde.

L'occasion ! nous voilà loin de la faim de l'universel et de la soif de l'infini où se dévorait l'âme de don Juan...

Affranchir ce pauvre Pompée, qui n'est pas un César, de la tentante occasion, pour le restreindre au culte de son idole légitime, voilà le drame. Et quel est le meneur du jeu ? le toton Desgenais...

L'oncle d'un Joyeuse ne porte pas un nom si bourgeois; mais, au fond, c'est toujours Desgenais, même original, nouvelle copie blasonnée. Desgenais, c'est le saint du jour.

Dans le drame du comte d'Alton-Shée, ce Mentor

homme du monde, sarcastique observateur des faiblesses du cœur humain, a d'ailleurs ce qu'il faut de majesté à un vieux membre du Sénat toujours jeune de l'aimable Athènes [1]. Comme tous les fils de Minerve, il baigne le duvet de son ventre aux eaux d'Aphrodite, mais en tout bien et tout honneur : « Je ne me suis jamais adressé à une vierge ; je n'ai perdu aucune femme ! » Sa jeunesse s'est écoulée *à la Joyeuse,* sans jamais se lancer jusqu'aux hauteurs scandaleuses d'un Montjoye, ni s'aventurer aux triomphes dangereux d'un Pompée. Sa vieillesse, tout naturellement, s'utilise à procurer à sa famille, dans le calme de la famille, le bon ordre et les bienséances dont il a su, lui, faire jouir le courant de ses galanteries. Il est aidé à cette bonne œuvre de raccordement par la Pompéa, soprano d'amour résigné, et par un vieux contralto d'amitié plaisante.

Quant à don Pompée, c'est un Titan de séve moyenne, qui rentre dans l'ordre, beaucoup moins attiré par le charme de sa femme que poussé par la prudence de son vieux coquin d'oncle. Ce n'est pas assez pour que l'œuvre ait des proportions hautes avec l'accent pathétique.

Je sais une comédie écrite en vers heureux, toute remplie de cordialité, où l'époux prodigue doit son retour à l'attraction irrésistible et délicieuse d'une épouse suave, amoureuse et sainte, vraiment angélique. Cette œuvre touchante n'a pu arriver à la scène, faute d'être suffisam-

1. Voir l'Aréopage du peintre Jérôme et son jugement sur Phryné.

ment intriguée à la Scribe, ou machinée à la Bouchardy...
Ainsi va le monde théâtral !

Un autre poëte aimable et bon Français, sentant couler en lui, comme traduit Bossuet, la fontaine d'amour rejaillissante à la vie éternelle, s'est proposé de parler au don Juan coulissier, publicain à la fois et prostitué, de paix, de pardon et de paradis.

Octave Feuillet est une belle âme qui a dû s'alimenter de *Télémaque*. Il en a si bien aspiré la séve chrétienne, que dans son théâtre, un beau jour, Desgenais s'est élevé jusqu'à dire aux *Dalilas* du beau monde : « Toute femme qui n'est pas au Christ est à Vénus. »

Poëte qui parle ainsi a des Anges à ses ordres. Aussi en voyons-nous un, doux Séraphin, planant autour de Montjoye.

Mais Fénelon lui-même, hélas! a mêlé aux inspirations divines des souffles bas de la déesse Raison d'État, par exemple lorsqu'il fait dire à Mentor : « Un roi doit savoir parfois verser du sang à propos. » Cette essence-là, qui n'a rien de la bonne odeur évangélique, aura pénétré le cerveau du poëte de Montjoye ; et c'est pourquoi, dans son drame, à l'envoyé des chœurs célestes se trouve associé un ange de la Grande Armée, un *Chauvin* [1].

---

[1]. Tous les Français ne savent pas le français de Paris. Le chauvin, c'est l'idolâtre du Petit Caporal, de son aigle romaine et de notre coq gaulois. Chauvin a la naïveté de s'imaginer que, sous cette grande ombre de terrible Commandeur flanquée de ces animaux de proie et de basse-cour, le peuple frrrançais est providentiellement appelé à

Octave Feuillet n'a pas eu précisément l'idée du Posa germanique : il ne convie pas don Juan à se faire militaire pour devenir le Sauveur du monde ; mais il confie le grand œuvre du salut de don Juan à un chasseur d'Afrique... Autre fruit véreux de l'arbre de la Renaissance !

O Colombe ! où sont les poëtes pour te tendre, au-dessus du déluge sanglant des nations, les rameaux de l'olivier émergeant, et pour te renvoyer aux peuples réjouis, le bec rempli du seul fruit de la lumière et de la paix?...

Montjoye, le don Juan homme d'affaires, corrompu jusqu'à la moelle, vit entouré d'âmes perverties. Sa femme et son caissier se donnent des airs puritains, mais sont incapables d'aucune influence utile sur leur époux et patron ; donc, ce sont des infirmes. Son futur gendre n'est qu'un morose orgueilleux. Son vieil ami de collége, brave aventurier humanitaire, « qui a été dieu, » a cru, à ce titre, devoir passer sa vie dans les noires charbonneries et les rouges insurrections qui n'ont jamais converti personne. Quant à son fils, digne sang et digne élève, c'est un *gandin*, nouveau terme de l'argot parisien, qui vous représente le don Juan bébé, le Montjoye en herbe du Jockey-club... Une seule âme pure est devant Montjoye,

---

fondre sur toutes les nations, à les féconder de force, et à faire gaiement tout trembler à la ronde, sur la grrrande route du prrrogrès, pour le plus grrrand bonheur de l'humanité!...

sa fille, à laquelle de saintes femmes et quelque bon prêtre ont enseigné l'amour du vrai Dieu et l'amour du prochain et les voies suaves des Béatitudes.

Tous les personnages du drame sont impuissants à agir sur Montjoye, parce qu'ils sont plus qu'imparfaits. L'ex-dieu lui-même y perd toutes ses palabres vertueuses. Assurément cet honnête homme excelle à peindre et anathématiser les don Juans de notre âge : « Ces libres et puissants esprits, pour qui tout est superstition, niaiserie, préjugé sous le soleil, excepté la grande morale du succès ; pour qui la justice, l'honneur, la conscience, Dieu, poésie et enfantillage! qui trouvent bonne toute action dont la police n'a rien à dire! ces esprits forts, qui iraient à leur ambition ou à leur plaisir sur le corps de leur père, sur l'honneur de leur fille! »

Tout cela est vrai, et le siècle n'est pas avare de ces grands hommes-là. Montjoye est si dépravé qu'il sacrifierait même sa fille, pour peu que, à l'instar de femme, fils, ami et futur gendre, sa fille voulût le ramener à la vertu à l'aide de ces justes et roides tirades. Mais Montjoye est vaincu par sa fille, parce qu'il trouve en elle une fille de Dieu et une enfant de Marie : une fille de Celui en qui tout est possible, même le retour d'un millionnaire au royaume des cieux ; une enfant de Celle à qui nul impie ne résiste, fût-il le plus perverti des don Juans.

Sous le coup de foudre de son Posa socialiste, Montjoye rebondit à braver le ciel.

— Mais tu es donc bien sûr qu'il n'y a pas de Dieu?
— Nous allons voir!

Et que voyons-nous? Dieu permet que Montjoye blesse dangereusement le superbe innocent aimé de sa fille, parce que ce n'est pas à l'épée homicide qu'il est donné de toucher le cœur spirituel et d'y réveiller l'esprit divin.

« Remettez vos épées au fourreau, dit le Sauveur ; élevez la croix ! Venez à moi, avec mon armure, la souffrance amoureuse, avec les soupirs de ma Mère, avec les larmes de Madeleine, et je vous donnerai la victoire et la consolation ! »

Elle a entendu ce Verbe salutaire, l'ange de Montjoye : elle vient, humble, douce, miséricordieuse, toute palpitante, sous sa croix, d'espérance et de charité :

« Mon père !... j'ai épuisé mon courage et mes larmes, ma mère aussi, et je suis venue... je suis sûre qu'il souffre, disions-nous : que ces deux jours de solitude lui auront appris combien il nous aimait, sans le savoir peut-être... Rapportons-lui la consolation, sourire, caresse... Ah ! tu pleures ! tu pleures !... »

Il pleure, en effet; il aime plus qu'il ne savait : et c'est à ce vif instant où la lumière de l'amour se fait dans son cœur, que le poëte inspiré fait tomber sur l'impie qu'il ébranle le coup d'un châtiment vraiment céleste. L'enfant si tendrement consolatrice, à cette heure même où elle rend la vie à son père, reçoit dans son cœur la mort de la main paternelle. Désespérée, elle perd connaissance, et, là, devant sa fille demi-morte, sur ce front rayonnant de miséricorde, le père contemple la couronne d'épines par lui-même enfoncée dans sa propre chair, et son propre sang qui va s'éteindre par lui-même étouffé. Il voit, dans un éclair, tout son édifice d'égoïsme, d'impuretés, de mensonges et de cruautés s'écrouler sur sa fille, sur le seul être contre qui il n'ait rien, sur l'innocence sans tache et sur l'amour parfait, et par lui mise au désespoir l'âme qu'il aime, et qu'il voudrait heureuse. Il croit entendre sur ces lèvres blêmies frémir le reproche du ciel : Père, père, pourquoi m'as-tu persécuté ?... Et Montjoye est vaincu, parce qu'il se sent enveloppé de cette divine lumière qui pénètre aux profondeurs de l'âme ravivée : *circumfulgente subito luce de cœlo*[1] !

Montjoye ne s'y trompe pas, et son poëte n'a pas rencontré par hasard cette admirable péripétie. « Ma fille, dit le Père prodigue de si loin revenu, ma fille, c'est par votre main chère entre toutes, que la souveraine justice a voulu rouvrir dans mon cœur, en le déchirant jusqu'au fond, les sources sacrées de la vérité. Eh bien ! c'est aussi votre main que je choisis, etc. »

Vous croyez tout naturellement que c'est elle, en effet, cette main pure et puissante, qui est choisie pour panser et fermer tant de plaies surabondantes, au sein de ce monde par tous les bouts blessé ? Eh bien, non : le poëte, qui touchait à Dieu, s'écarte, s'affaisse, et court jeter son don Juan, non pas aux bras d'un Cristoforo, mais au bras en écharpe d'un porte-drapeau français ! Ce qui est possible à Dieu, s'est dit M. Feuillet, doit être possible à un zouave ou autre chasseur d'hommes : et quel plus bel Éden pour rendre au nez de Montjoye l'odeur des

[1]. Actes, IX.

choses saintes, que le charnier de Magenta!... Ce poëte avait la main saine et immaculée de son héroïne : et il s'en va appuyer Montjoye sur l'ergot cassé et homicide de son petit coq de parade, devenu coq de combat! La cocarde éteint l'auréole!...

Je n'hésite pas à le dire, après mûre réflexion, la péripétie de *Montjoye* est l'une des plus délicatement puissantes que l'on ait conçues au théâtre, c'est un coup de génie; et le dénoûment, hélas! je le dis avec la même simplicité, n'est qu'un ridicule.

Desinit in piscem mulier formosa superne.

Le groupe d'âmes, si vaillamment remuées d'abord, finit par s'endormir piteusement sous le véreux ombrage où l'ivraie du mal parodie l'essence du bien. Le poëte allait à éteindre le lumignon mozarabique, et faire rayonner sur le théâtre la gloire du Crucifié; et le voilà qui s'éteint lui-même dans la fumée du bivouac et s'éclipse dans les rayons de la croix d'honneur...

Ah! poëte, poëte! qui diable vous insuffla ce dénoûment venteux? C'est, dit-on, l'acteur Lafont qui a poussé l'auteur de *Montjoye* à tremper l'âme purifiée de son héros aux eaux délicieuses « qui arrosent le paradis. » Au xviie siècle aussi, les comédiens italiens, répugnant aux dénoûments infernaux, disaient plaisamment : « Il paraît que l'auteur du *Convive de Pierre* a fait un pacte avec le Diable pour le soutenir[1]. » Que le savant interprète de don

---

1. Goldoni, qui rapporte le mot, se félicite d'avoir réussi, grâce à

Juan vieilli ait répugné au triomphe du Diable en statue ou même en gendarme décent, je le conçois ; mais il n'est pas homme à prendre pour un envoyé du ciel l'exempt de *Tartufe* ou le chasseur de *Montjoye*. Aucun acteur intelligent n'a pu conseiller au poëte qui avait créé une charmante image de la Vierge salvatrice, de planter là cet ange pour aller encenser un troupier.

Et l'on ne s'explique pas qu'Octave Feuillet ait eu besoin d'un affreux champ de bataille pour achever la conversion de son Prodigue, quand il avait, pour le pénétrer de l'air des cieux, cette petite chambre blanche et rose, où, devant le Crucifix et devant la Madone, Montjoye s'était senti troublé, où tant de parfums exhalés d'une âme pleine de Dieu avaient, dans la lente élaboration de l'amour et de la pureté, préparé la transfiguration du monstre divinement amadoué ! C'est là le nid de la colombe ; là que ses roucoulements ont charmé le maudit ; c'est là que le coup de foudre de la miséricorde a vengé l'innocente déchirée : c'est donc là, dans ce petit paradis de la famille, que devait s'accomplir la résurrection !... Satan ne l'a pas voulu, contradicteur de l'art divin. Quelque follet esprit de l'air, détournant le dernier des don Juans de la rive édénique et du suave ombrage de l'arbre de vie, pour le mener aux tubercules ténébreux du bien et du mal, à l'abreuvoir de la cavalerie française, a fait malicieusement chuter son poëte du cénacle des Séraphins

---

son gendarme, « à tenir parole au diable *avec plus de décence* que Tirso et Molière. »

aux tentes de la grande Armée, et de la salive du divin Guérisseur à l'onguent gris de nos officiers de santé !...

Non, jamais peut-être dans l'histoire du théâtre il n'y a eu de dégringolade plus lamentable des plus palpitantes hauteurs du sublime aux plus flasques régions du grotesque... Signe des temps derniers ! monstrueux amalgames, où les plus beaux élancements des esprits en Jésus-Christ retombent et n'aboutissent qu'à vous montrer des bonshommes et des pantins, mis au pas et à la queue du dieu Mars, sous les tourbillons de Jupiter ! Siècle d'énormes accouplements adultères, où, les gens d'esprit les meilleurs, serinés par le poëte national, plaquent sur les plus larges motifs inspirés de vieux refrains chiches et sordides.

Écoutez le cœur de la France : quels chants sublimes !... Mais écoutez les refrains avec lesquels on berce ce pauvre cœur, ignobles bandages dont le patriotisme l'enveloppe enseveli !

> Qui découvrit un nouveau monde ?
> Un fou qu'on raillait en tout lieu.
> Sur la croix que son sang inonde
> Un fou qui meurt nous lègue un Dieu.
> Si demain, oubliant d'éclore,
> Le jour manquait, eh bien ! demain
> Quelque fou trouverait encore
> Un flambeau pour le genre humain...

> — Viens, mon drapeau, viens, mon espoir :
> C'est à toi d'essuyer mes larmes.

> Le ciel entendra la prière
> D'un Français qui verse des pleurs :
> Oui, je secouerai la poussière
> Qui ternit tes nobles couleurs...
>
> Ah! si jamais vous vengez la Patrie,
> Dieu mes enfants vous donne un beau trépas!

Écoutez encore la voix du Dieu vivant, qu'étouffent les voix avinées des vieilles idoles !

> Humanité, règne! voici ton âge
> Que nie en vain la voix des vieux échos.
> Déjà les vents au bord le plus sauvage
> De ta pensée ont semé quelques mots.
> Paix au travail! paix au sol qu'il féconde!
> Que par l'amour les hommes soient unis!
> Plus près des cieux qu'ils replacent le monde :
> Que Dieu nous dise : Enfants, je vous bénis...
>
> — A tes voisins n'emprunte que du fer...
>
> Frappe! et ces bords, au gré du ciel vengeur,
> Reverdiront d'abondance et de gloire...
>
> Mars va t'armer des feux de Jupiter;
> Cher à Vénus, son étoile te guide;
> Bacchus, Dieu toujours indompté,
> Remplira ta coupe tarie.
> Doux enfant de la Liberté,
> Le Plaisir veut une patrie,
> Une patrie !

Tout Béranger est dans ce beau méli-mêla, et je crois voir sa muse vivandière, à califourchon sur Pégase, présenter son bidon à Jésus qu'elle trouve sur la margelle du puits de Jacob, et pour rafraîchissement l'eau sanglante et boueuse de l'hippocrène, fontaine des chevaux entiers, chevaliers, cavaliers, dragons galants et preux chasseurs d'Afrique. Hélas! et quel poëte, en nos jours, ne boit de cette eau-de-vie? J'y ai surpris le bec fin du rédempteur des *Giboyers* [1]; et voilà que j'y pince le sauveur de *Montjoye*.

— Hé! mon pauvre Sganarelle, quels remèdes ordonnes-tu là?

— Ma foi, Monsieur, j'en ai pris où j'en ai pu attraper... Quoi! vous ne croyez pas au vin émétique de Bacchus, au séné de Vénus, à la casse de Mars et de Jupiter?

— Et pourquoi veux-tu que j'y croie?

— Vous avez l'âme bien mécréante...

Vive Dieu! mieux vaut pour notre don Juan la simple foi à deux et deux sont quatre, et son invincible mécréance, que l'adhésion d'un tel esprit net à la sociologie du Panthéon nouveau et à son Codex arlequin! Le Prodigue peut s'emporter à tous les égarements de l'orgueil, de la colère et de la luxure : il ne peut pas être attiré, pacifié, restauré par cette potion anodine et astringente que Béranger prit plaisir à composer lui-même, comme M. Purgon son clystère, coupe de miel et de fiel, où le Dieu crucifié, Christophe Colomb, la charité, la lumière, l'attraction harmonieuse, la paix, l'amour universel et le

---

1. *Théocratie* et *Diabolocratie*, au chap. de l'égarement des intelligences, pages 147.

paradis bienheureux, se trouvent amalgamés avec tous les esprits jaloux, haineux, violents, homicides, impurs, immondes, diaboliquement scandaleux, du ciel olympien et de la terre païenne.

> Vieux habits! vieux galons!...
> Gloire à Nabuchodonosor!...

Le Monde, et le Français plus que personne au monde, devraient comprendre enfin que ce petit volume du poëte national, poëtique évangile des héros du siècle, n'est rien qu'une mixture des deux séves du bien et du mal, où toute jeune âme s'alimente de bon petit pain trempé de poisons délayants. Honneur à Eugène Pelletan, à Émile Montégut, à tous les libres penseurs, vraiment libres, qui ont eu le courage de protester contre l'idolâtrie vulgaire, et de dire, sur cette panacée littéraire de nos bas-empires, ce mot de don Juan : « C'est une des grandes erreurs qui soient parmi les hommes! »

Au demeurant le meilleur des Français, ce Béranger! charmant vieillard, que tous nous avons aimé, dont la main paterne nous a tous caressés; esprit puissant, en qui Pindare, Horace, Anacréon chantent associés, avec des lueurs du Christ au front! Séduction terrible, où se laissent ravir même des élus!

C'est ainsi qu'Octave Feuillet s'est chanté involontairement à lui-même :

> Si Montjoye en alarmes
> Porte un trop lourd fardeau,
> Pour essuyer ses larmes

R'prenons not' vieux drapeau.
Brav' soldats, v'là l'ord' du jour :
Point d' victoire
Où n'y a point d' gloire!

Résumant nos impressions sur les divers grands efforts tentés jusque-là pour remettre don Juan, dès cette vie, sur le chemin de la cité céleste, nous dirons :

Almquist et Mallefille, poëtes philosophes, vigoureux, mais en qui la rigoureuse Réforme et l'austère Stoïcisme troublent et diminuent la miséricorde évangélique, font à don Juan, tous deux diversement, une même longue vie de pénitence amère, impitoyable, scandaleuse, faute d'avoir fait battre au-dessus du Prodigue les ailes d'un Ange, et palpiter contre son cœur le cœur d'un saint.

Schiller et Blaze de Bury, plus affamés de miséricordieuse consolation, entreprennent plus hardiment le grand œuvre. Blaze a-t-il touché le but? Pleinement? C'est possible. Mais qu'a fait son chevalier, remis en selle, pour Dieu et l'humanité? C'est encore un mystère. Quant à Schiller, il n'aboutit qu'à une déconvenue lamentable. Son héros sauveur n'attaque le fanatisme sombre et cruel, dont l'humanité souffre en don Juan, qu'avec l'arme païenne des complots et des insurrections. Posa échoue. Mais s'il doit réussir un jour, s'il parvient à arracher don Juan et à lui-même et à Philippe II, on peut compter que tous deux, poussés par Méphistophélès, retourneront à la cour de César, s'enivrer à la coupe élargie et repolie de la violence et de la luxure. Quel effrayant tableau Gœthe a tracé de cet égarement sinistre ! C'est comme une mise en scène des prophéties bibliques dramatisées.

Malheur aux sages qui retournent s'alimenter au vomitorium de l'humaine folie !... Malheur à qui, déroutant l'égaré qu'il arrache aux basses ténèbres, s'en va, par les voies de Balaam, le reconduire aux hauteurs, pleines d'orages, où règnent les ombres ténébreuses, où le demi-jour fait les chaînes éternelles, où les sources de vie n'ont point d'eau !... Malheur à qui, conviant Faust, don Quichotte et don Juan à un nouveau festin, sur leur corps purifié rejette les vieux habits orgueilleux et vieux galons vaniteux de Nabuchodonosor, dont le dégoût avait fait justice !... Malheur à qui redresse devant eux les vieilles tables couvertes des mets réchauffés de la Statue et des sauces par les cuisines d'en bas revomies ! Malheur à qui, pour assouvir la faim et la soif des Prodigues revenus, mêle à l'aliment divin le grain de fiel corrupteur et assoupissant... Malheur, si l'enfant prodigue n'a été lavé que pour s'aller revautrer dans les basses-cours des humaines porcheries !... Malheur, si pour sauver un don Juan, le poëte l'appuie et le frotte aux vieilles hampes : le héros sera compromis piteusement, et tous les juges compétents souriront du poëte[1] !

On pardonne à Schiller, comme à Beethoven, le rêve de la *symphonie héroïque* : le chantre du marquis de Posa était mort vingt ans avant la composition du *second Faust*.

---

1. Prov., xxvi. II, Pierre, ii. Habacuc, ii. Isaïe, xxviii. Jérémie, xlviii.

Octave Feuillet n'a pas l'excuse ni de la mort, ni de la surdité; et l'on se demande comment un si bel esprit, pour peu qu'il ait médité sur le testament poëtique de Gœthe, persiste à envoyer son don Juan chercher le salut de son âme aux héroïques ambulances... Le révolutionnaire Posa avait de la grandeur : le sauveur de Montjoye est un dieu puéril, issu d'une machine sénile. Le héros de Schiller, c'est le rayon splendide, à l'aurore des grandes illusions : le chasseur d'Octave Feuillet, c'est le fantôme creux de l'occident crépusculaire. Dénoûment plus piteux que celui de *Tartufe!*

Le poëte a fait cette chute pour avoir suivi la mode à la française. « Un sage esprit s'accommode aux vices de son siècle, » disait le don Juan de Molière, ce profond moqueur. La mode actuelle est aux apothéoses des zouaves suaves et des turcos, des chasseurs d'Afrique et des Nemrods. Cherchez à complaire à ce drôle de monde, et le ciel se ternit, et l'idéal s'évanouit : votre drame n'aura embrassé les profondeurs sublimes du pathétique que pour finir, hélas! en queue de rat :

Nascetur ridiculus mus!

Le Sauveur, principe de la résurrection et de la vie et foyer de l'art idéal, se dérobe aux sages et aux prudents qui demandent leurs clartés aux lustres du monde olympien : il révèle aux esprits simples, dans le mystère des humbles méditations, les visions rayonnantes du Thabor, du Calvaire et des Oliviers. Ces scènes grandioses, infinies, apparitions du royaume de Dieu, sont toutes au fond du cœur fidèle. Cherchez là, dans le sanctuaire divin, et vous trouverez l'admirable péripétie rédemptrice du *Montjoye* d'Octave Feuillet, et le nœud et le dénoûment consolateur du *don Juan* de Zorilla.

Vous y trouverez aussi l'inspiration de trois pièces nouvelles où don Juan est fort intéressé : *le Feu au Couvent, le Marquis de Villemer* et *l'Ami des Femmes.*

XXIII.

LE DON JUAN BON DIABLE,
LE FEU AU COUVENT, LE MARQUIS DE VILLEMER,
L'AMI DES FEMMES.

L'heure vient où, sur la scène, les tendres filles de Marie vont remplacer nos pâles et froids Mentors, par lesquels, élevés sous le Palladium, nos poëtes, mariant la lance à la plume de fer, croient devoir, pour mieux sauver don Juan, infuser dans leur veine un peu d'esprit patriotique homicide, et, pour mieux plaire aux Lamachos et aux *chauvins* de la nouvelle Athènes, relèvent et frisent leur moustache

>Avec des doigts rouges de sang.

O Aristophane! ô Molière! revenez, ouvriers de Dieu: la moisson est mûre.

Le créateur du type de Desgenais, intelligence à la fois pénétrante et facétieuse, Théodore Barrière, nous a donné l'esquisse d'un don Juan veuf, lancé à grand train dans les débordements, et que ramène au bien, par l'attache de ses caresses, une enfant, sortie de la maison de Dieu pour sauver, dans le monde, deux cœurs gâtés par la luxure et qui « finissaient de sécher tranquillement entre deux pages de Voltaire. »

Barrière s'est penché sur ces cœurs blasés, et sur leurs lèvres amères il a surpris le malaise intérieur : « C'est étrange! je suis fatigué... Ah! je m'ennuie prodigieusement! J'entends dire de tous côtés que la vie est courte ; moi, je la trouve démesurément longue! Aussi ne suis-je plus étonné que quelques sages esprits y fassent parfois des coupures... » A ce libertin, duelliste et passablement impie, que gagne le dégoût de la vie, faut-il envoyer comme Tellez, Grabbe et Gustave-Levavasseur, la Statue, ou, comme Jules Viard, Elvire pour juge inflexible et Sganarelle pour confesseur? Non, en vérité : notre poëte, pour trouver un sauveur, met, par fantaisie, *le feu au couvent*; et voilà que la fille de don Juan, « chère petite, vient tomber tout à coup dans sa vie... irrégulière, » et voici que la Colombe, du battement de ses ailes, purifie l'aire des oiseaux de proie. « Il y a du missionnaire dans l'amour. » Mot charmant! Et ce n'est pas seulement l'amour d'une fille et l'amour d'une amante qui viennent chanter ou doucement éclore au foyer de don Juan : le poëte fait mystérieusement planer sur son petit drame attendri, avec une ombre et un souvenir, le charme pacifiant de l'amour maternel...

Le *Feu au couvent* n'est qu'une bluette; mais que de

cordial azur sous l'étincelle riante ! Ah ! si Barrière et le jeune Dumas, dont l'œil voit si profondément les misères de la comédie humaine, remontaient plus souvent demander au ciel la vision de l'idéal, que nous verrions vite, sur la scène, se résoudre les problèmes de la destinée, notre don Juan prendre du poids, Faust se mettre à la mesure, et don Quichotte retrouver sa beauté dans le nombre mélodieux !

George Sand semble avoir voulu, pour convertir le dernier de ses don Juans, associer, avec la bonne nature, à la Vierge divine la Minerve champêtre.

George Sand, pour le moment, paraît moins que Barrière édifiée sur la propriété desséchante des pages du vieil Arouet, puisqu'elle propose, « après la fête de Shakspeare qui a triomphé de Voltaire, de procéder à festoyer Voltaire quand même, vu qu'il a triomphé de bien d'autres. » L'illustre poëte, heureusement pour tous, n'en était pas à fêter ce saint et prophète-là, lorsqu'elle conçut *le Marquis de Villemer*; et c'est pourquoi nous avons eu, enfant de son propre cœur, un poëme cordial.

Le duc Gaston d'Aleria est-il bien un don Juan ? Il n'y a pas à s'y tromper : c'est un Prodigue de race, et du meilleur sang.

« Il n'est pas possible d'avoir aimé plus souvent que moi. »

« Oh ! je sais bien que je ne suis pas raisonnable;... un vaurien ! »

« La baronne (une beauté de l'Olympe bourgeois qui le voudrait avec elle moins raisonnable et plus aimable vaurien), la baronne me déclare avarié et trouve le ciel injuste s'il ne me réserve la fin de don Juan... Oui : je me suis épuisé aux absurdités d'un certain beau monde, à manger des déjeuners à 500 francs par tête, des chevaux de 800 louis, des femmes de je ne sais combien ;... et me voici ramené à la moralité par le chemin de l'ennui... Au point, que je me sens de force à faire des sermons... Il faut, mon frère (c'est le très-raisonnable marquis de Villemer qu'il sermonne), il faut songer à te marier... »

La Marquise, *sa mère*. « C'est le diable! mais un si bon diable!... »

Sur quoi, sa mère, qui lui a payé ses dettes, sans sermon, l'embrasse; et son frère se ruine à lui repayer ses dettes, toujours sans sermon. Sous ce torrent de bienfaits et de tendresses, don Juan se sent renaître à l'amour, et si bien que les larmes montent à ses yeux railleurs. « Je veux me corriger. Pourquoi pas? Je suis jeune encore, que diable ! à quarante ans, on n'est pas fini, on n'est qu'un peu abîmé... Il y a en moi ce je ne sais quoi qui veut que tout me réussisse... »

Voilà un vaurien capable d'avoir heureuse réussite au bien ; mais qui en aura la gloire? Quel ange conducteur va sur ses ailes enlever cet enfant prodigue que gagne la faim des biens célestes? Sera-ce monsieur son frère? « Je ne suis qu'un instinct, dit modestement notre bon diable : mon frère est une lumière. » Pâle et morne luminaire que ce marquis docteur de Villemer, un descendant champêtre du marquis chevalier de Posa! A la première épreuve, le duc ne trouve plus dans son frère et bienfaiteur que « monsieur le pédant », un puritain issu de Minerve et d'un Genevois !...

Heureusement qu'à l'ombre pacifiante de sa bonne et noble mère, don Juan découvre une âme plus angélique, mademoiselle de Saint-Geneix. « Pas de faux cheveux, pas de poudre de riz... Une femme nature ! comme c'est rare ! » Oiseau rarissime, en effet, à Paris, où l'on a tout à fait perdu de vue bonne nature et simple histoire. Notre homme est frappé, touché : « Allons ! je renonce à rêver des péronnelles et à attraper des rhumatismes... Une chaumière et un cœur, c'est gentil !... »

Cette jeune femme de bien, Caroline, n'est pas de celles qui désespèrent de don Juan. Elle a l'œil du cœur pénétrant.

« Je ne suis bon à rien, moi, dit le duc.

— Si fait. Vous êtes chargé, vous, de rendre votre mère gaie, et, comme cela se reflète sur tout le monde, c'est donc très-bon et très-utile.

— Parlez, parlez encore ! Vous êtes joliment bonne, vous, quand vous voulez ! »

Si bonne et si bien parlant la langue du bon Dieu, que notre franc coquin se met « à rêver de faire oublier ses turpitudes. »

Mais cette bonne et belle âme n'est pas pour le duc : elle est, par la bonté de Dieu, réservée au marquis de Villemer, pour pacifier sa raison morose et mitiger son pédantisme. D'ailleurs, la bonne nature suffit-elle pour ranimer don Juan, plus charmant certes, mais aussi beaucoup plus avarié et abîmé que son frère, et pour l'aider « à rassembler les morceaux de sa vie brisée »? Il faut, pour le ravir, un Ange.

Juste à point lui tombe du ciel, « toute ruisselante de la pluie d'or des étoiles », la jeune Diane de Saintrailles, une scintillante chérubine, fraîche échappée de la maison de Dieu. Diane lance bien quelque petite flèche contre « les murs du couvent »; mais, lui dit son poëte, « nous y sommes certainement plus libres que dans nos familles. » Oui, libres de la liberté des enfants de Dieu, car c'est là que la jeune fille a appris tous les désintéressements et toutes les délicatesses, et toutes les charités et toutes les grâces, que le grand air du monde, si vite, étouffe, altère, refroidit et falsifie? L'allègre fillette catholique épouse le don Juan divinement séduit, couvre tant de ruines de ses millions et tant d'avaries de sa pureté radieuse. Et le vaurien attiré à bien faire, transporté, révèle dans un cri son ravissement : « Ah! que je vous aimerai, vous!... »

Avec *l'Ami des femmes* d'Alexandre Dumas, c'est tout une autre histoire...

Est-ce toujours bien don Juan?

Écoutez sa meilleure amie : « C'est un homme du monde, très-léger, très-bavard, très-indiscret, ayant fréquenté la mauvaise compagnie, qui ferait pendre son meilleur ami pour un mot spirituel;... un homme habitué à dire un mot d'amour à toute femme;... un mauvais sujet, la petite monnaie de Lovelace et de don Juan. »

Écoutez *l'Ami des femmes* lui-même : « Je suis un grand pécheur. »

Regardez à ses lèvres : le *ver rongeur* s'y traîne ; car si M. de Ryons n'invoque ni la Vierge ni les Saintes Femmes, il évoque les vieilles filles d'Ève et du Rampant : Vénus, Diane, Hermione, avec Minerve, la Virago, toutes héroïnes du vieux monde. Mais c'est surtout sur les genoux des déesses du *demi-monde* que le futur *ami des femmes* a été élevé.

A qui la faute?

« Mon oncle, vieux garçon, qui était mon tuteur, me menait partout avec lui dès l'âge de douze ans, et il aimait beaucoup ce genre de monde-là. »

« Ah ! mauvaise jeunesse !.... »

Ce mot, mot profond et douloureux, dès le début du drame, manifeste et le sentiment élevé du poëte et l'état de l'âme du héros.

C'est aussi, comme le héros de George Sand, « un bon diable » ; mais nuancé d'un ton fort différent : l'un chante ses diableries en *la*, l'autre module en *ré* ; l'un a la fougue exaltée, l'autre l'esprit de subtile intrigue. Et si l'enthousiasme du duc d'Aleria se laisse complaisamment ravir par le chœur des Anges purs, le génie cabaleur de M. de Ryons médite de se consacrer tout entier à la bonne œuvre du salut des anges féminins en voie de déchéance. C'est ici le sujet du poëme.

« Étant donné (*l'Ami des femmes* parle à un membre de l'Académie des sciences), étant donné dans une situation de : un mari qui aime sa femme, une femme qui aime son mari, séparés l'un de l'autre, et un amant, qui s'est cru aimé de cette femme, comment ramener ce mari qui va partir, se débarrasser de l'amant qui ne veut pas s'en aller, et sauver le cœur et l'honneur de la femme, tout cela dans deux heures?

— C'est une règle de trois.

— Composée. Eh bien ! j'ai entrepris la solution de ce problème.

— Ah çà ! vous êtes donc bon ?

— Il n'y a que les niais qui ne sont pas bons. Et j'ai compté sur vous.

— Ah ! je comprends que toutes ces intrigues-là vous intéressent.

— Ce sont les échecs vivants... Seulement les fous dominent. »

Avec tout le sujet, tout le caractère est dans ces quelques lignes. C'est don Juan assez bon diable, comme on voit ; mais c'est bien autre chose, bien plus que don Juan sauvé : c'est don Juan sauveur ! La vision de Henri Blaze de Bury tend à passer dans la réalité...

Non pas que le don Juan d'Alexandre Dumas s'estime digne du rôle de rédempteur des âmes. Il se mesure à son juste poids. L'offre lui étant faite d'une épouse, il répond : « Si votre jeune fille était telle que je la voudrais, je serais indigne d'elle ; et si elle est comme les autres, elle n'est pas digne de moi. »

On conçoit qu'éduqué comme nous avons vu, dans les ruelles du demi-monde, M. de Ryons n'y ait pas appris à connaître et respecter la femme de la bonne nature et de Dieu.

« C'est pourtant la femme qui inspire les grandes choses, lui dit une femme fort mal inspiratrice et fort peu édifiante.

— Et qui empêche de les accomplir ! riposte ce jeune et vif esprit, qui a dû, en effet, se trouver souvent empêché parmi les Sirènes du demi-monde.

Et quel n'est pas son étonnement, à ce don Juan qu'on accuse d'avoir « fréquenté la mauvaise compagnie », lorsqu'en mettant le pied dans la bonne compagnie et dans le beau monde, chez les membres de l'Institut de France et chez les comtes et vicomtes de haute volée, il se sent tomber dans des humides nids de cannes lascives et de barbotteurs voluptueux !... Ici, sous l'aile d'une bourgeoise, qui, depuis vingt ans trompe son mari résigné, une petite fille, loin du couvent, est élevée à montrer ses jambes et à chanter des romances ultra-sentimentales au nez et à la barbe des gandins idiots, le tout assaisonné de fausse dévotion. Là, une jeune comtesse, âme noble, charmante en apparence, est, cependant, sur la pente de trahir la foi conjugale, pour tel homme ou tel autre, qui ne vaut pas son mari.

« Alors il n'y a pas d'honnêtes femmes ! s'écrie la bourgeoise indignée.

— Si, plus qu'on ne le croit ; pas tant qu'on le dit.

— Et que pensez-vous de celles-là ?

— Que c'est le plus beau spectacle qu'il soit donné à l'homme de contempler.

— Enfin! vous en avez donc vu?

— Jamais!... Dieu voulait que le Bien fût, mais l'homme ne veut pas qu'il soit; que la volonté de l'homme soit faite! »

L'homme, en Adam, c'est l'homme et la femme. A dater de la chute d'Ève séduite par Satan, c'est la femme qui, d'un air plus éclatant, a tenu l'emploi de tentatrice; mais, depuis la réhabilitation de la femme en Marie par Jésus-Christ, il est remarquable que, le plus souvent, c'est l'homme qui joue le beau rôle du Serpent empoisonneur.

C'est ce que paraît avoir compris Alexandre Dumas : car tout le sujet pathétique de son drame, c'est une pauvre jeune femme qui s'agite et se défend mal, éperdue, entre les macules et les blessures d'un homme rampant, et les fascinations et les déchirements d'un autre homme rampant.

« Ah!... l'homme qu'on épouse vous trompe, et l'homme qu'on aime vous insulte! »

L'amant du drame, M. le vicomte de Montègre, sous des airs de beau ténébreux, voile tout l'égoïsme et toute la brutalité d'Othello, avec quelque chose de son crétinisme. *L'Ami des Femmes* cherche d'abord s'il y a, de ce côté, quelque reste de cœur, de raison, de bon sens.

« Vous aimez sincèrement madame de Simerose?

— Oui.

— En ce cas partez pour la Chine à l'instant même... Vous ne voulez pas?

— Dieu m'en garde.

— Eh bien ! avant huit jours vous déshonorerez celle que vous aimez. »

Le Montègre est homme à s'y dévouer. Le *moi*, dans ce cœur mâle, est le plus fort. Alors *l'Ami des Femmes* s'adresse au cœur de femme où son amitié s'est violemment installée. Il avait très-lestement démontré à l'amant jaloux que sa passion frénétique n'était que ferment d'égoïsme : le voici qui va prouver, et de toute évidence, à Jane que *son idéal* est indigne d'elle, ne comporte qu'un tyran, une bête farouche et dévorante.

« Il va vous faire du mal, puisqu'il vous aime... Vous allez voir ce qu'il y a au fond de toutes ces grandes passions qui poursuivent une femme mariée. Quand vous l'aurez vu, vous pourrez le dire à d'autres. »

Et aussitôt, les faits le font voir sous un aspect si monstrueux, que la jeune femme rejette le monstre de son cœur, en criant, non pas le mot de la douleur: Cruel ! mais le mot du mépris : « Imbécile ! »

Toutefois, la blessure est atroce et la désolation immense. Aussi la malheureuse fille d'Ève, ne sachant plus où donner de la tête, se jette dans les bras de don Juan...

Mais, un fin critique l'a dit, « M. de Ryons, c'est don Juan à la retraite. » C'est don Juan arrivé à cet état d'équilibre et de lumière, où l'on a besoin non plus de chair fraîche comme le chacal, mais, comme homme, d'amour vrai. Or, de son œil clair, scrutant l'âme de la tourterelle blessée et qui cherche abri dans son cœur, l'aigle a lu clairement qu'elle ne l'aime point.

Notre Prodigue, n'étant pas niais, est bon, et il a devant lui moins que l'*Anna* de Mozart, mais plus que toutes les Elvires, « une vraie femme, capable de tout, même du bien. » Qui observe ainsi ne peut plus être ni filou nocturne, ni voleur à main armée de l'honneur des femmes. *L'Ami des femmes,* depuis qu'il étudie sur l'échiquier mondain les reines, leurs cavaliers et leurs fous, a pu déjà remarquer que *la Dame aux Camélias* elle-même a plus de cœur que la plupart des hommes du monde qui lui jettent le mouchoir ou la pierre. A mesure qu'il avance vers un monde meilleur, il s'aperçoit qu'il y a dans la femme autre chose qu'Ève et sa pomme. Déjà, sur les joues d'une jeune lionne de la bonne société où il n'avait cru voir qu'une poupée, il surprend des perles roulant leur vivante amertume : « Une larme !... Ah çà !... est-ce que les femmes vaudraient mieux que nous ?... » Dans Jane de Simerose, M. de Ryons découvre de plus en plus les qualités d'une âme originale, forte, délicate, loyale, vraiment née pour le bien.

« C'est donc une honnête femme ? lui demande son ami le savant.

— C'est pis que cela ! répond plaisamment don Juan, et pour qui connaît l'argot subtil de nos affectateurs de scepticisme, il y a là, sous enveloppe, le plus grand des hommages.

— Ne pleurez pas, dit l'ami des femmes à la pauvre désolée; et pardonnez-moi cette épreuve que j'ai tentée et qui a réussi. Je ne vous savais pas alors si digne et si noble. Mais maintenant je suis votre ami sincère, et je veux savoir comment une femme de votre rang peut en arriver à une situation comme celle-ci. Il doit y avoir un secret là-dessous, car vous ne m'aimez pas plus que vous n'aimez M. de Montègre. Voyons, ayez confiance. Répondez-moi.

JANE, *des larmes dans la voix.* Interrogez.

— Qui vous avait élevée?

— Ma mère.

— Vous vous êtes mariée par amour.

— Oui.

— Votre mari vous aimait-il?

— Il le disait du moins...

— Il ne mentait pas, vous êtes de celles qu'on aime. Pourquoi l'avez-vous quitté?

— Parce que j'ai eu la preuve qu'il me trompait...

— Pour qui?

JANE, *après un effort.* Pour ma femme de chambre.

— Après combien de temps de mariage?

— Après un mois.

— Quelle excuse avait-il?

JANE, *avec fierté.* Aucune.

— Si l'on n'a pas, on croit avoir une excuse dans toutes les erreurs de la vie... Quelle était la sienne? Le moment est venu de tout me dire. Parlez, si vous voulez que je vous aide à voir clair dans votre propre cœur. Voyons.

JANE, *avec une émotion croissante.* Ah! vous ne savez pas ce que c'est qu'une jeune fille élevée comme je l'étais. Elle entend parler du mariage sans se faire la moindre idée de sa signification véritable. Elle n'y voit que l'union de d ux personnes qui, s'aimant bien, veulent passer leur vie ensemble comme font son père et sa mère, qui se disent vous et ne s'embrassent même pas devant elle. Elle associe à cette union la campagne, les voyages, le désir d'être élégante, l'orgueil d'être appelée madame. Un jour, elle rencontre un homme jeune qui s'occupe d'elle plus que des autres jeunes filles, qui lui révèle ainsi qu'elle est une femme en âge d'être aimée. C'est le premier dont elle n'ait pas envie de rire. Son cœur bat. Cet homme la demande à sa mère, il est agréé; il peut faire sa cour. La nature, la poésie, la musique, les fleurs, deviennent leurs intermédiaires; de temps en temps un sourire, un serrement de main; le soir, une rêverie douce, la nuit un songe chaste, l'idéal, toujours l'idéal. Enfin, après une cérémonie religieuse, où les anges eux-mêmes semblent lui faire fête, l'enfant pieuse, romanesque, ignorante, se trouve livrée à cet homme qui sait ce que c'est que l'amour, lui. Que vont devenir les pudeurs, les rêves, les chastetés de la jeune fille, en retombant du ciel sur la terre! Beaucoup de femmes ferment les yeux et se réfugient dans la maternité. Celles-là sont les fortes âmes, trempées aux sources vives de la nature; car, enfin, nous n'avons pas à discuter l'œuvre de Dieu; mais il en est qui s'épouvantent, se révoltent, et tous les sentiments dont on les a fortifiées jusqu'alors, viennent se grouper autour d'elles et les défendre contre la réalité. Le mari orgueilleux et impatient en sa qualité d'homme, va porter, à la première créature venue, cet amour que l'épouse avait jugé indigne d'elle, et dont elle devient jalouse, cependant, parce qu'elle n'est qu'une femme. Alors, elle retourne à sa mère, sa vie est brisée, et le monde la regarde avec étonnement, la suit avec doute, la calomnie peu à peu et la repousse enfin, car nul n'a le droit de ne pas être semblable aux autres.

DE RYONS, *qui a écouté avec étonnement, puis avec émotion.* Et depuis votre séparation ?

— J'ai voyagé, j'ai étudié, j'ai prié, souffert, j'ai demandé secours à toutes les choses du bien, puis je me suis découragée ; j'ai voulu aimer !

— Et vous avez cru que M. de Montègre vous comprendrait ?

— Oui.

— O femme ! femme ! on te rendrait le paradis que tu le perdrais encore. Eh bien ! malheureuse enfant, vous aimez votre mari, c'est évident, et vous n'avez jamais aimé que lui !

— Peut-être est-il trop tard ! Sauvez-moi.

— Évidemment, il faut vous sauver.

— Vous ne me méprisez donc pas?

— Vous mépriser ! mais vous avez du bonheur d'être tombée sur un vicieux comme moi. Maintenant, rappelez-vous toujours ceci : Quand on est une honnête femme, il n'y a plus qu'une chose à faire, quoi qu'il arrive, et quoi qu'il en coûte, c'est de rester honnête, autrement, il y a trop de gens qui en souffrent plus tard.

— A quoi pensez-vous?

DE RYONS, *passant la main sur son front*. Je pense à ma mère, qui m'a abandonné quand j'avais deux ans, et à mon père qui en est mort. Voilà mon secret à moi. Enfin ! Je ferai pour vous ce qu'il aurait fallu qu'on fît pour elle, et je vais vous sauver, quoique ce ne soit pas facile. »

Tout est possible à l'amour vrai, à l'amitié dévouée. Jane est sauvée, grâce aux vertueuses intrigues de don Juan.

« Vous êtes décidément très-fort, vous ! lui dit le vieux savant.

— Oui, mais je ne suis pas heureux. (*Avec un soupir.*) Allons dîner ! »

L'Ami des femmes laisse ensemble les deux époux par ses soins réconciliés; et voici le dernier mot de ces cœurs, remis dans leur courant et pacifiés.

LE MARI. Que vous êtes bonne ! Allons, maintenant que nous sommes seuls, dites-moi le dernier mot du pardon.

LA FEMME, *s'assurant que personne ne peut les voir, et se jetant à son cou*. Je t'aime !...

Ce drame a généralement dérouté et scandalisé la critique. Les choses malsaines qui s'y dégagent des profondeurs du monde remué, montant au nez des sages et prudents, ont fait perdre de vue aux yeux du cœur les choses saines auxquelles conclut le poëte. Jamais, sans aucun doute, Alexandre Dumas n'a taillé dans le vif humain et dans la chair profane d'un scalpel plus aigu et plus pénétrant; et, mettant à jour le mal dont le virus caché tourmente la société conjugale dans Paris la Grand'Ville, il n'a jamais aussi généreusement offert à la plaie le remède calmant et purificateur.

A tous les époux il dit : « Il n'y a qu'une chose à faire, quoi qu'il arrive et quoi qu'il en coûte, c'est de rester honnête. »

A la femme, il crie : « Gare ! l'idéal serpent qui vous tente, ne vaut pas votre réel mari, fût-il rampant... »

A qui voudrait trop « faire l'ange », et se berce naïvement ou artificiellement au rêve de l'amour prétendu platonique, il rappelle les lois de Dieu.

« Il y a des lois invariables que nous ne changerons ni vous ni moi... qui n'ai pas envie de les changer, du reste. L'homme a une âme, un esprit et un corps. S'il n'aime qu'avec son âme, qu'il ne s'adresse pas à une créature terrestre, qu'il aille droit à Dieu, source de toute pureté et de toute vérité; qu'il soit saint Augustin ou saint Vincent de Paul, et qu'il donne aux hommes un grand exemple à suivre. S'il n'aime qu'avec son imagination, qu'il soit Dante, Tasse ou Pétrarque, qu'il s'adresse à une créature imaginaire ou insaisissable comme Laure, Éléonore ou Béatrix, qu'il mette son amour en rimes et qu'il jette à la postérité un chef-d'œuvre éternel. S'il n'aime qu'avec le corps, qu'il soit Casanova ou Richelieu, qu'il fasse éclater l'amour païen sur les joues des belles filles, comme ces feuilles de rose en forme de bulles, que les enfants font éclater sur le dos de leur main. Cela fait un joli bruit, et il n'y a rien dedans ; car il faut l'harmonie entre le corps, l'esprit et l'âme pour produire l'amour tel que Dieu l'a voulu. »

Et quant aux hommes qui trop « font la bête », *l'Ami des femmes,* dans la scène capitale et scabreuse de son drame, leur donne hardiment à comprendre que le bouton de la rose pudique, pour bien fleurir, veut s'épanouir lentement sous les rayons ménagers et comme respectueux du soleil ; et que, l'humanité étant esprit divin, cœur et corps, l'amour pur et parfait, s'il commence dans un regard, crie aussitôt : *sursum !* et monte demander la vie à la contemplation de Dieu, et revient se recueillir longtemps dans le foyer du cœur, avant d'aller s'épanouir harmonieusement dans tout l'être.

L'œuvre très-philosophique d'Alexandre Dumas mérite d'être méditée ; elle sera lue dans le secret par beaucoup de femmes mondaines, Parisiennes de toutes les capitales et de tous les chefs-lieux du monde, que tant d'illusions et de périls assiégent ; et leur raison bénira le poëte qui est vraiment leur ami. Puisse surtout cette œuvre inspirer quelque sérieuse réflexion aux amants illégitimes que le fouet du penseur comique a sanglés, aux époux légitimes qu'il a fustigés ?

Quel est le vice de *l'Ami des femmes ?* Je laisse les défectuosités purement littéraires, que résume un seul mot : trop de subtilités. Alexandre Dumas se croit trop à Athènes... Je m'en tiens au défaut de la conception passionnelle et morale.

Ce défaut, c'est que *l'Ami des femmes,* leur sauveur,

n'est pas précisément un petit Jésus... Ce vice de la conception, c'est l'idée du don Juan rédempteur.

Non pas que le fait soit faux, impossible ou invraisemblable. Non, certes ; et Dumas est observateur trop exact et trop franc pour n'avoir pas vu l'aventure originale qu'il dramatise. Le fait est vrai, mais individuel, exceptionnel ; et il va si évidemment contre le cours naturel et divin des choses générales, qu'il n'est pas possible de n'éprouver point quelque malaise à ce spectacle étrange : don Juan confesseur, don Juan apôtre, don Juan père céleste, allant chercher la femme prodigue, et la chaussant de neuf et la revêtant de la robe sans tache, et lui remettant au doigt l'anneau de l'alliance divine...

C'est fort bien au mâle Prodigue d'avoir fait retour au bien ; et, certes, le don Juan d'Alexandre Dumas a le mérite et la gloire d'être revenu de loin. Il n'a pas eu seulement une « mauvaise jeunesse », faute d'une mère sainte, comme tous les don Juans de la légende avant Mérimée : il a porté le poids terrible d'une mère coupable... Cette mère, il ne l'a point maudite ; et il sent et il voit qu'elle aurait pu être sauvée. Il comprend donc désormais les vertueuses ressources dont tout cœur de femme est tout plein. Rien de plus noble que le jeu qu'il se fait d'aller chercher les brebis qui glissent errantes vers les repaires, pour les réintégrer au bercail ; et rien de plus touchant, si le poëte n'avait pas trop voilé d'une sèche sourdine cette tendre et pathétique pensée, rien de plus touchant que cette mission rattachée au pieux souvenir du malheur d'une mère !

Mais cette belle ambition ne se charge-t-elle pas d'un rôle trop lourd, et ne prend-elle pas des airs un peu bien prétentieux? La bouche, qui en est encore « à dire un mot d'amourette à toute femme », est-elle propre à porter le Verbe et à émettre l'haleine de l'Esprit de pureté? Le désir, incontestablement, est devenu bon au cœur de don Juan : mais est-il probable que, sortant, comme il l'avoue, du demi-monde où son oncle a si longtemps aventuré sa jeunesse mauvaise, est-il possible que M. de Ryons ait, avec la bonne volonté, les délicatesses exquises qu'exige, surtout à l'égard des femmes, le rôle de confident réparateur et sauveur? A qui ferons-nous accroire que les femmes inhabiles à se défendre elles-mêmes, tireront leurs confesseurs de ce séminaire en marbre rose? L'exception peut confirmer la règle, et je l'admets; mais, en poétisant un fait exceptionnel, il faut se résigner à ne pas être compris par la généralité du public.

Avouez que dona Anna, Elvire même, voire Zerline, ont lieu d'être étonnamment émerveillées, voyant « entrer violemment dans leur amitié » pour prendre charge de leur salut, qui? Don Juan !...

En conscience, qui d'entre nous, du côté de la barbe, n'a le sentiment que c'est nous encore, et toujours nous, qui avons pressant besoin d'appui et toute chance de trouver le salut du côté du cœur, du côté de la beauté, du côté des anges?

Décidément, « elles valent mieux que nous »; et, puisque le Prodigue d'Alexandre Dumas est si bravement en marche vers la lumière, il ne tardera pas à rencontrer et à contempler ce plus beau des spectacles, la femme forte, la femme sainte. Il verra que le bien par Dieu voulu et par le sexe fort mal consenti, se fait déjà, et, dans une belle mesure, par le sexe prétendu faible. Alors, rendant à l'homme de César ce qui est de César et à la femme de Dieu ce qui est de Dieu, il obtiendra, pour une œuvre de plus parfaite justice du public équitable un plus unanime applaudissement.

Mais qu'il ne s'arrête pas de laver à grandes eaux nos étables babyloniennes, dussent, à leur aise, crier les prudes de l'un et de l'autre sexe, et les hypocrites, qui s'effarouchent à grand vacarme, dès qu'on lève leur linge pour panser et guérir les plaies où ils voudraient rester blottis et mal vivre. Comme nos Parisiens, les Pharisiens criaient contre le Sauveur : « Il soulève le peuple » ; contre saint Jacques : « Il provoque à la haine des hommes d'argent » ; contre saint Pierre, saint Paul et saint Jean : « Pouah ! quelle inconvenance ! devant *les gens comme il faut,* devant la *bonne société* d'Éphèse, de Corinthe et de Rome, parler incessamment d'adultères incessants, d'empoisonnements, de bestialités, de mignonnages, reprocher aux rois de la terre leurs fornications et leurs immondices, comparer les hommes du grand monde à des sépulcres blanchis, au dehors tout lustre, et au dedans vers et pourritures !...[1] c'est insupportable ! »

---

1. Saint Pierre, II; saint Paul, Gal., v; I Tim., I; saint Jean, Apoc., XVIII; J. C. saint Matth., XXIII.

Ce n'est guère délectable, en vérité, de remuer leurs ordures, et tout n'est point parfum pour qui ôte la pierre du sépulcre où les vers travaillent sur Lazare pourri et puant. C'est pourtant le devoir; et c'est nécessité, pour tout poëte appelé de Dieu à médicamenter et guérir le corps social.

Mais, pour que l'œuvre soit grande, féconde, parfaite, il faut qu'autour du mort soient rassemblés des vivants aspirant à la vie, des saintes femmes invoquant la résurrection ; et surtout faut-il que le héros du drame, l'homme sauveur dominant la scène, soit sain, pur, rayonnant de lumière et d'amour, remplissant le théâtre de sa bonne odeur angélique et divine.

Alexandre Dumas sent-il bien cela dans le baume de son *Ami des femmes?* George Sand et Barrière n'ont pas cette prétention pour leurs don Juans, et c'est tout leur avantage ; car, M. de Ryons a bien plus que Paul d'Avenay et le duc d'Aleria le sentiment de ses avaries et la vue claire de l'abîme où le monde l'a fait déchoir. En somme, les don Juans de George Sand et de Barrière, fatigués du mal, cherchent un autre bien-être dans le bien ; tandis que le don Juan d'Alexandre Dumas, en quête, poursuit moins son propre bien-être que celui d'autrui, et, au lieu de se laisser faire du bien, il s'ingénie lui-même à en faire... Aussi, le don Juan de Dumas est-il plus qu'aucun autre organisé pour gravir degré à degré jusqu'aux sphères de l'idéale vertu, dès qu'il aura, les deux bras sur son cœur, contemplé cette vision de l'angélique beauté que lui ouvrent George Sand, Barrière, Feuillet, Zorilla, Blaze, Hoffmann, Mozart : Diane, Adrienne, Cécile, Inès, Dona Anna, qui toutes ont allumé leur cœur au feu du couvent, au ciel !

En résumé, les don Juans de George Sand, Barrière et Dumas sont, tous trois, de *bons diables;* et ce n'est point assez.

Le poëte de *l'Ami des femmes,* autre bon diable s'il en fut, a dit ce mot du cœur, douce couronne de son bel esprit : « L'expérience et la philosophie, qui n'aboutissent pas à l'indulgence et à la charité envers le prochain, sont deux acquisitions qui ne valent pas ce qu'elles coûtent. »

Je ne sais rien de plus excellent que l'indulgence, pourvu qu'elle s'épanouisse dans la lumière de la vraie charité.

On sait la parole du Christ à saint François d'Assise tout brûlant et débordant d'amoureuse miséricorde :

« Règle cet amour, toi qui m'aimes. Il n'y a pas de vertu sans règle. Rapporte-moi un amour qui soit réglé, et que l'arbre se montre à ses fruits. Tout ce que j'ai créé est fait avec nombre et mesure, tout étant ordonné pour arriver à sa fin divine. C'est par l'ordre que toutes choses se conservent ; et la charité, par sa nature, est plus que tout le reste ordre parfait. »

Or, je crois que l'indulgence qui se contenterait de la conversion du duc Pompée, de Montjoye, de Paul d'Avenay, du duc Gaston d'Aleria et de M. de Ryons, courrait le risque de ne s'élever point jusqu'à la céleste mesure de la charité purifiante et salvatrice. On ne voit pas assez que tous ces *bons diables* aient le sentiment net de leur énorme perversion et de leur profond égarement. On ne trouve pas assez à fond dans leur cœur l'aiguillon du remords, au fond de leurs entrailles la soif de la pénitence. Leurs poëtes ne nous les montrent point assez occupés à chasser dehors le *diable,* ne gardant d'eux-mêmes en eux que le *bon;* pas assez affairés à accomplir les actes de résipiscence, de réparation et de bonne renaissance qui sont dus par don Juan à l'humanité scandalisée.

Ce côté de la question sociale de don Juan a été bien compris et savamment traité par le poëte des *Ames du Purgatoire.*

XXIV.

LES DÉNOUMENTS HEUREUX.

Don Juan, s'il se convertit et rentre en état de grâce, doit néanmoins porter la peine de sa vie passée. Avant de voir comment Prosper Mérimée, plus orthodoxe qu'aucun autre poëte, fait faire à don Juan son purgatoire en ce monde, procédons d'abord à la purgation de dame Critique sur ce point capital et délicat :

Don Juan doit-il être converti ?

Le succès de *Montjoye* a remis, sur ce sujet, le feuilleton en belle humeur de résistance et d'inflexibilité.

On a d'abord reproché à l'auteur du prodigue Montjoye la précipitation de son retournement. « Quoi de plus monstrueux dans un drame que la métamorphose subite d'un personnage ! » avait déjà dit La Harpe. Mais le *Cours de Littérature* n'est point parole de l'Évangile, et je doute que l'élève de Voltaire, même converti, ait su comprendre la subite transfiguration de saint Paul. Donc, laissons chanter La Harpe et autres prytanes du feuilleton. Montjoye peut être instantanément frappé, touché, et il l'est! et béni soit le poëte qui a compris le miracle des coups de grâce du ciel!

On a de plus objecté l'indignité du personnage, mieux prédestiné aux chaînes du bagne qu'aux liens du Caucase. L'Évangile dit qu'il est difficile à un millionnaire de Mammon d'entrer dans le royaume de Dieu : le feuilleton va plus loin que l'Évangile. En vérité, en vérité, a-t-il crié sur tous les tons, aucune eau n'est capable de laver une âme aussi malpropre, et le poëte ne doit pas se maculer les doigts à de pareilles entreprises inconvenantes...

Que vaut-il mieux, après tout : se salir un peu la main à nettoyer nos libertins crottés? ou se crotter le pied en les rejetant dans leur boue, — comme a fait Hégésippe Moreau ?

A JEAN DE PARIS

IMPROVISÉ A UNE REPRÉSENTATION DE DON JUAN.

Jean de Paris, bravo ! radieux dans ta loge,
Prodigue à ton patron des sourires d'éloge ;
Tu peux battre des mains à ses prouesses, mais
L'imiter, rarement ! le comprendre, jamais !
L'escrime fatigua tes mains inoccupées ;
Ton pistolet au tir abattit cent poupées ;
Par ta canne dansante un enfant effleuré
Pleure, et tu le tueras parce qu'il a pleuré ;
Et tu diras, le soir, froissant un corps de femme :
« Es-tu content de moi, don Juan, mon maître ? » Infâme,
Non, tu n'es pas don Juan ; car don Juan, le maudit,
A l'œil émerveillé comme un spectre grandit.

Auprès de ce géant tu n'as pas une toise;
Il venait de l'enfer; toi, tu viens... de Pontoise.
Il chantait, il raillait; et toi, tu n'es qu'un sot,
Qu'on peut tuer d'un vers, et bâillonner d'un mot.
C'était un oiseleur qui, d'un coup de résille,
Attrapait Elvira, Léonor, Inésille,
Papillons qu'au Prado le soir voyait courir,
Si frêles qu'un baiser trop lourd les fit mourir,
Et si beaux qu'on aurait enrichi vingt chapelles
Avec la poudre d'or que secouaient leurs ailes.
Convoitait-il un ange aux cheveux noirs ou blonds,
Son échelle de soie avait tant d'échelons,
Qu'il eût, de cieux en cieux, pu monter, je parie,
Pour baiser les pieds nus de la Vierge Marie.
Si la foudre eût bougé, prêt à tous les combats,
A la vieille grondeuse il aurait dit : Plus bas!...
Par une corde à puits te glissant aux gouttières,
Toi, tu vas dénicher des filles de portières;
Auprès de la beauté qui te doit sa pâleur,
La duègne, qui plaida ta cause avec chaleur,
Ne froisse étincelants ni missel ni rosaire,
A des haillons pour mante, et pour nom : la Misère!
L'oiseau dans tes filets ne tomba pas vaincu
A l'appel de ton chant, mais au son d'un écu.
Tu n'as rien, fils du nord, de ce sang qui petille,
Sous un regard de femme, au soleil de Castille;
Sang créateur des Cids, qui plus tard même a pu
Produire encor des Juans lorsqu'il s'est corrompu.
Le peuple, ivre de faim, qui ronfle au coin des bornes,
Quand le taureau royal le pique de ses cornes,
Se réveillant d'un bond du lourd sommeil qu'il dort,
Lui, du moins, sait combattre en beau toréador.
Mais toi!... Soulève encor des bruits de Bacchanales;
Essuie encor du sang à des gorges vénales;

Crève encor des chevaux, blesse encor des maris :
Tu ne seras jamais rien... que Jean de Paris !
Oh ! si le plébéien que ton pistolet tue
Sur la fosse à Clamart survivait en statue,
Et qu'au son de minuit, quand meurt le gaz tremblant,
Quittant son piédestal, l'homme de marbre blanc,
Dans le sombre café que ta visite honore,
Allongeait ses pas lourds sur la dalle sonore,
Pour te marquer au front d'un signe flétrissant,
Il n'aurait pas trempé son index dans le sang ;
Non, mais ses doigts de pierre, en souffletant ta joue
Y laisseraient empreinte une tache de boue,
Large, noire, et sa voix tonnerait en ces mots :
« Ton enfer n'est pas prêt, lâche auteur de mes maux...
« Vis : Dieu te couvre encor d'un mépris débonnaire ;
« Tu ne dois pas mourir par un coup de tonnerre :
« Sous le poids du mépris, vieux sans avoir vécu,
« Tu mourras..., tu mourras d'un coup de pied... ! »

Encore un coup de talon ! Le poëte plébéien des *Myosotis* s'est-il ressouvenu que Sganarelle a été maintes fois, par son maître, touché autre part qu'au cœur, et a-t-il pris cela pour lui ?... Ce retour de vengeance offensive sur les lieux bas est une poussée de quelque diable de Pontoise ; et ces vers, improvisés par l'indignation, dégradent le vengeur lui-même à la mesure de Jean de Paris.

Hégésippe, sous sa cape de poëte démocratique, était un meneur chevaleresque encore ; mais du moins l'éclair de ses ïambes illumine les horizons vastes. Dans le géant corrompu, il sent frémir les énergies du Cid ; et il conçoit que l'aspiration à l'infini peut emporter don Juan jusques aux pieds candides prédestinés à écraser la tête du serpent. Ces pieds de la Vierge Mère, impitoyables à Satan, se posent suaves et parfumants, sur l'homme pécheur, fût-ce don Juan, et ne fût-il qu'un Prodigue vulgaire.

Oh! qu'ils sont beaux les pieds de cette Aurore messagère de la paix, du vrai bien, du salut! Mais que rares sont les lèvres qui vont sur leurs traces s'enivrer d'amour et de clémence!

Plusieurs de nos Aristarques (je dis des meilleurs) en sont plus que jamais à vouer don Juan à la fatalité de l'abîme, et refusent au Titanide le soulagement même du Purgatoire.

« Molière s'est bien gardé de contraindre don Juan à fléchir le genou et à débiter un acte de contrition devant la statue du Commandeur. Les individualités peuvent s'amoindrir; les types doivent jusqu'au bout, jusqu'à la mort, jusqu'au delà de ce monde, jusqu'à l'inconnu, rester fermes, entiers, dans leur vice ou dans leur vertu. Ils ne sont pas l'anecdote du cœur humain; ils sont le problème universel, le résumé, la collection des cœurs; il ne faut pas qu'un accident, qu'une circonstance amène une solution mesquine... »

« De tels hommes doivent tomber comme don Juan, en montrant le poing à la statue du Commandeur, et en jetant au Destin un dernier défi[1]. »

Le dénoûment mesquin d'Octave Feuillet aura provoqué ces réactions excessives. S'il n'y a pas d'autre solution que le doucereux affadissement de don Juan,

---

1. MM. Louis Ulbach et le comte de Pontmartin. Janvier 1864.

autant vaut la Fatalité païenne, et mieux vaut la Statue mozarabique !

Mais la question n'est point là.

Que le propre de don Juan soit de ne pouvoir être contraint par la force à fléchir béatement le genou devant la Statue de marbre : c'est incontestable, et nos éminents critiques ont raison de l'affirmer avec Molière; mais n'y a-t-il pas une contrainte d'amour capable d'amener le Montjoye à l'acte de contrition ? et n'y a-t-il pas un autre feu invisible, plus puissant que la foudre, pour faire du cœur de notre don Juan un foyer de noble embrasement?

« Ah ! quelle audace et quelle tâche impossible, arriver non pas au châtiment, mais à la correction de don Juan ! » crie Jules Janin à l'auteur du *Duc' Pompée*; et son idée fixe le domine à ce point, qu'il retourne, au plus loin, tirer de son arsenal et relance contre le monstre charmant abhorré, le trait de son exécration déjà citée : « Non, pour un parterre français, ce damné n'est pas assez châtié[1]. » Jules Janin donc, avec la Statue diabolique, persévère à vouloir que l'impie soit *plus que damné;* et, pour prémunir les poëtes catholiques contre les faiblesses de leur divine Mère des miséricordes, il invoque l'autorité d'un fils illustre de l'Église anglicane, Richardson : « A aucun prix il n'eût renoncé, ce grand ouvrier du cœur humain, à abreuver de fiel et d'absinthe Lovelace et ses dignes compagnons et à les livrer à ce dernier des dieux, la Peur ! »

---

1. Plus haut, p. 2.

Serions-nous, feuilletons de Paris, sous l'obsession du démon de Luther? Va-t-il, par la bouche de la critique parisienne, souffler sur le parterre français le dogme de la prédestination fatale, et fermant le ciel à don Juan et supprimant le Purgatoire, ne laisser béant devant ses pieds, que l'Enfer inexorable?

Tartarus horrificos eructans faucibus æstus!

Eh quoi! nous n'avons tant et si bien crié contre Philippe II et son Inquisition et leur bûcher, que pour conserver pieusement et tenir ameutés contre don Juan, César et sa police et leur bourreau?... N'est-ce pas le même air de flûte, et suffit-il de le chanter mieux avec le dissonant triton et sans mélange d'aucun mode ecclésiastique?...

Remarquez que ces sentences implacables viennent de l'un de nos esprits les plus délicats, auquel saint Paul dirait : « O Jules! généreux Athénien, je sais que tu cultives aussi bien que Jules Simon, fils de Minerve, l'olive et le miel attique de la religion naturelle [1]. » Oui, le poëte attendri de *l'Ane mort et la Femme guillotinée* est un bon enfant; et si les amis de nos amis sont nos amis, je l'aime et le connais assez pour attester, avec Mallefille, Delsarte et Achille Ricourt, qu'il n'y a pas d'homme plus indulgent à autrui, plus serviable et d'une cordialité plus accommodante.

Comment donc se fait-il que cet homme de tant de cœur,

1. Actes, XVII.

doux chez lui, apparaisse, au rez-de-chaussée du *Journal des Débats,* en Statue, cœur de pierre, *uom di sasso?*

Ceci cache un mystère, le mystère du *Ver rongeur.*

On a deux morales : l'une, verbe évangélique, pour la vie intérieure ; l'autre, vieille rapière, pour le dehors et pour les besoins de l'esthétique. Ici, l'on pardonne à ses ennemis ; là-bas, on fait peur aux ennemis de la société, et l'on ne trouve pas même que ce soit assez de la damnation pour don Juan...

Et ce qui n'est pas un phénomène de peu d'intérêt, c'est que, sur le même terrain, se rencontrent, pour se donner le baiser de paix et jurer une guerre éternelle à don Juan, un brave républicain, un bon orléaniste et un noble légitimiste, à l'ombre d'un impérialiste.

Nizard, ce nouveau législateur de l'impérial et royal Parnasse, a récemment tiré de son puits, pour l'irrigation de nos jeunes plants humains, l'eau claire de vérité que voici :

« Le nom de caractère convient à une disposition dominante qu'ont enracinée et fortifiée dans un homme le temps et l'habitude. *On n'en change pas, on ne s'en dépouille pas.* On peut en être puni : en est-on jamais corrigé ? On en voit de rudement châtiés : *il faut se contenter de cette satisfaction.* Espérer qu'ils changeront, que leurs passions, comme dit le grand Corneille, seront purgées, *n'y songeons pas.* On sent bien que Tartufe, que l'Avare, que le Misanthrope même ne se corrigeront pas ; *mais ce qui suffit à la vérité suffit à la morale,* et pourvu que le spectateur qui vient d'*applaudir à leurs disgrâces* songe en s'en allant à ce que se paye un travers, *que veut-on de plus*[1] ? »

Si l'auteur de cette poétique immobiliste consultait ses savants confrères Patin, Pierron, Saint-Marc Girardin, et relisait ses poëtes grecs, il verrait qu'Oreste (un caractère puissant et un type, s'il en fut) est essentiellement muable et se dépouille de ses dispositions les plus enracinées. D'abord, se glorifiant lui-même d'être l'instrument vengeur du Destin, et, pour avoir tué sa mère, glorifié par Homère et par Sophocle ; ensuite, conduit par Eschyle et Euripide à se prendre lui-même en horreur, à accuser de démence les dieux, ses diaboliques conseillers, et enfin, autant qu'a pu l'instinct du génie, transformé par la pénitence publique et réconcilié.

Oreste et la société grecque ont donc songé efficacement à se purger, comme veut Corneille, de leurs brutales passions, et se sont proposé d'adoucir les Euménides avec des libations d'eau pure et de miel.

Que Nizard, songeant un peu moins d'esthétique fataliste, interroge son brillant Séid, qui vient de jeter son cœur avec tant de fougue amoureuse à la tête de Mentor, et dont l'enthousiasme ne se comprendrait guère, si le feu n'avait mission de se mettre sous l'eau pour la réchauffer, purifier et vaporiser... Barbey d'Aurevilly, ce dernier des Abencérages, par l'Étoile reconduit à la Crèche de Compostelle, le poëte du don Juan de la mode, *Brummel,* démontrera à Nizard que l'on doit vouloir

---

1. Nizard. *La Comédie après Molière.*

pour Alceste et don Juan quelque chose de plus que l'applaudissement à leurs disgrâces, et qu'on peut redresser leurs travers, depuis que notre vieil homme a été crucifié avec notre Sauveur, et que les plus gigantesques libertins du monde, aquilins et léonins, sont capables de dépouiller ce vieil homme avec ses actions, et de revêtir l'homme nouveau avec ses vertus [1].

Nizard est pourtant un homme de bonne volonté et qui a manifesté la saine intention de se purger du levain vieux et d'évacuer le ver rongeur. Nous avons tous lu de lui une belle protestation contre l'impotence païenne et un franc hommage à la toute fécondité de l'esprit évangélique. « C'est là seulement, a-t-il dit, dans l'Église chrétienne, qu'était la vie, là la morale applicable, là l'avenir politique et religieux du monde... Ces hommes, plus savants en l'art de vivre que les historiens et les rhéteurs, ne conspiraient pas contre César, mais ils offraient leur cœur au Christ, et tous se retiraient du siècle pour n'y laisser que ce qui appartenait à l'empereur, à savoir leurs corps et leurs biens [2]. »

Dieu nous garde d'engager Nizard à conspirer contre César ; mais nous le supplions, fallût-il laisser ses biens à l'empereur, de donner son cœur au Christ et de ne pas servir deux maîtres. Nous le supplions de ne ressembler par aucun côté, lui, un libéral, au gallican royal Rochemont, lequel ne voulait rien de plus que regarder du rivage,

---

1. Saint Paul. *Rom.*, vi, 6 ; *Ephes.*, iv, 22 ; *Colos.*, iii, 9.
2. *Étude sur les poëtes latins de la décadence*, ii.

incessamment abattue sur les impies, la foudre d'Auguste, de Théodose et du roi de France...

Nizard, sans y prendre garde, en est encore à se réchauffer non pas au divin Soleil, mais aux charbons de terre brûlants de Louis-Apollon : *minister calefaciens se ad prunas* (selon saint Jean). Ce n'est pas dans la contemplation du Grand Siècle et dans l'idolâtrie du Grand Roi, qu'il peut découvrir ce qui suffit à la vérité éternelle et à la morale parfaite. Désiré Nizard, je le lui garantis, désirera un peu mieux que la poétique d'Aristote, aussitôt qu'il se sera décidé à consulter un peu moins la Minerve de l'Église française, un peu plus le cœur des vrais poëtes, et plus encore l'esprit de notre commun patron saint Désiré, qui a converti pire que don Juan, Clotaire II...

Et que disent les Saints évangélisateurs de la nouvelle politique de vie? « Quelques sublimes paroles prononcées dans un coin de la Judée; deux mots tout puissants, qui allaient faire rentrer l'humanité dans ses voies et renouveler l'art et le théâtre : Pureté, miséricorde[1] »

Que si vous avez le droit d'exiger de don Juan la pureté, il a le droit, lui, d'exiger de vous, avec la pureté, la miséricorde.

Et don Juan, doit tout particulièrement compter sur la commisération des poëtes, car les vrais poëtes, avec l'inspiré de Pathmos, leur patron, reposent leur front sur

---

1. Charles Magnin. *Origines du théâtre moderne.*

la poitrine d'où sort cet éternel cri du cœur : « Je n'aime pas le sacrifice, et je veux la miséricorde. »

Chose digne d'attention : le peuple en masse est comme Dieu, préférant toujours le dénoûment miséricordieux au coup de théâtre sacrificateur. Jules Janin lui-même en est le fidèle témoin : « Le public a donné raison à l'auteur de *Montjoye*; mais les juges compétents sont unanimes là-dessus. » Ne dirait-on pas d'une Cour d'Assises, où, prenant l'office du ministère public, Aristarque demande la tête de don Juan aux sénateurs jurés, qui la livrent tout d'une voix au bourreau, tandis que la foule s'en va, d'autre part unanime, murmurant et criant : « Pauvre diable ! pardon ! grâce ! » — C'est que la multitude écoute plus son bon cœur que le bel esprit d'autrui, et que ce cœur public, du parterre au paradis, est plus accessible à l'Évangile qu'à la *poétique* et à la *politique* d'Aristote.

Qu'Aristote, selon Marmontel, ait incliné à interdire au drame les dénoûments heureux : qu'importe cette faiblesse du magister d'Alexandre, quand nous avons les exemples consolateurs de nos maîtres, les poëtes prophètes !

L'art, à ces conclusions miséricordieuses, va-t-il perdre sa virilité et sa puissance d'impression pathétique? Bien sot qui le croirait ! D'où naît l'intérêt au théâtre ? Des caractères et des actions contrastés, opposés, engagés les uns dans les autres et les uns contre les autres, en un mot du combat. « Toute pièce bien conçue est un duel, dit M. Claveau ; le méchant étant pour une bonne part en possession du monde, doit apparaître luttant contre le bon, et il ne faut pas négliger le traître [1]. » C'est fort bien dit ; et à plus forte raison ne faut-il pas, dans le drame, négliger l'homme de bien et se passer du Sauveur. La nécessité du duel entre le bien et le mal est incontestable ; mais il ne s'ensuit pas que Satan doive l'emporter, et que les dénoûments d'*Oreste,* de *Philoctète* et des *Euménides* manquent de force et d'intérêt.

Ces réconciliations finales font-elles perdre à l'art sa puissance de moralisation ? et que faut-il penser de cet axiome que le plus érudit de nos critiques oppose au dénoûment de *Montjoye* : « C'est précisément parce qu'elle était implacable que la tragédie antique avait tant d'autorité sur les âmes. »

La Melpomène grecque répond en montrant la couronne de miséricorde que lui ont tressée Eschyle, Sophocle et Euripide. Mais, tout fût-il noir et sinistre dans l'âge des ténèbres, serait-ce une raison pour nos siècles de lumière d'enténébrer partout le front de nos drames, de l'abîme de la Statue à l'abîme du bourreau? C'est le contraire ; et c'est précisément parce que l'implacabilité était sur le théâtre païen, le principe de l'action morale et de l'intérêt dramatique, que cette Mania furieuse devrait avoir disparu de la scène chrétienne, avec le Désespoir. Autre est l'humanité déchue, autre l'humanité

---

1. *Étude sur le théâtre de George Sand.*

rachetée ; et il fallait qu'au xviie siècle, il eût perdu tout à fait le sens de la Rédemption chrétienne, ce poëte, auteur pourtant d'une *Vie des Saints,* qui adressait à don Juan, avec son coup de foudre, cette leçon :

Reconnais donc les dieux par l'horreur des enfers[1] !

Le Christ se fait-il reconnaître à l'horreur des enfers? Le drame du Calvaire manque-t-il d'intérêt et de moralité, parce que Jésus ressuscite à la fin triomphant, ne portant autour de lui que coups de miséricorde? Le drame de l'enfant prodigue manque-t-il d'autorité sur les âmes, parce qu'il se termine par un festin joyeux, où prend la première place, au milieu des concerts angéliques, le mauvais sujet, « qui était perdu, et qui est retrouvé? »

Non, non : sous de nouveaux cieux révélés se dévoile désormais une terre nouvelle. Poëtes, qui, sur vos sommets, recevez les premiers le rayon du divin soleil, réfléchissez sur la scène du monde réjouie les aurorales clartés. « La poésie est une délivrance, » a dit Gœthe, et il a donné l'exemple des dénoûments libérateurs ; et Blaze, Dumas, Zorilla, pas plus que le poëte de *Faust,* n'ont diminué l'intérêt et la moralité de leur don Juan, pour l'avoir enfin reposé sous un ciel clément. Poëtes, jetez loin de vous le coutelas de l'antique boucher, et prenez en main la harpe de David[2] !

1. Rosimont. L'*Athée foudroyé.*
2. Profonde pensée, excellente et belle image de M. Venet. *Le Monde,* 4 janvier 1864.

O harpe du roi-prophète! consolatrice de Saül le maudit, où sont, pour te ranimer, les mains immaculées?

Écoutons, entendez bien le jugement que portent sur la Muse dramatique de nos derniers temps, non point les échos tonnants de Bossuet et de Bourdaloue, mais les voix plaintives de nos plus libres penseurs, sur toute l'échelle de la presse, du plus superbe échelon au plus humble.

« La littérature est aujourd'hui une boutique de barbier *où l'on rajeunit...* Or, il ne suffit pas de lui rendre une apparence de jeunesse, il faut lui rendre la vie, il faut lui infuser un sang nouveau, lui créer de nouveaux organes; il faut lui donner une âme. Et qui la lui donnera?... Tout est mort, dans le roman, dans la comédie, dans le drame. D'où viendra le vent de la résurrection? on ne sait; mais il viendra, soyez-en sûrs. Ou la littérature française va mourir, ou elle va se renouveler de quelque façon prompte et énergique [1]. »

« On ne produit plus que des œuvres énervées et bâtardes qui témoignent de l'abaissement de l'esprit et de la décadence du cœur [2]. »

« Il n'y a pas dans tout le répertoire de l'Opéra une pièce vraiment morale, et qui permette à un bon père de famille de conduire ses enfants au premier théâtre du monde [3]. »

---

1. Claveau. *Revue contemporaine,* 15 janvier 1864.
2. Colombine. *Figaro,* janvier 1864.
3. Aurélien Scholl. *Figaro,* 12 novembre 1862.

« N'ai-je pas entendu dire à l'un de nos hommes de théâtre les plus accrédités, que pour réussir auprès du public actuel, *il faut remuer la matière?*... Honnête métier! » s'écrie avec indignation Frédéric Béchard [1].

Édouard Fournier va plus loin; il certifie que cette matière que se complaisent à remuer nos poëtes est de la matière fécale; et il compare le Musagète moderne, avec son idéal sur les épaules, à Jean Valjean enlisé jusqu'au cou avec son héros agonisant [2]... Où donc est le poëte Christophore, pour faire passer au pur et doux Sauveur ce Cocyte de pleurs et d'ordures?

« Voilà le bilan de notre littérature dramatique... (c'est le délicat et austère Émile Montégut qui parle [3].) On dirait qu'il y a quelque ressort brisé dans l'âme contemporaine, et que le cœur ne bat plus aussi fortement qu'autrefois. La tristesse et la lassitude sont au fond de toutes ces productions dramatiques, avec le vide moral et l'incertitude des principes... Nous semblons vraiment descendre depuis plusieurs années les cercles d'une géhenne littéraire qui n'ont rien à envier aux cercles de l'enfer du Dante. Nous avons traversé successivement les mares infectes, les bois des harpies, les cercles de feu; nous voici arrivés maintenant dans les régions de glace, les dernières de toutes, celles au bout desquelles il n'y a plus rien. Puisse au moins cette étape être la dernière pour

---

1. *Gazette de France*, décembre 1863.
2. *Patrie*, article sur le don Juan *arsouille* de Sardou.
3. *Revue des Deux-Mondes*, novembre 1863.

nous comme elle fut la dernière pour le poëte florentin ! Puissions-nous, comme lui, au sortir de la région où sont châtiés les cœurs de glace, nous retrouver en face de la saine humanité, des cœurs vivants, du ciel et de la nature ! »

Voilà donc un décès bien constaté : le mort, l'art dramatique, est glacé à la fois et puant. Autre Lazare à ressusciter !

Pour faire, sur cette grande victime, l'œuvre du Dieu de la vie, il faut d'abord que critiques et poëtes se confessent d'avoir contribué à mettre à mal l'art divin. Qui d'entre nous n'a pas travaillé, peu ou prou, à galvaniser les deux Renaissances véreuses, et à cultiver les muses futiles et les dieux mortels ? « Chassez d'abord de vous-mêmes l'esprit des corruptions », crie saint Paul aux Corinthiens du feuilleton mozarabique ou païen.

Le Malin n'inspire pas seulement les miasmes empestés : il a une manière de perdre les littératures en les fermant à l'esprit de vie. C'est lui qui donne à l'art l'orgueilleuse idée de son isolement : *l'art pour l'art !* C'est lui qui fait tomber des lèvres les plus fermes d'ordinaire et les plus dignes d'être écoutées, ces propositions diaboliques : « La littérature a sa vie propre et n'a point à se soucier de la morale... L'inconscience de l'artiste est la première et la plus indispensable condition de toute grande œuvre d'art. » C'est-à-dire que le cœur est d'autant plus grandement exalté qu'il interroge moins la raison ; c'est croire que don Quichotte et don Juan n'ont rien à demander à Faust...

Tandis que ces belles sentences mortifères viennent des sages et de leurs grands journaux, Dieu révèle son esprit de vie aux feuilletonistes des plus petites feuilles volantes. « L'âme de la comédie, c'est l'enseignement ; le théâtre doit être l'émule de la chaire. » Admirable pensée de M. Paul Mahalin[1] !

Faut-il, quand le Christ donne sa lumière aux petites bougies, que les plus beaux lustres s'éteignent? Comment ne comprenez-vous pas encore? Ne fait-il pas, cet homme de tant d'esprit, de l'esprit à la diable et le jeu du Malin, qui répond à Paul Mahalin : « Allons donc, mon bonhomme ! laisse ces prétentions ; accouplons nos rimes deux à deux, comme Vénus ses colombes, et fouette, cocher ! »

Il est un poëte, un vrai poëte, que j'aime, malgré son fable pour Anacréon, parce que les indignations de Juvénal, de Gilbert et d'Auguste Barbier font de son cœur palpitant monter souvent à ses yeux des larmes, Auguste Lacaussade ; et celui-ci, fatigué de tant de rimes riches, savamment alignées, sans but religieux, n'a pas reculé devant une confession publique. Lisez, poëtes et critiques, méditez ; et puissiez-vous faire écho à ce cri de componction douloureuse !

> Mais nous, rimeurs chétifs, aux pauvretés superbes,
> De nos vertes saisons, hélas ! qu'avons-nous fait?
> Qui peut dire entre nous, pesant ses lourdes gerbes :
> Mourons ! Mon œuvre est mûre et mon cœur satisfait !

1. *Messager des Théâtres*, 27 mai 1858.

Jouets du rhythme, esprits sans boussole et sans force,
Dans ses néants la forme égara nos ferveurs ;
Du vrai, du grand, du beau, nous n'aimons que l'écorce :
Nous avons tout du fruit, tout, hormis les saveurs !

En nombre d'or rimant l'amour et ses délices,
Nous n'avons rien senti, nous avons tout chanté :
Vides sont les accords qu'ont exhalés nos lyres !
Vide est le fruit d'orgueil que notre arbre a porté !

Tombez donc, tombez donc, feuilles silencieuses,
Fleurs séniles, rameaux aux espoirs avortés !
Fermez-vous sans écho, lèvres mélodieuses !
Endormons-nous muets dans nos stérilités !

Plus de retours amers ! Trêve aux jactances vaines !
Oui, la Muse eût voulu des astres plus cléments !
Un sang pauvre et le doute, hélas ! glaçaient nos veines ;
Nous sommes de moitié dans nos avortements.

Il faisait froid au ciel quand nous vînmes au monde ;
La séve était tarie où puisaient les aïeux.
Résignons-nous, enfants d'une époque inféconde :
Nous mourrons tout entiers, nous qui vivons sans dieux !

O dureté des temps ! ô têtes condamnées !
Fiers espoirs d'où la mort et l'oubli seuls naîtront !
Eh bien, soit ! acceptons, amis, les destinées :
Sans haine effaçons-nous devant ceux qui viendront !

Succédez-nous, croissez, races neuves et fortes !
Mais nous, dont vous vivrez, nous voulons vous bénir !
Plongez vos pieds d'airain dans nos racines mortes,
D'un feuillage splendide ombragez l'avenir !

Et vous, ferments sacrés des époques prospères,
Foi, liberté, soleil, trésors inépuisés,

> Donnez à nos vainqueurs, oublieux de leurs pères,
> Tous ces biens qu'aux vaincus la vie a refusés[1] !

Le même poëte, dans un autre fort beau poëme : *Les Soleils de juin,* a déjà pressenti les désillusions de son automne, et, pressant de plus près les questions sociales, il a, sur ce vieux monde à bout, prononcé le même arrêt que sur la poésie aux abois :

> Le désenchantement erre sur nos ruines...
> Notre astre s'est couché même avant nos prophètes...
> La nuit inexorable au ciel et dans les âmes !...

Et toujours la même cause assignée, soit dans l'art, soit dans la politique, à un même avortement : le fond négligé pour la forme, la séve éternelle sacrifiée à l'écorce caduque; et c'est pourquoi, dit le poëte, pleurant sa République :

> Empire et Royauté
> Avant nous ont passé, vaine écorce des choses !

E sempre bene !...

Le poëte cependant, sang ardent de créole, ne cède pas au désespoir, et, prenant son parti de la chute des feuilles et de la tombée des écorces, il s'écrie :

> Pourquoi sonder la mort quand tout se renouvelle?
> La sagesse est d'aimer, la force est d'espérer...
> Jetons vers l'avenir un long cri d'espérance !...
> Tournés vers l'éternel, effaçons-nous du temps...
> O Christ! ton homme est jeune encor...

---

1. *Les Épaves.* Les Soleils de novembre.

Que ta pensée en nous fermente, ô vérité !
L'homme élabore un Dieu dans ses métamorphoses.

Il est clair que le poëte, s'il veut participer à l'éternel, doit avoir, tout en limant ses vers, l'œil de l'âme fixé sur l'homme nouveau et sur le Dieu.

« Poésie, c'est création, a dit le protestant Vinet ; être poëte, c'est refaire l'univers. » Imaginez donc un créateur qui pétrirait d'un rhythme cadencé le limon entre ses doigts délicats, sans avoir dans sa pensée, déjà vivante, sa créature...

« L'art, dit Mgr l'évêque d'Orléans, doit être traité avec gravité et respect, comme une sorte de culte. Je ne crains pas de le dire, l'art me paraît un intermédiaire entre le ciel et la terre... Infidèle ou fidèle à sa mission, l'art peut avoir une grande influence sur les mœurs générales, et, selon la tendance à laquelle il obéit, devenir un instrument puissant de corruption ou de civilisation... L'art bien compris et religieusement cultivé, aide à l'amour de Dieu, et l'amour de Dieu féconde l'art[1]. »

« Je conçois un théâtre qui serait le plus noble de tous les plaisirs, dit l'unitairien Channing ; un théâtre qui tiendrait la première place parmi les moyens d'épurer le goût et d'élever le caractère d'un peuple[2]. »

« Soient honorés les poëtes qui essayent de renouer au

1. Les *Études d'un homme du monde. L'esthétique. Correspondant*, novembre 1863.
2. *OEuvres sociales*. Trad. de Laboulaye, p. 198.

théâtre la tradition religieuse! » écrit dans une petite revue Charles Monselet, un semeur de vérités sur feuilles volantes [1].

Un jour, Théophile Gautier a dit ce mot d'amer désespoir : « Il n'y a plus de possible au théâtre que *le Misanthrope* et *l'Auvergnat!* » plaisant blasphème où se cachait une prière; car, le lendemain Théophile criait de sa lèvre de marbre antique ranimée : « Oh! l'idéal! l'idéal! qui nous rendra l'idéal?... »

A quel chaînon religieux renouer nos mains pour rouvrir nos ailes au divin idéal? Est-ce à l'œuvre de Racine? Racine!... Je vois bien qu'à l'antique Destin il a quelque peu surajouté le sentiment du libre arbitre ; je vois qu'il a ressuscité les héros païens pour les agiter des mêmes passions et les abandonner aux mêmes dieux vengeurs ; je vois qu'à la fin de sa carrière, il a renoncé au levain de l'iniquité pour se nourrir du vieux levain du sacrifice judaïque : mais où est en lui la miséricorde, où l'apôtre évangélique? Quelle âme a-t-il jamais songé à sauver ?

« Que manque-t-il à Racine? se demande l'un de nos philosophes les plus pénétrants, M. J. E. Alaux. Que manque-t-il à cet homme d'un talent si souple et si bien ordonné, à ce génie doué d'un si beau langage? *un idéal supérieur* [2]! »

Racine, pieux élève de Port-Royal, mais, hélas! histo-

1. *Monde illustré*, ou *Figaro*, 1862.
2. *L'Esprit de la France dans la littérature.* Revue contemporaine, 1863.

riographe de Louis-Apollon, et qui mourut d'un trait égaré de ce dieu du jour de la Renaissance, Racine n'a, dans toute son œuvre, aucun pur reflet de l'homme-Dieu, aucun doux écho du cœur de la Vierge-Mère, aucun parfum des délices du Paradis...

Corneille tient de plus près au Christ, bien que son Polyeucte n'ait ni l'humilité ni la douceur du Pauvre de Molière. Mais d'ailleurs, par l'ensemble de son édifice, « ce prédicateur de l'héroïsme » s'appuie encore sur les lions de l'Alhambra et réfléchit trop l'éclat et le bruit des poitrines ferrées de la chevalerie castillane.

Il y a quelque chose de pire que l'absence de l'idéal : c'est l'idolâtrie d'un idéal adultère, de l'héroïsme mozarabique ou païen. Il est de mode, pour les vagues aspirateurs à l'idéal, d'anathématiser le *réalisme*. Eh bien, j'affirme que le réalisme, expression simple des faits réels du temps présent, exalterait bien plus haut la littérature et la société aux régions de la vie divine, que la contemplation et le pastiche de l'idéal antique. Où trouverez-vous, depuis les temps homériques jusqu'à l'ère virgilienne, dans le monde ou dans les poëmes, pour la correction d'Alcibiade et de don Juan, un saint héros, une sainte femme ? Aussi, l'esprit le plus vif, éclairé de ce côté-là, ne peut que s'écrier : « Ah ! quelle audace ! tâche impossible ! »

Mais éclairez-vous à l'Orient nouveau de la Renaissance chrétienne, et voyez sous l'ombrage de nos Ordres de Dieu revivants, grâce à la pure séduction de sainte Marie et Jean de Fontevrault, du Sacré Cœur, de la Sagesse, de Notre-Dame aux Oiseaux, de la Providence, du Saint-Sacrement, voyez de toutes parts, que de corrections accomplies, et que de Prodigues réenfantés à la vie régulière et divine! *Quorum pars...*

Voilà un double fait social qui crève les yeux du Monde: les maisons de Dieu partout r'ouvertes et remplies de Vierges-Mères; et les églises se remplissant d'habits noirs, de barbes toutes-puissantes, comme dit Molière, agenouillées à la queue des femmes, d'hommes renouvelés, dévêtus du vieil homme. Est-ce un fait? Est-ce clair?

Or, si la littérature est l'expression de la société, comment concevoir que l'art par excellence, l'art dramatique, « cette histoire en action, » n'exprime pas ce nombreux mouvement de conversion des libertins, des orgueilleux et des mécréants de notre âge? Quoi! lorsque tant de dons Juans, comme l'*Innominato* de Manzoni, s'inclinent devant les Saintes Femmes et se relèvent sur le cœur des Franciscains, et des Dominicains, et des Oratoriens, et des Bénédictins, et des Rédemptoristes de la sainte Église, concevrait-on que les poëtes, en fussent-ils à l'inconscience magistrale qu'on leur souhaite, ne répétassent point, simples échos fidèles, les bruits du Monde étonné et les concerts du Ciel réjoui?

Donc, le réalisme ne peut pas ne pas photographier sur la scène la réalité positive de la conversion que tant de Montjoyes réalisent dans la vie réelle...

Et si ce fait du retour de l'Enfant Prodigue s'opère au nom du Christ, sous l'invocation de la Vierge-Mère et sur terre de l'Église, comme le confessent Gœthe, Blaze,

Dumas, Zorilla, Levavasseur, Viard, Feuillet, tous les nouveaux poëtes de don Juan, quelle tradition de l'idéal religieux faut-il donc renouer, au théâtre, sinon celle de cet art catholique où Jésus était le héros et Marie l'héroïne, tous deux poussant devant eux et chassant dehors Satan, sa Statue et compagnie, pour faire place au Paradis, sur la terre comme au Ciel?...

Oui, pour renaître à la vraie vie, il faut reculer par delà les renaissances de la mort. Il ne faut plus à don Juan le dénouement du *Libertin détruit*, de l'*Impie foudroyé* ; il ne lui faut pas davantage le dénouement de *Leone Leoni,* ce monstre gracieux, filou de bonne compagnie, escroc, lâche prostitué ; âme immense, capable de toutes les vertus, mais voué à tous les vices, résumant sa vie dans ces clameurs d'orgie : « Vivent l'amitié et l'amour, la musique, la paresse, le punch et le tabac! vivent les jeunes filles et les vieilles comtesses ! vive le diable! » Leone Leoni, le plus attrayant et le plus ignoble des dons Juans, car il finit, après s'être vendu à la vieille Zagarolo, par vendre et livrer de force son amante à un lord stupide et aviné! Et comment finit-il son poëme? Sur son char de triomphe, traînant dans la fange sa Juliette, fille d'Ève dégradée, ignominieuse esclave de ce rampant!

Si le poëte puissant qui anima ces lamentables héros les a laissé ramper sur la terre, c'est que l'épée vengeresse, la hache du bourreau et l'abîme de la Statue répugnent également à son cœur miséricordieux. Mais il n'est pas possible que l'art se borne, désespéré, à dire sur ces victimes monstrueuses : Laissez faire! laissez passer! Il faut sauver et la Madeleine esclave, et le Prodigue, son tyran ; et pour ramener de si loin des âmes à ce point ensevelies dans le mal, il n'est qu'un sauveur, le héros du *Mystère de la Passion !*

Voilà le principe et le germe du drame idéal.

Le temps n'est plus où Voltaire pouvait aveuglément méconnaître Eschyle avec Shakespeare, et insulter Calderon avec nos vieux poëtes hiératiques. Ce juge est déjà jugé. « C'est le plus judicieux et le plus borné des critiques, son théâtre est mort et enterré, et ne ressuscitera point, » disent les vrais juges[1] ; et ce pauvre roi-Voltaire est déjà décomposé, plus même que don Juan, par dessus tous les Césars français, russes et prussiens, ses idoles, dans la tombe où il rêva d'étouffer le Christ, sa Mère et leur divin Royaume... Cependant que le *Prométhée*, les *autosacramentales* et les *Mystères*, où Voltaire ne voyait que barbarie, flétrissure et déshonneur, survivent au naufrage de son mélodrame, arches éternelles où l'art trouvera son salut !

Sainte-Beuve, dans une récente étude, a savamment constaté que nos *Mystères* du moyen age étaient une œuvre informe. Rien n'est plus vrai. Mais l'éminent critique, ayant étudié dans sa jeunesse l'anatomie et la physiologie, sait que tout embryon n'a pas les formes pleines de l'enfant naissant, ni le nouveau né les proportions déliées de l'adolescence. Il n'ignore pas que l'Homme-Dieu,

---

1. Claveau, *Revue Contemporaine*, 15 février 1864 ; Th. Gautier, Jouvin, Saint-Victor, et tous, *passim*.

en personne, aux premiers jours de la gestation, au sein des entrailles virginales, n'avait rien encore, en apparence, des perfections de Celui en qui la terre vit bientôt « le plus beau des enfants des hommes. »

Ainsi de l'art dramatique embryonnaire. Il n'y a donc pas lieu de se demander si le *Mystère de la Passion* est une œuvre d'art aussi avancée que l'*Œdipe-Roi*. Une seule chose est à chercher, à savoir : si ce germe du théâtre catholique portait en lui, avec les éléments essentiels de la nature, l'esprit de la vie éternelle. Charles Magnin, dont l'érudition est incontestée et la sagacité universellement avouée, a proclamé que le théâtre hiératique chrétien contenait en principe, « plus d'éléments de vie et de grandeur que le grand opéra moderne [1]. »

Là couvait l'idéal ! De cet humble foyer se dégageait la triple figure de la vie nouvelle : le Christ, soleil de justice, la divine Mère, sourire de la miséricorde, et, sous leurs pieds, la terre frémissant pour germer le nouvel Éden. Sur ses planches mal jointes encore, se dressait et s'avançait le Crucifié, entouré de ses saints, sous l'armure des Béatitudes.

Les héros de ce théâtre-là, au dénoûment, ne tuaient personne au nom des faux dieux vengeurs, pas même au nom du vrai Dieu qui s'est réservé la justice : comme leur Maître, selon son idéal, ils n'immolaient qu'eux-mêmes, agneaux sauveurs des loups ; et s'ils avaient déjà ren-

---

[1]. *Origines du théâtre.* Cours du Collége de France, publié par le *Journal des Savants*.

contré don Juan et Faust devant leurs pas militants, ils eussent dit, en élevant sur eux leur croix : *nobis mors, vobis vita !* A nous la mort, pour que vous ayez la résurrection et la vie ! Et si quelque justicier de foi modique, loup sous peau de brebis, avait hurlé : « La violence ne saurait être repoussée que par la violence, » le divin meneur du jeu des saints aurait riposté : « Et moi, je vous dis : Ne résistez pas à la violence... Prenez ma croix pour vaincre l'épée de l'orgueilleux homicide; opposez au souffle impur du libertin l'haleine chaste de ma Mère ; pour sortir triomphants de toutes les embuscades des démons, revêtez-vous de l'armure de Dieu : pour ceinturon la vérité, pour cuirasse le sentiment de la justice, pour bouclier la foi, pour casque l'espérance, pour épée l'esprit d'amour, qui est le Verbe même de Dieu[1] ! »

Ce que l'Homme-Dieu et ses saints disent aux acteurs de la scène du Monde, ils le disent aux poëtes du théâtre : « Faites pénitence de vos errements passés ; dépouillez-vous du vieil homme et du vieux manteau de l'esthétique mozarabique ou païenne. Et dépouillez-vous entièrement ! ne perdez pas votre temps à des accommodements avec la poétique d'Aristote et de Boileau. Ne vous amusez pas, comme les poëtes du siècle de Richelieu et de Louis XIV, à faire tenir l'esprit évangélique dans le vieux vase des dénoûments terribles, et si vous avez le bonheur de concevoir pour l'art un vêtement neuf, n'y cousez pas les vieilleries du monde déchu et désespéré !

---

1. *Sermon sur la montagne.* Saint Paul aux Romains, XII, et à l'église d'Éphèse, VI.

XXV.

LES AMES DU PURGATOIRE.

> Fratres mei, si quis ex vobis erraverit à veritate, et converterit quis eum,
> Scire debet, quoniam qui converti fecerit peccatorem ab errore viæ suæ, salvabit animam ejus à morte, et operiet multitudinem peccatorum.
> (*B Jacobi ep. cathol.*, v. 19, 20.)

Don Juan, pénitence faite, peut-il renaître à la vie?

Il est assez difficile de comprendre pour don Juan la vie, si des yeux de femme ne l'illuminent.

Don Juan, rentré en grâce, et se réduisant à la portion congrue, peut-il se marier?

« A la rigueur, on peut épouser don Juan. » C'est Jules Janin qui fait cette concession au duc Pompée. Mais, quel don Juan? et quelle femme?

Que Pompée rentre dans l'ordre, et que Montjoye régularise sa position, cela va de droit et sans peine. Mais Gustave Levavasseur assure que le don Juan des poëtes, s'il veut réparer ses torts envers Mathurine ou Zerline, se met, avec des cornes au front, la corde au cou, sans profit aucun pour son âme.

Jules Viard refuse de bénir le mariage civil de don Juan avec doña Elvire, fût-ce pour la légitimation de leur enfant, pauvre Jacques! Il semble que personne ne doive trouver son compte à cette union, excepté la loi. Quant à la bénédiction religieuse, elle est de droit frappée de nullité, la cérémonie ayant été célébrée, en dépit de l'Ordinaire, par le *Maudit,* un ami de don Juan, catholique sincère, mais indépendant, prêtre bon diable, mais incompris de son évêque et interdit. Elvire a dû rentrer au couvent, en repentie; et c'est ce qu'elle a de mieux à faire pour tout le monde.

Don Juan pourrait-il, à la rigueur, devenir l'époux de doña Anna? L'envoyé de Dieu qui sera venu, les bras grands ouverts, au Prodigue paralysé, en lui criant : « Veux-tu devenir sain? Tiens, voici la santé; va, et ne pèche plus [1], » se sentirait-il également à l'aise pour lui dire, comme M. le comte d'Alton Shée au duc Pompée : Ce qui est fait est fait, n'en parlons plus, et embrasse ta femme. Tirons un voile sur le passé, et respire en paix, enivré, la fleur de l'oranger sur le sein de la fille du Commandeur...

Grande et délicate question !

Un savant converti de notre siècle, l'Anglais Faber, a dit : « Nul n'a le visage tourné vers le ciel, s'il ne l'a déjà vers le Calvaire [2]. » Avant de songer aux justes

---

[1]. Saint Jean, v, 6, 14. — [2]. *Le pied de la croix.*

noces et à la joie céleste, don Juan n'a-t-il pas à jeter un coup d'œil profond sur la vallée du Jourdain et sur la montagne du Calvaire?

Notre catholique Mozart écrivait à un protestant de ses amis : « Ah ! vous ne sentez pas comme nous ce que veulent dire ces mots : « *Agnus Dei...* Agneau de Dieu, qui enlevez les péchés du monde, ayez compassion de nous, donnez-nous la paix[1] ! » Tout chrétien qui demande à Dieu sa compassion et aspire à sa paix, doit d'abord avoir compati au sacrifice de l'Agneau de Dieu, et pris sur soi une part du fardeau de la croix.

La Miséricorde veut que le Prodigue revienne à la vie; mais la Justice veut qu'il y arrive par une épreuve vaillante de la pénitence [2].

Aucun fidèle, aucun vrai ministre de Dieu ne songera à sacrifier l'impie, pas même à se faire son accusateur. « Moïse suffit pour l'acte d'accusation. » Le Fils de Dieu n'est pourvoyeur ni du bûcher, ni de l'échafaud: « Il vient, non pour damner, mais pour sauver [3]. » Ses élus ne sont pas procureurs impériaux ou royaux, pour demander la tête des Larrons. Les Anges sont pour appeler les morts à la vie ; et les héros chrétiens se chargeront eux-mêmes et tous de la croix, plutôt que de l'imposer par force à un seul de leurs frères... Cependant,

---

1. Lettre rapportée par Scudo, dans sa touchante étude sur *Mozart et Don Juan*.

2. Saint Luc. xv. *Surgam et ibo, et dicam... Et surgens, venit, dixitque : non sum dignus.*

3. Saint Jean Chrysostome, *Chaîne d'or*, sur saint Jean, v.

l'apôtre du Christ, quelque indulgent qu'il soit, ne manquera pas d'attirer amoureusement don Juan à faire de ses crimes libre et volontaire pénitence.

Don Juan doit réparation au sexe entier qu'il a profané, aux enfants qu'il a scandalisés, à la société terrestre et au ciel; et il faut que la réparation s'accomplisse sérieusement, libéralement, par le retournement de tout l'être vers Dieu, pour l'édification, le soulagement et le bonheur du prochain.

Le don Juan de Levavasseur, Jules Viard, d'Alton Shée, Feuillet, est ramené par des cordes étroites, plus ou moins pincées par l'égoïsme : ici, les embarras d'honneur, d'amour-propre, le besoin du repos; là, l'épuisement, le dégoût, l'amour des enfants; et ce Prodigue invalide n'offre de réparation que dans le cercle de la vie privée, et il ne demande à rompre le pain de la réconciliation qu'à la table de la famille.

Le don Juan d'Almquist et de Mallefille a pour mobile des sentiments plus larges et plus élevés, aspire à une réparation plus vaste et rêve de communions plus religieuses; mais, mal guidé, retournant son activité sur lui-même, il s'en va dispersant ses énergies à la ronde, ou les étouffant dans le puits d'un cloître quelque peu sauvage.

Le don Juan de Mérimée est plus grand, il est mis en voie meilleure, et il arrive à une fin plus consolante. Et pourquoi? Parce que son poëte, doué au suprême degré d'impartialité, de précision, d'exactitude, a tout bonnement idéalisé la légende catholique dans sa réalité même.

Don Juan de Marana converti ne s'en va point sur terre sainte retomber à d'autres égarements superstitieux ou fanatiques, parce qu'il marche selon que le conduisent ses convertisseurs, les fidèles Dominicains.

« Dès le lendemain (de sa confession), il fit don de la moitié de sa fortune à ses parents, qui étaient pauvres ; il en consacra une autre partie à fonder un hôpital et à bâtir une chapelle ; il distribua des sommes considérables aux pauvres, et fit dire un grand nombre de messes pour les âmes du purgatoire, surtout pour celles du capitaine Gomare et des malheureux qui avaient succombé en se battant en duel contre lui. Enfin il assembla tous ses amis, et s'accusa devant eux des mauvais exemples qu'il leur avait donnés si longtemps ; il leur peignit d'une manière pathétique les remords que lui causait sa conduite passée, et les espérances qu'il osait concevoir pour l'avenir. Plusieurs de ces libertins furent touchés, et s'amendèrent ; d'autres, incorrigibles, le quittèrent avec de froides railleries. »

Et maintenant que va faire notre paralytique, dont les membres reprennent leur souplesse sous l'huile circulante de la charité ? Le verrons-nous, sorti de l'aridité de l'égoïsme et de la paresse, revenir plus honnêtement, comme nos Montjoyes et nos ducs Pompées, à la vie des affaires, *ad nundinas,* ou se consacrer aux dignités de l'homme d'État, *vanæ gloriæ* ? Non, pense Mérimée, avec saint Jean Chrysostome, don Juan doit prendre part aux œuvres du Temple et devenir lui-même un digne temple de Dieu[1].

« Le temps du noviciat expiré, don Juan prononça ses vœux, et continua, sous le nom de frère Ambroise, à édifier toute la maison par son austérité. Il portait une haire de crin de cheval par dessous sa robe de bure; une espèce de boîte étroite, moins longue que son corps, lui servait de lit. Des légumes cuits à l'eau composaient toute sa nourriture, et ce n'était que les jours de fête, et sur l'ordre de son supérieur, qu'il consentait à manger du pain. Il passait la plus grande partie des nuits à veiller et à prier, les bras étendus en croix; enfin il était l'exemple de cette dévote communauté, comme autrefois il avait été le modèle des libertins de son âge. »

Voilà le moine, le thérapeute, l'ascète. Est-ce tout? est-ce assez pour don Juan? Mérimée, avec le supérieur des Frères Prêcheurs, a nettement entendu, comme le vénérable Bède et saint Augustin, le mot du Sauveur au paralytique : « Prends ton grabat et marche ! » Lève-toi, sors de ta lâcheté. Quand tu étais un cœur desséché, tu te faisais porter, pesant fardeau aux épaules du prochain : maintenant, c'est toi qui vas te dévouer à soutenir tes frères, à les soulager dans leur difficile carrière; et par quel chemin? par le chemin qui mène à la cité de Dieu, et que le Pauvre, fils de saint François, comme les fils de saint Dominique, indiquait à notre vaurien égaré, en lui recommandant d'éviter les repaires des mauvais Lar-

---

1. *Chaîne d'or*, sur saint Jean, v.

rons. Don Juan, il t'appartient de te mouvoir en Dieu, et de progresser avec toutes tes vives énergies appliquées à des occupations saintes[1].

« Une maladie épidémique, qui s'était déclarée à Séville, lui fournit l'occasion d'exercer les vertus nouvelles que sa conversion lui avait données. Les malades étaient reçus dans l'hôpital qu'il avait fondé ; il soignait les pauvres, passait les journées auprès de leurs lits, les exhortant, les encourageant, les consolant. Tel était le danger de la contagion, que l'on ne pouvait trouver, à prix d'argent, des hommes qui voulussent ensevelir les morts. Don Juan remplissait ce ministère, il allait dans les maisons abandonnées, et donnait la sépulture aux cadavres en dissolution, qui souvent s'y trouvaient depuis plusieurs jours. Partout on le bénissait, et comme pendant cette terrible épidémie il ne fut jamais malade, quelques gens crédules assurèrent que Dieu avait fait un nouveau miracle en sa faveur. »

Voilà donc notre don Juan *confrère de la bonne mort*, comme son créateur Gabriel Tellez, comme Lope et Calderon, et le voilà *miraculé !...* Il pourra succomber à une tentation diabolique, et, provoqué par son ennemi mortel, sous le coup d'un soufflet « le premier que don Juan eut jamais reçu, » s'emporter jusqu'au duel et devenir homicide une fois encore ; mais de cette chute dernière, il se relèvera par une pénitence plus profonde pour des œuvres plus

---

1. *Chaîne d'or*, sur saint Jean, v.

grandes, et la fin de notre Enfant Prodigue sera digne d'un si beau retour.

« Il mourut vénéré comme un saint, même par ceux qui avaient connu ses premiers déportements. Sur son lit de mort, il demanda comme une grâce qu'on l'enterrât sous le seuil de l'église, afin qu'en y entrant chacun le foulât aux pieds. Il voulut encore que sur son tombeau on gravât cette inscription : *Ci gît le pire homme qui fut au monde*. Mais on ne jugea pas à propos d'exécuter toutes les dispositions dictées par son excessive humilité. Il fut enseveli auprès du maître-autel de la chapelle qu'il avait fondée. On consentit, il est vrai, à graver sur la pierre qui couvre sa dépouille mortelle l'inscription qu'il avait composée ; mais on y ajouta un récit et un éloge de sa conversion. »

Certes, le voici miraculeusement métamorphosé, notre Prodigue !

« Sur cette légende de don Juan, tous les poëtes ont créé, varié, libres, selon leur fantaisie ; sur ce nom demi-fabuleux, depuis Tirso de Molina, Molière et Mozart jusqu'à Byron, Musset et Mérimée, chacun a joué à son tour et à sa guise : chacun a transformé le type à son image, et l'a fait chaque fois original et nouveau [1]. »

Chacun à son image ! dit Sainte-Beuve. Aurions-nous, par autre miraculeuse opération de la grâce, au beau milieu des *Ames du purgatoire*, l'image inspirée de Mérimée ?

1. Sainte-Beuve, *Causeries du lundi*.

Don Juan et Mérimée ensemble sur un terrain sacré : curieuse rencontre ! Mérimée, le commentateur de Beyle Stendhal, ce Père de l'Église érotique ! un esprit qui a si profondément fouillé l'archéologie du don Juan phlegmatique ! un sénateur légiférant coude à coude, avec Phinéès et Thémistocle ! Mérimée, guérisseur et convertisseur du *Burlador* de Séville, et, au chevet de son héros sanctifié, confrère de la bonne mort !... Je ne m'étonne pas que le vénérable curé d'Ebreuil, aux bords de la Sioule, m'ait dit, dans sa vieille église : « Ici, tandis qu'il inspectait ce beau monument de l'art roman auvergnat, M. Mérimée édifia toute ma paroisse par son respect du lieu saint. Un homme naturellement pieux, un vrai Israélite ! »

Oui, un vrai Israélite, et un religieux Athénien : car s'il ne fait pas le bon apôtre, il sait respecter les choses et les hommes respectables, dont ricanent les petits esprits et que blasphèment les fanatiques. Un Athénien vraiment éclairé, tout prêt, comme Alcibiade, à faire accueil au Verbe de vérité ; un chrétien de bonne naissance, comme Nathanaël, ne demandant pas mieux que de saluer la présence réelle de l'Homme-Dieu, et de passer de l'ombre du figuier stérile à la lumière de l'olivier, pour peu qu'un apôtre actif lui fasse voir qu'il peut venir quelque chose de bon de la Nazareth catholique. Un gentilhomme de libre allure, qui ne répugnera pas à passer de l'Aréopage au Cénacle, du moment où certains judaïsants, *quidam à Jacobo,* ne le voudront point contraindre à passer par la Synagogue. Un vrai libéral, qui, pour appeler ses frères à la liberté des enfants de Dieu, ne doit pas mettre plus de confiance dans les pénalités des antiques lois du Malin que dans les règlements de la vieille loi des fanatiques [1]...

Nous en avons pour garantes les *Ames du Purgatoire*, que leur poëte n'insuffle d'aucun esprit sophistiqué, n'arme d'aucune foudre olympienne. Mérimée, pour le traitement de son Prodigue, a complétement répudié et la loi du talion et le recours au bras de chair. A la menace il a subtitué la prière, à l'intimidation et aux contraintes d'en bas, la force de la divine attraction.

Autre nouveauté curieuse : Mérimée, comme Gœthe, pour l'amendement de son héros, a fait intervenir la question des *Indulgences*.

Il y a bien, dans la vision si fortement dramatisée qui frappe don Juan de Marana, quelques tonnerres et lueurs démoniaques; les fantômes de don Garcia et du capitaine Gomare rappellent un instant la statue du Commandeur; mais outre qu'aucun d'eux ne se prétend « éclairé par la grâce, » en somme, au fond de ce cauchemar domine l'influence miséricordieuse.

« — Au nom du ciel ! mon père, pourquoi priez-vous ici ? Qui êtes-vous ?

« — Nous prions pour le comte don Juan de Marana, répondit le prêtre en le regardant fixément avec une expression de *douleur*. Nous prions pour son âme qui est en péché mortel, et nous sommes des âmes *que les messes*

---

[1]. Saint Jean Chrysostome, saint Augustin, saint Grégoire le Grand.

et les prières de sa mère ont tirées des flammes du purgatoire. Nous payons au fils la dette de la mère. »

Reversibilité! loi de vie et d'amour! criait en même temps que Mérimée, Blaze de Bury (1834). Ce sont donc les indulgences gagnées par la mère amoureuse et suppliante, et les prières de ceux pour qui elle a prié, qui n'ont cessé d'attirer vers Dieu le fils dissipé et perdu; c'est la patiente violence de l'amour, qui, parmi les retentissements du *Dies iræ* et du *De profundis*, arrache à don Juan vaincu ce cri sauveur : « Jésus! »

O mon Dieu! qui le croirait au ciel? Hier, j'ai entendu un représentant du peuple le plus spirituel de la terre, sortant de l'office des morts, où le saint curé de Saint-Sulpice venait de bénir la dépouille d'un homme de bien[1] longtemps écarté de l'Église par les brises folles et les boussoles affolées du siècle, mais digne d'y retrouver bonne place par l'ardeur de ses beaux désirs, j'ai entendu l'un des princes de l'opinion nationale, publiciste généreux, crier ces paroles d'amère réprobation. « Non, non, l'esprit de notre frère n'était pas là, sous ces voûtes glacées, au milieu de ces chants lugubres, de ces symboles désolants. »

Holà! docteur Jean Faust, laisse à don Quichotte l'horreur des moulins à vent! un peu moins de témérité, je t'en prie. Que tu aies senti nos voûtes glacées, cela se conçoit, sous le souffle de nos chantres, basses profondes et serpents à gages, et sous la respiration de tant d'âmes

---

1. Lambert-bey.

protestantes, ou, qui pis est, tièdes! Que nos chants soient lugubres, j'en conviens : l'Église, devant le cadavre d'un de ses enfants, mort avant le temps, torturé par un mal cruel, n'aura-t-elle pas, autant que le poëte païen, une voix plaintive pour nous dire :

Da lacrymas, lugubriaque indue ?

Mais que notre culte des morts et nos symboles funéraires soient *désolants,* de nature à dévaster l'âme d'un penseur démocrate et socialiste, voilà de quoi faire sourire Mérimée sur sa chaire curule. O cœurs impatients, apportez-vous vos deux oreilles à l'Église pour ne point entendre ce que, sur ses lèvres maternelles, l'Esprit pousse de cris d'ardent amour et de lumineuse consolation?

Même sur le sévère *Dies iræ,* quelle couronne de confiance! « Vous qui avez absous la grande Pécheresse et ouvert votre Paradis au Larron, juste et doux Jésus, Notre-Seigneur, donnez à tous le repos éternel ! » On dirait, à ce souvenir de la femme libertine et de l'homme bandit, que cette imploration soit faite spécialement pour Faust et pour don Juan...

Et le *De profundis!* n'est-ce pas d'un bout à l'autre l'hymne de l'espérance et de la miséricorde? Prenez donc et lisez, fils entêtés de Saül et d'Augustin : *tolle et lege!*

« Des profondeurs de ce vieux monde à bout d'indigence et d'oppression, de fourberie et de carnage, du fond de nos abîmes, bas-empires de pompes funèbres et de croque-morts : Seigneur, j'ai crié vers vous.

« Seigneur, je l'avoue, ici-bas, le prince de ce monde

nous mène et nous retient par les pieds et par le ventre dans la mort.

« Mais vous êtes là, au ciel, pour rendre à nos fronts leur sublimité ; et mon âme espère en vous seul, Seigneur !

« Comme les gardiens de la nuit attendaient l'aurore, impatients qu'Israël, que la chrétienté tout entière espère en son vrai Roi !

« Parce qu'auprès de ce Seigneur Dieu est la miséricorde, et qu'en lui est la rédemption universelle.

« Et lui-même va revenir pour racheter tous les peuples chrétiens, les retirer de l'abîme désolé où les ont plongés leurs schismes et leurs iniquités ! »

Tel est, au fond, notre dernier adieu à nos frères ; tel est le symbole que, sur un motif grandiose et attendrissant, chante pour nos morts la sainte Église, notre mère. Si les prêtres saint-simoniens, dont j'ai connu les bonnes intentions, ont trouvé des hymnes plus harmonieusement riches de consolations et d'espérance, je l'irai dire à Rome, et Rome ouvrira sa maîtrise au suave musicien de *Lalla-Rouck* et d'*Herculanum*.

Le don Juan du sénateur Mérimée est, plus que son cousin du Corps législatif, calme, attentif, accessible à la belle musique religieuse, à la divine poésie ; et c'est pourquoi, entendant les âmes du purgatoire psalmodier pour lui, d'une voix remplie de larmes, mais retentissante d'espérance :

Requiem æternam dona ei, Domine,
Et lux perpetua luceat ei!

don Juan sort du monde et revient à l'Église.

Ah! Jean Faust, mon frère, toi aussi, pour rentrer au bercail, tu planterais là le repaire, si tu avais des oreilles pour entendre le *De profundis*.

Le monde voulait fourrer dans l'ordre et clouer au bien le maudit sous un tas d'ordonnances et de chaînes; voyons-nous que l'Église lui fasse faire ses actes de réparation sous aucune contrainte, sous aucune pression? C'est le contraire, au rapport de Mérimée.

« Don Juan ne tarda pas à reprendre ses sens... Après avoir pris un cordial, il se fit apporter un crucifix et le baisa quelque temps en répandant un torrent de larmes. Ensuite il ordonna qu'on lui amenât un confesseur. La surprise fut générale, tant son impiété était connue. Plusieurs prêtres, appelés par ses gens, refusèrent de se rendre auprès de lui, persudés qu'il leur préparait quelque méchante plaisanterie. Enfin, un moine dominicain consentit à le voir. On les laissa seuls, et don Juan, s'étant jeté à ses pieds, lui raconta la vision qu'il avait eue; puis il se confessa. En faisant le récit de chacun de ses crimes, il s'interrompait pour demander s'il était possible qu'un aussi grand pécheur que lui obtînt jamais le pardon céleste. Le religieux répondait que la miséricorde de Dieu est infinie. Après l'avoir exhorté à persévérer dans son repentir et lui avoir donné les consolations que la religion ne refuse pas aux plus grands criminels, le Dominicain se retira, en lui promettant de revenir le soir. Don Juan passa toute la journée en prières. Lorsque le Dominicain revint, il lui déclara que sa résolution était prise de se retirer d'un monde où il avait donné tant de scandale, et de chercher à expier dans les exercices de la pénitence les crimes énormes dont il s'était souillé. Le moine touché de ses larmes, l'encouragea de son mieux, et, pour reconnaître s'il aurait le courage de suivre sa détermination, il lui fit un tableau effrayant des austérités du cloître. Mais, à chaque mortification qu'il décrivait, don Juan s'écriait que ce n'était rien, et qu'il méritait des traitements bien plus rigoureux...

« Don Juan, ayant pris l'habit de novice, montra que sa conversion était sincère. Il n'y avait pas de mortifications ou de pénitences qu'il ne trouvât trop douces ; et le supérieur du couvent était souvent obligé de lui ordonner de mettre des bornes aux macérations dont il tourmentait son corps. Il lui représentait qu'ainsi il abrégerait ses jours, et qu'en réalité il y avait plus de courage à souffrir longtemps des mortifiations modérées qu'à finir tout d'un coup sa pénitence en s'ôtant la vie. »

Ainsi donc aucune violence, aucun commandement même pour réduire et mater le corps ou l'âme ! Nous n'avons pas ici le chevalier sauveur de la vieille Castille, persécutant son disciple, le traitant « d'animal sans cœur, » et Sancho s'entendant dire : « Il faut que tu te fouettes ou qu'on te fouette, ou sinon tu n'auras pas ton royaume. » Nous n'avons pas davantage l'esclave entraîné à sacrifier aux autels d'une déité à laquelle il ne croit point, à se macérer pour la gloire de Dulcinée, être de raison adoré par un fou ; nous n'avons pas le cupide nigaud qui se laisse contraindre par les princes de ce monde, sceptiques et superstitieux, pour leur seul amusement et profit, à s'administrer trois mille coups de discipline, avec des cordelettes et des nœuds de fer « qui se laissent bien sentir! » Non : nous avons un homme libre, qui mortifie, à bon escient, la partie basse de son être pour y calmer les ardeurs du bouc et du taureau, qui couvre son front de cendre, pour y éteindre les coups de sang de l'orgueilleuse bête de proie ; qui, de sa propre volonté, s'humilie et se crucifie, lui coupable, à l'exemple de Jésus innocent, afin d'être, à son tour, exalté dans l'Esprit consolateur, et cela, au milieu de frères miséricordieux dont la charité intelligente retient et modère le pécheur dans sa réaction pénitentiaire, tous prêts à lui dire, comme sainte Élisabeth de Hongrie à ses sœurs, comme saint Paul aux Corinthiens : Laisse-nous prendre sur nous ta croix, et toi, prends la vie [1].

Et voyons-nous dans cet Ordre catholique, où tout sacrificateur a disparu pour faire place aux sacrifiés volontaires, voyons-nous que le pénitent de Mérimée demeure fatalement livré à la vie de trouble et de désolation où se traînent les pénitents d'Almquist et de Mallefille? Non, dans l'ordre de la vérité clémente, la paix rentre au cœur le plus misérablement bouleversé.

1. Cor. IV. *Mors in nobis, vita autem in vobis... Omnia enim propter vos.*

« Déjà, depuis plusieurs années, don Juan ou frère Ambroise habitait le cloître, et sa vie n'était qu'une suite non interrompue d'exercices de mortifications et de piété. Le souvenir de sa vie passée était toujours présent à sa mémoire, mais ses remords étaient déjà tempérés par la satisfaction de conscience que lui donnait son changement. »

Ainsi s'accomplit sainement, sous des cieux cléments, l'œuvre purgatoriale, et, petit à petit, comme à la voix du Christ sur l'ouragan de la mer, il se fait dans l'âme de don Juan une grande tranquillité : *facta est tranquillitas magna.*

Comprenons-nous bien comment cette âme, si prodigue et si tourbillonnante, peut reprendre la mesure et la sérénité ? Oui, parce que le poëte, écartant de ce rétif le mors et le fouet des gens du monde irritants, a su, plus même que Zorilla, diriger sur don Juan le courant des esprits attractifs dont le Sauveur se sert pour tout réconcilier à lui, dans sa paix, en ses harmonies. Les bonnes âmes bien inspirées d'en haut, la mère de don Juan, les amis qu'elle lui a faits par ses prières, les religieux qui le recueillent, qui transplantent, arrosent et cultivent cet humain sauvageon, tous, unanimement, au lieu de lui tirer dessus avec les chaînes des Douze Tables d'airain et des Codes de fer césariens, ou de le contenir avec les cordes dures et sèches du régime judaïque, l'ont harmonieusement enlacé avec les seules attaches cordiales de la bonne nature, par lesquelles le Dieu créateur liait à sa bonté l'homme originel, les bienfaits et l'amour, seules chaînes dont se veuille servir le Dieu incarné et sauveur, pour faire à la volonté de l'homme nouveau suave violence[1]. Ce groupe des anges du Purgatoire délivre don Juan du poids des liens rudes dont l'homme est chargé, sous les dominations des âges de la déchéance ; et, transfigurant son brute et bas esclavage en servitude douce et céleste, *exaltans jugum*, il ne propose, divin messager, à sa libre pensée, à son libre arbitre, que le joug du prince de l'âge d'or, soulageant et consolateur !

Tel est le port où le libre penseur Mérimée repose enfin don Juan. Il y a loin de là au bagne infernal où son premier poëte, Tirso de Molina, religieux de la Merci, abîmait sans merci le Prodigue, et il y a loin de là à ce nouveau monde de la réhabilitation de la chair, où don Juan est nommé « le Messie de la sensualité » et se voit substitué, au sein de la Trinité divine, au Christ déclaré « insuffisant. »

C'est que, en Mérimée, la bonne nature indulgente s'est ralliée à la grâce miséricordieuse.

Le Pauvre, dona Anna, Inès, les Ames du Purgatoire, les fidèles disciples de saint Dominique, avec l'humilité, la douceur, la prière et la charité, sont parvenus à faire revivre en odeur de sainteté ce Lazare pourri et puant. C'est la Renaissance chrétienne.

La Renaissance païenne avait dissipé le Prodigue jus-

---

[1] Funiculis Adam, nempe beneficiis et amore, quamdam vim suavem ac voluntariam eis afferam. Osée, xi, 4. Comm. Ribeira S. J.

qu'à en faire un fils du Diable, trompeur (*burlador*) et homicide ; et, après l'avoir enchaîné et quelque peu torturé sans l'amender, tel quel le déifiait [1].

La Renaissance judaïque, à l'effet d'édifier la société, « pour l'exemple, » écrasait et damnait don Juan, sans aboutir à rien qu'à faire en lui surabonder l'impiété ; et cette philosophie imparfaite, déjà dépravée dans le drame mozarabique de Tirso, de plus en plus pervertie par l'anglican Shadwell et les tragiques luthériens, arrive avec l'abbé de Ponte et le philosophe Goldoni, pêle-mêle pervertis, à se confondre avec la foudre de l'Olympe et la gendarmerie du Caucase...

Assurément la scène du monde espagnol, où la Statue, à l'appel des Rois très-catholiques, frappait le sol de tonnerres et les âmes de terreur, était universellement pavée de religieuses intentions.

Les fils aînés d'Israël, eux aussi, avaient probablement de bonnes intentions, lorsque répudiant, pour quelques défaillances, les Juges divins de leur République innocente, ils demandèrent à se faire juger par des rois comme en ont les États égyptiens et les Babyloniens. Pour avoir cherché le salut en qui le salut n'est pas, le peuple de Dieu, après deux ou trois saints rois, tomba aux griffes d'une longue génération de princes « faisant tous le mal aux yeux du Seigneur, » et finit, déchéant de la royauté judaïque à l'empire païen, par ne vouloir plus d'autre roi justicier que César...

---

1. Voir le mot de Beyle, p. 96.

Nous l'avons vu, au témoignage de Gabriel Tellez, au xvie siècle, l'Espagne avait déjà à sa tête, incarné, « le César[1]. » Et nous avons vu, au témoignage de Zorilla, ce que l'Enfant prodigue peut, à la Cour de ce grand juge-là, trouver de bon accueil, alors qu'affamé de vie divine, il se redresse, marche, confesse ses torts et s'offre à toutes les épreuves d'une juste réparation.

Don Juan, s'humiliant, à genoux devant le Commandeur, implore sa grâce dans les termes mêmes que saint Luc met sur les lèvres du type évangélique : « Je ne suis plus digne d'être appelé votre fils ; mettez-moi en tutelle servile ; traitez-moi, et tant que vous le jugerez utile, comme un de vos mercenaires, » que trouve-t-il, ce suppliant, dans le ministre du roi mozarabique ? Un cœur de pierre[2].

Don Juan, s'il demandait pardon à son rival, gentilhomme et homme de Cour, trouverait-il plus de commisération ? Non : ses adversaires sont de la cuisse du Dieu tonnant. Le don Ottavio espagnol se nomme lui-même « César de César ; » et le don Ottavio italien, que l'abbé da Ponte nous montre affamé, non de justice divine, mais de vengeance diabolique, nous est représenté dans la tragédie de Goldoni, jurant, par amour, haine éternelle, sous l'invocation du roi d'Italie, son unique Seigneur : *per quella fede che sempre professai et professo al Re, mio signor.* »

---

1. *El Burlador de Sevilla*, 2[a] journée, scène III.
2. *Don Juan Tenorio*, 1re nuit, acte IV.

„ Les *Ames du purgatoire* de Mérimée et les Dominicains de son couvent, ne vivant pas à la Cour et n'ayant pour Seigneur et roi que Jésus-Christ, ne tombent sur don Juan et ne lui serrent le cou que pour mieux l'embrasser et l'exalter, enveloppé dans la communion des saints. Quel impie a jamais fait amende honorable devant un ministre de Dieu, sans obtenir miséricorde?

Le pape saint Grégoire II a résumé, en contraste lumineux, ce que le Titanide révolté peut attendre soit des fils de Marie, vicaires de Jésus, soit des fils de Rhée, lieutenants de Jupiter [1].

« Autre est la constitution de l'Église, autre celle du Monde... Savez-vous, Empereur, la différence des Souverains Pontifes et des Césars ?

« Si quelqu'un vous offense, vous confisquez sa maison, vous le dépouillez de ses biens, ne lui laissant que la vie, et au besoin vous le faites pendre ou décapiter, ou vous l'exilez, ou vous le déportez loin de ses enfants, loin de ses parents et amis.

« Ce n'est pas ainsi que font les Pontifes : mais lorsqu'un homme a commis le crime et qu'il s'en confesse, au lieu de le pendre ou décapiter, ils lui mettent sur les épaules l'Évangile et la Croix, et lui assignent pour prison les confessionnaux et les lieux saints ; ils le séquestrent pour les services de l'Église et pour les exercices du catéchuménat; ils imposent pour pénitence à ses entrailles le jeûne, à

---

1. J'ai déjà cité cette leçon : *Théocratie et diabolocraties*, p. 315. *Bis repetita (Petri) placent.*

ses yeux les veilles de la nuit, à sa bouche les louanges de Dieu. Et après l'avoir ainsi suffisamment amendé, son corps étant maté par la privation et son âme affamée des choses divines, alors ils l'admettent à la communion du précieux corps du Seigneur, alors ils l'abreuvent du sang divin; et, redevenu vase d'élection et affranchi du péché, ils le renvoient au Seigneur, pur et innocent.

« Comprenez-vous, Empereur, la différence des Églises et des Empires?...[1] »

Poëtes, enfants de la bonne nature, toujours si prompts à vous associer aux inspirations des saints, enfants de la Femme immaculée, comprenez bien la différence des Églises et des Empires, et ne balancez jamais entre la justice marâtre de César et la justice maternelle de Dieu!

Étrange hésitation et scandaleux recul! En 1834, Manzoni, vrai roi galant-homme en la catholique Italie, donnant l'impulsion, Goëthe, prince de la bonne nature allemande, ayant suivi dignement, on vit, en France, Mérimée, Blaze, Dumas, remontant vers Jérusalem, la cité de la Paix, ramasser sur le chemin don Juan, blessé à mort, l'embrasser, le réconforter, et, avec l'aide du ciel, le sauver, le convertir : et voici que, depuis lors, tout change; les poëtes semblent ne plus savoir de quel esprit ils sont. L'Espagne seule renaît à la vraie vie; et, par l'organe d'un poëte catholique, jetant dehors la Statue vengeresse, se décide à n'invoquer plus que l'esprit de la

___

1. Épître à Léon l'Isaurien. Labbe, vii.

miséricorde. Tandis que l'Allemagne bascule entre l'apothéose hégélienne et la damnation luthérienne, que la Suède protestante et la Russie mal-orthodoxe désespèrent, voici que notre France, « avant-garde de l'humanité » (à ce qu'elle dit), pas à pas reculant, s'éloignant de Sion et du ciel, a tendu à rejeter sur la route de Jéricho don Juan abandonné, don Juan ! sur qui, par divine attraction, le premier s'était penché un Français, le Pauvre de Molière...

Alexandre Dumas nous laissait, du moins, à espérer le salut dans le ciel.

Mallefille, cœur si brave pourtant, cœur créole ! pour avoir trop écouté, après Byron, Musset, se décourage, et laisse vieillir don Juan, et renonce à le restaurer sur la terre comme au ciel.

Levavasseur balance son héros barbon entre le ciel miséricordieux et la terre impitoyable.

Eliacim Jourdain fait de don Juan *M. Jean,* et, sous les yeux ahuris de Leporello devenu *M. Le Pot,* pousse son plat prodigue, à bout d'orgie, au suicide.

Jules Viard, de toute la vigueur de son bras nerveux, empoigne le Titan vieilli, le secoue, le bouscule, le barbouille de la lie de ses crimes, et, le clouant, implacable justicier, sur son moral Caucase, verse dans ce puissant cœur ouvert et dépecé le vin frelaté et l'huile rance de Sganarelle...

Et Dieu veuille que, sur mon bon Larron au sépulcre, quelque poëte n'aille pas à bonne intention, fiel et panade suprêmes, au-dessus de cette poitrine « où il y avait un cœur, » faire sonner la trompette de Monjoye fils et suspendre l'hommage de sa croix d'honneur!

Comprenez-vous, critiques, la différence des poëtes de l'Empire et des poëtes de l'Église?

L'Église a deux milices poétiques. D'abord les inspirés de Dieu même et du ciel : ceux-ci sont tout entiers, âme et corps, au Christ, et ils n'ouvrent la bouche, avec saint Pierre, que pour glorifier le Fils du Dieu vivant; ensuite, la milice auxiliaire des inspirés de la bonne nature, à qui la chair même et le sang révèlent la vérité, et qui, vrais Israélites, sans malice et généreusement, avec Nathanaël, dans leurs œuvres illustrent et propagent l'esprit du Christ et sa royauté. Ceux-là, parfois, ne confessent dans Jésus qu'un homme, et ne sauvent don Juan que « pour l'amour de l'humanité. » Mais patience. A celui qui, de bonne foi, honore Jésus, le Christ, bientôt fera voir le ciel ouvert, et, sur le Fils de l'Homme, montant et descendant, les Anges de Dieu même. Celui-là ne peut point ne pas finir par comprendre que Jésus-Christ est sur la terre en nous, et au ciel en lui-même : *Deorsum in suis, sursum in se* [1] !

Ces deux inspirations de la bonne nature et de la grâce concourent diversement au bon retour de l'Enfant prodigue, à la Renaissance chrétienne de la société et de don Juan.

1. Saint Jean Chrysostome, saint Augustin. *Chaîne d'or* de saint Thomas sur saint Jean I, et saint Mathieu, XVI.

Quant à l'Empire, il a deux cohortes de poëtes qui, pour la plupart sans en avoir conscience, travaillent à la Renaissance du vieux Monde des relâchements licencieux et des constrictions implacables. Chacune de ces deux bandes musicales prend le ton soit chez les juifs dépravés, soit chez les païens corrompus, et exécute en charge, sur le forum de César, le double travestissement des deux chœurs d'enfants qui jouaient le drame dans le forum de Dieu à Jérusalem, chantant sur leurs flûtes la vie épanouie, ou sonnant sur leurs trompes les lamentations de la pénitence [1].

Les poëtes bons vivants de ce Monde, épicuriens ou sadducéens, entonnent aux oreilles gâtées du libertin ces deux airs de Mozart indéfiniment variés.

> Viva la liberta !...
> Già la mensa è preparata...

Les poëtes moroses, stoïciens ou pharisiens, tonnent aux oreilles enragées de l'impie :

> Di rider finirai
> Pria dell' aurora !...
> Don Giovanni, a cenar teco
> M'invitasti, e son venuto !

N'allez pas croire qu'aucun de ces poëtes ait un mauvais désir ; non certes : tous marchent le front droit sur

---

[1]. Saint Luc, vii, *Chaîne d'or.* Saint Jean Chrysostome, saint Ambroise, saint Grégoire.

le pavé des bonnes intentions. Que de qualités charmantes chez les Épicuriens et Sadducéens de notre âge! que de sage austérité chez nos Stoïciens christianisés! et quant aux Pharisiens de tous les temps, au dire des Pères de l'Église, ils surabondent en science et sont parfois modèles de rigide vertu. Il ne faut pas toujours traduire : *væ vobis, hypocritæ!* par : Malheur à vous, tartufes! Le cagot, le cafard (*el santurron*) n'est que la plus basse des variétés dans l'immense série des Pharisiens. Au haut de l'échelle sont les honnêtes gens rigoureux, qui ne trompent qu'eux-mêmes en faussant la volonté de Dieu : chrétiens judaïsants, qui méprisent ou maltraitent les Prodigues humiliés; âmes tournées vers le passé, encroûtées aux anciens régimes, et qui ont peur de se laisser aller, avec les élus de la bonne nature et de la grâce, à espérer contre toute espérance, et qui s'entêtent à vouloir punir don Juan, que Jésus-Christ veut sauver.

« Croyez-le bien, mon enfant, fait dire à un Prodigue par un ministre du Christ l'un de nos jeunes poëtes catholiques[1], croyez-le bien, ce que l'homme de foi demande à Dieu pour les faibles et les coupables, ce n'est pas le châtiment, c'est l'expiation. »

Et le bon Samaritain de la critique Vinet, de son vivant, écrivait : « Le poëte, providence dans le petit monde de sa création, doit répéter au méchant ce mot de la Providence éternelle : « Ta malice te châtiera; » mais le chris-

___

[1]. M. le vicomte de Bornier, *Le Fils de la terre, Correspondant*, février 1864.

tianisme nous défend de croire qu'il y ait un abîme sans fond, aucunes ténèbres que le rayon divin ne puisse percer, aucun tombeau qu'il ne puisse ouvrir... La religion nie hautement l'irréparable[1]. »

Malheureusement, le Monde a sa religion, sa manière de lier et de délier, qui ne ressemble pas à la religion de l'Église où saint Pierre règne et gouverne au nom du Christ. Et c'est pourquoi l'auteur énergique de la *Vieillesse de don Juan* m'écrit : « J'ai voulu prouver que si Dieu pardonne au repentir sincère, l'homme, la société ne pardonnent pas, ne peuvent point pardonner, et que, de ce côté-là, l'irréparable est vraiment l'irréparable. »

En effet, et je l'avoue, « don Juan, le grand calculateur, le grand égoïste de la sensation sans frein, a fait un faux calcul. » Il n'est qu'un sot s'il a compté sur le pardon du vieux Monde; car les enfants du Diable n'ont jamais appris par cœur ce mot de l'amour : « Mon père, pardonnez! »

Mais je crois, avec tous les bons cœurs et tous les vrais chrétiens, qu'à don Juan, ce paralytique géant, en qui s'est desséché l'esprit de l'amour supérieur, le Sauveur peut dire : « Prends ton grabat et marche! » et que, si Dieu pardonne, les enfants de Dieu doivent pardonner, et que les ministres du Christ guérissant peuvent guérir[2].

Il y a bien réellement deux mondes, l'ancien et le nou-

---

1. *Étude sur Chateaubriand.*
2. Aridus erat, supernæ dilectionis pinguedine carens... Venit autem Jesus, vitia sanans animarum et languores corporum moriturorum, et dicens : Ecce sanus factus es... S. Aug. in Joan., t. XXI.

veau, le monde des justiciers et le monde du Sauveur. La leçon du pape saint Grégoire à l'empereur Léon était dramatisée dans les deux situations du poëme de saint Luc :

Là-bas, l'Enfant prodigue, dans la basse-cour de l'un de ces rois citoyens qui gouvernent loin de Dieu, *uni civium regionis longinquæ;* dans l'État sans cœur, où le coupable épuisé ne trouve personne pour lui donner même les cosses dont se nourrissent les pourceaux d'Épicure.

Ici, dans la maison paternelle, *in domo patris,* le fils de famille recueilli par un père plein de compatissance, qui charge ses anges, ses ministres de le dépouiller tout doucement du vieil homme, de revêtir en lui l'esprit divin d'une humanité nouvelle. Au sein de cette société des bons cœurs et des âmes saintes, chacun s'empresse à réconcilier don Juan pour le rendre à sa dignité première : l'un lui lave les pieds, le purifie dans ses voies, le chausse de neuf pour une course plus noble; l'autre lui met au doigt l'anneau, don de l'Esprit-Saint, symbole du salut, signe de l'alliance éternelle renouvelée, gage des noces que le Christ célèbre avec l'Église, lorsqu'une âme résipiscente vient à rentrer dans les chaînes amoureuses de Dieu [1].

A cette œuvre de réconciliation, mieux qu'aucun autre poëte a réussi Prosper Mérimée. Père miséricordieux, il

---

1. *Chaîne d'or,* saint Jean Chrysostome, saint Augustin, saint Ambroise; sur saint Luc, xv.

a couru au-devant de son don Juan ; il lui a posé sur le cou son bras, c'est-à-dire le joug et la force du Seigneur, disent Isaïe et saint Augustin ; serviteur du Dieu qui pardonne, il a passé à l'enfant revenu la robe première et l'a chaussé de bonnes sandales. L'anneau qu'il a présenté à son Prodigue réconcilié n'est-il pas d'un or un peu sombre ? et Mérimée a-t-il embrassé, dans toutes ses conséquences, la parabole évangélique, et goûté, dans toutes ses succulences, le *Veau gras* de saint Luc ? Question délicate et subtile à laquelle j'ai essayé de répondre dans mon drame, et que je tenterai d'analyser ailleurs.

Quoi qu'il en soit, la philosophie de l'auteur des *Ames du Purgatoire* a un triple et grand mérite : d'abord elle a senti la nécessité de la pénitence pour un don Juan ; ensuite elle a déterminé le Prodigue au retour sans aucun appel à la violence charnelle ; enfin, le Paralytique étant délié et redressé, elle a su retourner ses énergies vers un but utile, humain, religieux, et diriger le Titan vers la conquête légitime du feu du ciel.

Pour opérer ce miracle, Mérimée a recueilli le blessé dans une maison de Dieu, et c'est à des hospitaliers divins qu'il a dit : Prenez soin de don Juan [1]..

Molière, ayant supprimé du drame le Roi justicier, le Pauvre y trouvait place, humble et doux à l'image de Jésus-Christ.

Dans le drame de ses *Fiancés,* purgé de la domination

---

1. Saint Luc, x.

mozarabique, Manzoni envoyait à son *Innominato* les deux princes-apôtres du Sauveur, saint Pierre et saint Jean.

Goëthe, ayant délivré son Faust des tentations de César et des séductions d'Hélène, lui révèle, dans les cieux apaisés, avec le Christ rédempteur, la Vierge Mère médiatrice.

Dès lors, Dumas nous montre dans les airs le grand combat que se livrent pour don Juan les bons et les mauvais anges de sa race; Blaze de Bury incarne dans la Statue l'esprit d'une justice plus clémente; Zorilla engage le duel entre les deux Statues, et assure la victoire définitive à la Miséricorde.

Mais don Juan, jusqu'ici, ne se redresse que pour revivre au ciel. Mérimée le ranime et le relève et le glorifie sur la terre; et dans l'asile qu'il lui offre au nom de la religion vraie, voici que tous les fantômes tentateurs et persécuteurs de l'enfer ont disparu. « L'iniquité est remise; tous les péchés sont couverts...; et pour préparer notre terre à devenir l'habitation de la gloire de Dieu, la miséricorde et la vérité se sont rencontrées, la justice et paix se sont donné le baiser d'amour [1]. »

Poëtes et critiques, libres penseurs, adeptes du libre examen, observez bien et réfléchissez.

Depuis le Pauvre de Molière, qui prie le ciel et aime

1. Psaume LXXXIV.

mieux mourir de faim que de jurer, « commettre un tel péché, » jusqu'aux âmes du Purgatoire et aux Religieux de Mérimée, tout ce qui a été tenté ou réalisé pour la restauration et le renouvellement et la gloire de l'âme de don Juan, a été fait au nom du ciel et de Dieu, au nom l'Homme-Dieu, juste Sauveur, au nom de la Vierge, Mère de Dieu, miséricordieuse Consolatrice, par le ministère des anges, des saints, des fidèles croyants et de quelques bonnes âmes droites qui, à défaut de foi positive, avaient le respect du Christ et de son Église.

Or, je vous le demande, que va devenir notre don Juan, et comment s'achèvera sa transfiguration, s'il sent désormais manquer à ses reins ce courant d'eau pure, à son front ce souffle d'inspiration céleste?

Comment l'enfant dissipé parviendra-t-il à se compléter sur le sein de sa mère, si son cœur retourne, avec don Quichotte, se faire berner à la Cour du duc, et se voue platoniquement à désenchanter Dulcinée? Si sa raison, de nouveau subornée, passe par la cour de César, pour aller renouveler avec l'Hélène antique des noces infécondes?

Comment achèvera-t-il de se convertir, si quelque ange découragé, éteignant dans notre nuit ses rayons fourvoyés, l'enfouit sous des pratiques vaines de pénitence superstitieuse; si, pour mieux sauver son âme immortelle, quelque ange boiteux l'abandonne à la vendetta farouche ou au suicide désolé; si d'autres anges, perdant leurs ailes, implacables moqueurs du moqueur ou prudhommes rédempteurs de l'ordre de Nicodème, n'offrent à don Juan, loin de la maison de Dieu, pour dernier refuge, que l'office écœurant de Sganarelle ou le bivouac coriacé des chasseurs de la garde?...

Cependant que nos sages mâles jobards, et même, hélas! nos sages-femmes, dénient à Jésus, découronné de Dieu, le pouvoir de faire des miracles, et à la Vierge-Mère, par leur main maculée, la toute-puissance de la consolation!...

De qui donc viendra le salut à don Juan, si nous redevenons juifs ou païens?

Regardez dans notre société moderne : parmi nos hellénisants platoniciens ou épicuriens, sous leurs brouillards, quel malaise! Et dans leur attente de l'idéal, quelle impuissance! Parmi nos judaïsants honnêtes, enragés ou découragés, quelle insuffisance!

Alcibiade, Jules César et tous les prodigues de l'antiquité, en sortant des cours de l'Académie et de l'Athénée, se laissaient aller, en attendant mieux, par tous les libertinages à toutes les impiétés.

Dans la société juive, meilleure pourtant que celle des païens, le paralytique (l'une des figures de notre héros) restait esclave de son mal, parce qu'il ne trouvait autour de lui aucun homme pour le prendre cordialement entre ses bras et le faire passer par l'épreuve purificatrice où l'âme retrouve la santé [1].

---

1. Veuille le lecteur remarquer qu'en rattachant à notre sujet quelques traits empruntés à ces deux grandes figures bibliques, le Paralytique et le Prodigue, je ne fais que suivre Mérimée. Voici le dernier mot des *Ames du Purgatoire*: « Le *Retour de l'Enfant prodigue*

A Jérusalem, nous dit saint Jean, sous les cinq galeries de la Piscine probative, à peine, à de rares intervalles, un seul homme, sur le nombre immense des malades, trouvait sa guérison. L'ange était rare pour agiter divinement le réservoir humain.

Nous en sommes encore là, philosophes et poëtes. Les uns, hellénisants, laissent don Juan à son attente vague et maladive, l'esprit rebelle au vieil Olympe, le cœur fermé au Ciel vivant. Les autres, les judaïsants, l'abandonnent sans secours sous la voûte de la vieille Synagogue, soutenue par les cinq livres de Moïse, lesquels, enseignements antiques et gothiques, *antiqua documenta,* peuvent faire connaître les malades, convaincre les coupables, mais les sauver, presque jamais! Pas un sur mille! et encore faut-il qu'un Ange daigne s'en mêler[1]!....

Il fallait que vînt, il faut encore que vienne, pour l'aride et desséché don Juan, ce divin *Quelqu'un,* que Socrate et Platon donnaient à entrevoir au grand libertin impie, leur disciple. Hélas! et c'est encore pour nous, chrétiens, le *Dieu inconnu.* « Le Christ n'est pas connu! » Et presque tous, et moi-même peut-être malgré mes lamentations, nous travaillons, à qui mieux mieux, à le rendre méconnaissable.

et la *Piscine de Jéricho (Bethsaïda),* chefs-d'œuvre de Murillo, ornaient autrefois les murailles de l'hôpital de la Charité, fondé à Séville par don Juan. »

1. Aqua ergo illa, id est, populus, quinque libris Moisi tanquam quinque porticibus claudebatur : sed libri illi prodebant languidos, non sanabant. Lex enim peccatores convincebat, non absolvebat. S. Aug. in Joan., v, t. XXI.

« Lorsque le Fils de l'Homme reviendra, pensez-vous qu'il trouve de la foi sur la terre?... Les cœurs fidèles eux-mêmes, au milieu de l'iniquité, auront laissé leur cœur se refroidir [1]. » C'est Jésus qui prophétisait cette fin piteuse; et nous y sommes! Regardez, écoutez : voyez et entendez la Renaissance païenne exaspérée surexciter la Renaissance du fanatisme mozarabique : cercle vicieux lamentable!

Savez-vous où Jésus, revenant sur la terre, trouverait don Juan, l'enfant prodigue? entre la Synagogue et l'Aréopage... Ici, par-devant les Euménides, procureuses impériales et royales, Mentor, sans rabat, plaide les circonstances atténuantes. Là, don Quichotte, ayant sauvé de l'auto-da-fé le *Chevalier de la croix* et les *Exploits de l'Empereur*, cherche une autre Rossinante pour courir sus aux Malembruns déloyaux, et macère Sancho pour désenchanter la Statue, épouvantail des impies!....

Voilà pour les justices devant lesquelles don Juan règle ses comptes. Et à quelles médecines demander pour lui la santé? Deux Écoles, antiques et solennelles, ordonnancent sur le théâtre du monde. L'une regarde les malades mourir, et l'autre les aide à mourir, toujours selon les règles.

Il y a, d'abord, l'antique École de philosophie médicale qui ne supporte pas qu'un jeune coureur d'aventures, le bancal Faust ou le desséché don Juan, puisse mourir à

---

[1]. Saint Luc, XVIII; saint Matthieu, XXIV.

la vie avant le temps et surprendre les docteurs sociaux.

— Je vous dis qu'il est mort et enterré. Je l'ai vu.

— C'est impossible. Hippocrate dit que ces sortes de maladies ne se terminent qu'au quatorze ou au vingt et un.....

— Hippocrate dira ce qu'il lui plaira; mais l'homme est mort.

— Paix, discoureuse! réplique l'autorité.

Il y a ensuite la vieille École de médecine philosophique qui, tirant la séve et le sang des âmes languissantes, s'accommode à ce que le patient en crève indéfiniment, pour ne rien changer à la règle et rester fidèle à son ancien régime du lavement et de la sangsue.

LE DOCTEUR TOMÈS. Ce n'est pas que Théophraste n'eût sauvé le malade; mais enfin, il ne devait pas être d'un autre avis que son *ancien.* Qu'en dites-vous?

LE DOCTEUR DESFONANDRÈS. Sans doute, il faut toujours garder les *formalités,* quoi qu'il puisse arriver.

L'HOMME D'ÉTAT TOMÈS. Pour moi, je suis sévère en diable. Un jour, appelé pour une consultation, j'arrêtai toute l'affaire, et ne voulus point endurer qu'on opinât, si les choses n'allaient dans l'ordre... Je n'en voulus point démordre, et la malade mourut bravement pendant cette contestation.

LE CONSEILLER D'ÉTAT DESFONANDRÈS, *opinant du bonnet.* C'est fort bien fait d'apprendre aux gens à vivre, et de leur montrer leur bec jaune.

L'HOMME D'ÉTAT MOZARABIQUE. Un homme mort n'est

qu'un homme mort, et ne fait point de conséquence; mais une formalité négligée porte un notable préjudice à tout le corps des médecins (du corps social). Je conclus à l'émétique.

L'homme d'État païen. Je conclus à la saignée.

Le sénateur Macroton, *bègue*. Fi-nalement, il fau-dra en ve-nir à u-ne pu-pur-ga-tion vi-gou-reuse.

Bahis, législateur, *bredouilleur*. Et à une saignée, que nous réitérerons, s'il en est besoin.

Le vénérable membre du Sénat conservateur. Ce n'est pas qu'a-qu'a-vec tout ce-la, vo-tre fil-le ne pu-pu-isse mou-rir ; mais au-moins vous au-rez la conso-la-tion qu'elle se-ra m-morte dans les for-mes.

Le Député du peuple, *bredouillant*. Il vaut mieux mourir selon les règles que de réchapper contre les règles.

Lisette... Mais qu'il est heureux, notre chat ! bien heureux de ce qu'il n'y a point de chats médecins, car ses affaires étaient faites, et ils n'auraient pas manqué de le purger, saigner et tuer dans les règles.

Guy-Patin disait de tous ces médecins du Roi, par Molière fustigés : « Médecins de cour, courts de science, riches en perversions pharmaceutiques, pauvres cancres, charlatans déterminés, race de juifs » : toutes figures des médecins politiques, curateurs et cureurs du corps social ! Et quand Jésus-Christ va venir, dans sa gloire, avec sa main divinement libérale essuyer toute larme de nos yeux, j'entends d'ici tous ces nôtres pharisiens se scandaliser, parce qu'ils verront le Sauveur guérir les pécheurs invétérés, sans s'inquiéter de leurs anciens régimes et de leurs antiques documents.

Le jeu de nos docteurs, haute comédie humaine si plaisamment mise en scène par Molière, est depuis dix-huit siècles raconté et prophétisé au ton grave par le disciple que Jésus aimait et par le disciple aimé de saint Paul [1]. Tous deux, fidèles secrétaires du Maître guérisseur, et du plus grand des malades guéris, tous deux ont exposé comment, depuis le premier lever du jour divin sur l'humanité, jusqu'à nos derniers siècles des lumières diffractées et diffuses, sous le couvert des autocratiques royautés où s'entassent tant de langueurs et de corruptions, toujours docteurs aristocratiques, voire démocratiques, *seniores, principes plebis*, désespérant de rien sauver, n'ont pas cessé de purger et saigner, et regarder les pauvres pécheurs mourir, dans les règles, de leurs purgatifs juridiques et de leurs saignées justicières...

Mais ayons confiance : les Desfonandrès, les Macrotons et autres Purgons et Fleurants de l'Olympe, ne sont pas de force à empêcher le céleste Médecin de faire la volonté de son Père, d'agir et de guérir.

Poëtes, comme Molière, retirez-vous de ces Hippocrates et de ces Torquemadas de la politique païenne et mozarabique ; et si leur fond est pavé de bons désirs, faites, pour leur laver le reste, passer dessus le grand courant de l'Évangile, soit à flots majestueux, soit en cascades éclatantes et joyeuses.

---

1. Saint Jean, v ; saint Luc, vi, xiii, xiv.

Et si vous voulez ranimer au fond de don Juan l'humanité, et si vous voulez que son front prenne feu aux étoiles, rattachez-vous, avec Molière, à Francisque et aux Franciscains, avec Mérimée aux Dominicains, aux hommes du Seigneur Jésus. N'ayez pas peur de la robe blanche : elle ne couvre plus aucun sombre Torquemada; elle ne demande plus qu'au libre arbitre la volontaire expiation. N'ayez défiance de la capuche brune : elle n'abrite plus même aucun biblique Ximénès, et ne rêve plus que de cacher les coupables à la justice, et de rendre les innocents à l'amour, comme le confesseur de Manfred, comme le Cristoforo de Manzoni, comme le Duns Scot de Goëthe, comme le Fra Ambrosio de Shakespeare. Les Boanergès ont jeté leur feu; pas un d'eux ne prie le Christ de faire descendre l'éclair d'Élie et l'anathème fulgurant; pas un d'eux n'évoque la Statue et les sulfureuses éruptions de l'enfer. Saint Jean et saint Jacques, frères de Jésus-Christ, savent de quel esprit ils sont...

L'Église, où Mérimée a recueilli don Juan, est non-seulement de son essence miséricorde, mais elle est essentiellement miséricorde progressive. Pesez attentivement les termes dont se servait le pape saint Grégoire II, au VIIIe siècle, et comparez les procédés que Mérimée emprunte aux Dominicains du XVe : ne sentez-vous pas que le joug libéral est de beaucoup déjà allégé, exalté? et combien, depuis trois cents ans, notre divine Mère n'a-t-elle pas redoublé d'allégements, de charmes et de suavités!

Je sais un grand pécheur de nos jours qui, lui aussi, traqué sous le réseau de mille attractions pures et charmantes, poussé par les bienfaits et par les soupirs d'une belle âme, traîné par la charité d'une sainte femme, s'en fut, un beau matin, à l'aventure et comme à l'aveugle, s'agenouiller dans un sanctuaire de la Sainte Vierge, en criant : « Mère de ma mère, donnez-moi la lumière! » Un mot d'amoureux reproche aussitôt retentit dans son cœur foudroyé; et la même main qui l'avait poussé jusque-là le conduisant jusqu'au bout, mon aventurier se retrouva, comme celui de Mérimée, prosterné aux pieds d'un homme de Dieu, d'un saint. Lorsque ce prodigue eut, en trois journées, représentation rétrospective d'un drame de vingt-cinq années, achevé de dérouler le livre de sa triste vie, lamentable catalogue de pâles orgueils et de luxuriantes vanités, le saint d'Ars (c'était lui) de sa lèvre la plus douce lui dit : « Mon fils, vous direz à la Sainte Vierge *Ave,* et à Dieu : *Veni, Creator Spiritus.* » Et la bouche évangélique, ayant prononcé les formules de l'absolution, se tut. — Et puis, mon père? Quoi? Quelles pénitences? Quelles expiations? Pour faire oublier une longue carrière de scandales, pour réparer une pareille énorme dispersion de ma substance, que faut-il porter de fardeaux, d'épreuves, d'exercices, de croix? Que faut-il faire? — « Mon bien-aimé, une prière fidèle à l'immaculée Mère de Dieu, une invocation constante à l'Esprit de Dieu, qui renouvelle la face de la terre! » — A ce mot de l'ange des miséricordes, le converti, débordant en sanglots, recouvra la vue, et, dans les yeux profonds et translucides du saint d'Ars, vit l'ordre même du ciel. Sous cet éclair embrasant de la Grâce, le vieil homme s'anéantit; et l'homme vrai renaissant, dans ce doux rayon de l'amour infini, reconnut enfin l'Église catholique, Notre-Dame, en ses proportions miraculeuses : beauté sans pareille, toute remplie de son soleil, gloire mystérieuse, triomphatrice irrésistible, rayonnante de l'Esprit des éternelles consolations!

Le présent livre est le fruit d'une semblable illumination, dans un homme qui ne fut jamais de la force d'un Hercule pour pouvoir alterner de la douzaine de ses beaux travaux à la douzaine de ses vilains, trop pauvrement doué pour tomber aussi bas que don Juan, d'aussi haut; mais qui fut, tour à tour, petite monnaie effacée de don Quichotte, de Faust et de don Juan.

XXVI.

DON JUAN SUR LE CHEMIN DU CIEL.

> Epulemur : non in fermento veteri, neque in fermento malitiæ et nequitiæ, sed in azymis sinceritatis et veritatis.
> (B. Paul. ad Cor. I, v, 8.)

Un dernier entretien, par grâce! lecteur harassé, pour te présenter mon propre enfant prodigue, *don Juan converti*, et pour résumer devant ta raison la méthode que j'ai cru devoir suivre pour la guérison de ce grand paralytique.

Dégoûté de la Renaissance mozarabe qui, « surajoutant le poids du sacrifice au poids du crime, » damne et extermine le libertin, et mécontent de la Renaissance polythéiste et panthéiste qui déifie l'homme déchu et l'exalte en ses subversions mêmes, je me suis proposé de ramener le fils de famille, égaré par la vraie voie nouvelle, dans le pur courant de la Renaissance chrétienne, où me conviaient et l'Espagnol Zorilla, et l'Hellénique allemand

Goëthe et le libre penseur français Mérimée, avec le catholique romain Manzoni.

Pour arracher don Juan à son tourbillon diabolique, il fallait faire passer devant lui un courant d'âmes droites, charmantes et fortes, dont l'attraction fût plus puissante pour exalter son cœur que l'attraction de l'abîme pour le dégrader.

L'homme ne se sauve pas plus de lui-même qu'il ne se perd à lui tout seul : il a toujours, de droite et de gauche, ses anges et ses guides, bons et mauvais. Sur ce fait, la Genèse et l'Évangile enseignent comme l'apologue de Prodicus et de Socrate.

« Le serpent m'a trompée, et j'ai mangé du fruit défendu, » dit pour s'excuser la première faible volonté humaine, balancée entre le double attrait de l'enfer et du ciel; et c'est l'homme, lui-même par le mal asservi, devenu poussière vile et proie du Rampant, qui prend fonction de tentateur et de punisseur, dans son domaine arrosé de sueurs amères et retentissant de malédiction [1].

Voilà le monde qu'Ève enfante, où l'homme, poussière vive, assimilé au serpent, devient trompeur et tyran de la moitié de lui-même, et règne et gouverne dans un domaine maudit; le monde où don Juan, tour à tour séduit et séducteur, se fait craindre comme la foudre et finit foudroyé, cercle vicieux dans la mort !

---

1. Hommes, pesons bien les termes du livre de Dieu : « Serpens decepit me, et comedi... Ait ad serpentem Deus : Terram comedes... Mulieri quoque dixit : Vir dominabitur tibi... Adæ vero dixit: Pulvis es, et in pulverem reverteris... Maledicta terra in opere tuo. »

Mais voici que la première volonté droite, prêtant l'oreille au ciel, s'entend dire par l'Ange, Vertu de Dieu : « Je vous salue, pleine de grâce; » et l'âme renouvelée chante au Tout-Puissant qui a fait en elle ses grandes œuvres de bénédiction, et qui rétablit l'humanité dans son empire d'amour et de joie, ne se souvenant plus que de sa miséricorde [1].

Tels sont donc les deux mondes nettement contrastés, entre lesquels il fallait placer don Juan, comme Alcide entre le bon génie et le mauvais. C'est le spectacle de la force humaine plus ou moins libre sollicitée par deux attractions, et se livrant « à un balancement douteux » entre l'un et l'autre essor, avant de prendre son élan vers la vérité.

Là, le monde de nos bas empires, où les attractions affluent de la nature rampante et de l'humanité en poudre; ici, le monde du royaume céleste, où les attractions rayonnent de la bonne nature et de l'humanité pleine de Dieu.

Là, l'Ancien Régime, où parmi les ténèbres et les éruptions du chaos social, la justice elle-même voit sa foudre, toujours insuffisante, le plus souvent compromise; ici, l'Ordre nouveau, où les rayons du divin Soleil, tamisés suavement entre les doigts de l'Aurore renaissante, viennent, dans les âmes illuminées fortement, faire germer, remonter, épanouir l'Amour éternel, infini!

---

1. Saint Luc, I, au *Magnificat*.

Le tableau même de nos personnages figure, à ce point de vue, la conception du drame, et montre don Juan, comme l'antique lutteur, posant entre deux armées rangées en bataille : l'une prenant charge de l'entraîner vers le bas, l'autre ayant mission de l'emporter en haut. C'est le duel de l'enfer et du ciel dont notre homme est le sujet et l'enjeu.

FRANCISQUE, le pauvre.
DONA MARIA, mère de don Juan.
DONA ANNA D'ULLOA, fille du Commandeur.
ROSA, jeune sœur de don Juan.
CHŒUR DE SUPPLIANTES.
JUANITO, fils de don Juan.
FRAY JUAN PEREZ DE MARCHENA, franciscain.
DON CARLOS DE GUZMAN, frère d'Elvire.
CHRISTOPHE COLOMB.

DON JUAN DE TENORIO.

DON THOMAS DE TORQUEMADA, inquisiteur général.
LE DOCTEUR JOHN FAUSTOGÈNE PAMPHILARD.
ZERLINA, fille d'Ève.
CHARLOTTE ET COMPAGNIE, filles de Vénus.
DON JORGE DE MARANA, oncle de don Juan.
DON CATALINON SGANARELLE.
LA RAMÉE, hidalgo.
LA VIOLETTE, valet.
DON ALONZO, l'aîné des Guzman.
EL SANTURRON.

Comparez à cette liste raisonnée de nos personnages les catalogues composés par Tirso de Molina, Rosimont,

Schadwell, da Ponte, Grabbe : deux systèmes dramatiques vous sautent aux yeux, deux mondes sociaux contraires. Le double rôle de mon personnel exprime plastiquement le système normal où nous ont reconduits et restaurés Molière, Mozart et Manzoni. J'ai pris pour maître et pour modèle plus particulièrement l'auteur illustre du poëme des *Promessi Sposi,* et, à son exemple, j'ai dû augmenter le foyer d'où se réfléchissent vers don Juan les clartés célestes et les perfections divines.

L'antique Vertu, haute et noble dame d'Hercule, n'avait pas apparemment beaucoup plus de force d'attrait sur lui que sa maîtresse la Concupiscence basse, puisqu'on a vu ce grand Enfant prodigue alterner entre deux douzaines d'héroïques travaux étrangement contradictoires. D'ailleurs, nous l'avons remarqué, la vigueur herculéenne n'allait du côté du bien que contrainte et forcée sous le frein et le fouet du Roi, et n'y engendrait rien de bon qu'à coups de massue. Or, nous savons que notre don Juan est irréductible par l'ancien régime de l'intimidation et de la loi pénale ; et si bien que saint Paul, sans donner raison à sa résistance, donne tort à toute violence judaïque exercée contre ce gentilhomme rétif. « Le libérateur, dit Pascal, d'accord en ceci avec les Jésuites, le libérateur amène la justice éternelle, non la légale, mais l'éternelle. » L'éternelle Justice est Miséricorde.

Il convenait donc, selon l'impulsion de la bonne mère nature et conformément au conseil du Père des célestes perfections, de purger de tout esprit de rigueur tous les personnages qui veulent attirer don Juan au bien. Conséquemment devons-nous considérer quiconque use à son égard de contrainte comme un ennemi, ou comme un faux ami, ou un imprudent ami : c'est tout un, quant au résultat. Et voilà pourquoi vous voyez rangés sous un même royal drapeau, à l'ombre duquel on ne sauve rien ou l'on perd tout, les filles d'Ève et celles de Vénus, Sganarelle et don Alonzo, Torquemada et El Santurron, le Tartufe espagnol.

Procédons au dénombrement de nos deux armées, et passons d'abord en revue nos adversaires.

L'ARMÉE DE SATAN.

Satan : cet affreux mot signifie contradicteur de l'Être, de Dieu et de la bonne nature. On peut contrarier la volonté divine tout en croyant faire honneur au ciel et rendre service à la terre. L'Enfer, la Cour et la Ville sont pavés et macadamisés de bonnes intentions...

Si Jésus-Christ parlant au plus croyant, au plus zélé, au plus dévoué de ses disciples, l'a traité de Satan, à cause de son ignorance des voies de Dieu, et bien que sa misérable erreur vînt manifestement d'un mouvement de piété[1], certes nous sommes à bien plus forte raison autorisés à voir dans Torquemada un scandaleux contradic-

---

1. Saint Matthieu, xvi; saint Marc, viii, Origène, saint Jérôme, saint Jean Chrysostome, saint Théophile, Bède, *Chaîne d'or*.

teur du Christ miséricordieux, un pauvre diable qui a perdu le goût des choses célestes.

Torquemada est le meilleur de nos adversaires, le plus mal embouché de nos amis ; et ce n'est pas sans chagrin que je trouve cet homme d'Église enrégimenté dans la bande d'Alonzo, l'homme du Roi. J'ai suivi la donnée et la tradition du théâtre et du monde. Dans la légende de don Juan comme dans les annales des peuples modernes, depuis la Statue de Tirso de Molina, jusqu'à l'infernal chevalier de Grabbe, de la synagogue de Pierre le Cruel à celle de Henri VIII, depuis l'égarement du Saint Office royal espagnol et de la royale et bourgeoise Ligue de France, jusqu'à l'égarement des Puritains anglais, des Anabaptistes allemands et des Calvinistes suisses, partout on a vu les hommes qui se disaient instruments de la justice au nom du Dieu vengeur s'associer à ceux qu'inspirait l'humanité haineuse et rancunière ; et toujours, dans la main des princes de ce monde, se sont trouvés accommodés les deux glaives justiciers, ensemble contradicteurs du Verbe de la miséricorde.

Ce n'est pas à dire que j'aie mis sur le même pied les deux vieux ferments dont parle saint Paul, au point de confondre l'individu qui se fait justice à lui-même avec le juge qu'enflamme le zèle de la maison de Dieu. J'ai dû peindre Torquemada tel qu'il fut, ni ange, ni démon, mais homme de foi sincère énorme, mal engagé, hors de voie, et se maculant les pieds dans la boue et le sang. Pour que ressortît mieux cette figure du fanatisme grandiose, j'ai fait poser tout auprès le faciès du cagot, fanatique ignoble, égoïste crasseux et crapuleux. Et je n'ai pas davantage placé au même rang sur l'échelle dégradante de l'erreur El Santurron, ce monstre purement diabolique, et don Alonzo, l'esclave du *pondonor* espagnol, instinct brut et rude bras de chair, qui fait, *per fas et nefas*, les affaires de l'État et les siennes propres pêle-mêle avec celles de Dieu.

Don Alonzo et son frère Carlos, si heureusement contrastés, sont créations de Molière. Je devais, autant que possible, faire revivre autour de notre héros les caractères qui ont joué dans sa vie passée leur rôle. Sganarelle marche en tête. Ce drôle de personnage, « avec son petit sens et son petit jugement, » ne peut pas manquer de se tremper dans toutes les Renaissances et de se griser de tous les petits vins. Don Juan et Philarète Chasles avaient envie de voir la figure que pourrait bien faire ce valet moraliste « sous l'habit d'un gentilhomme : » je le leur montre en bourgeois gentilhomme, en Mécène; et j'essaye d'indiquer ce que peut être et faire pour son prochain, dans toutes les positions sociales, hautes et basses, cette pauvre âme, où l'on a voulu mettre « la conscience vivante de don Juan, » ce cerveau qui prise plus le tabac que l'arôme des cieux, et qu'en dépit d'Aristote le tabac réjouit, purge et instruit à la vertu... Don Juan, s'il observe, avec Sganarelle, La Violette et La Ramée, pourra voir ce que devient la valetaille à son ombre peu édifiante, et apprécier le profit qui lui en revient.

J'ai pris à tous nos poëtes, à Tellez et à Mallefille, à Richardson et à Dumas, l'oncle de don Juan, le vieux maître coq, et l'ai promené autour de son coquin de neveu, appuyé d'un bras sur la Charlotte de Molière et de l'autre sur la Zerline de Mozart, jusqu'à ce que la goutte, remontant au cœur, le transfigure *in extremis* en sermonnaire béat.

Je n'ai pas pu empêcher don Juan de jeter, avant de rentrer au bercail, une dernière œillade à la fille d'Ève par excellence, Zerline, toujours hésitante entre ses deux anges :

Vorrei, e non vorrei !

— Zerline, l'enchanteresse, dans l'armée de Satan?... O cœur de roche ! Tu ne sens donc pas les adorables battements de ce petit cœur?

Sentilo battere !
Tocca la quà !

— Si, si ; mais aussi, j'ai des oreilles pour entendre :

Mi fa pieta Mazetto...
Presto, non son più forte...

A quoi n'arrive pas la nature naturante?... Si la chair est faible et le cœur fragile, quelles ne sont pas les débilités et les vanités de la raison la plus enflée par la demi-science « qui croit pouvoir se passer de Dieu[1] ! » J'ai

1. Charles Fourier.

esquissé la silhouette de cette humanitaire enflure dans l'omni-mi-savant docteur John Faustogène Pamphilard.

Ce bout de rôle est un si grand personnage dans la comédie humaine moderne, et il a été, depuis Hégel, lord Byron et Alfred de Musset, si souvent appelé en consultation auprès du lit de l'enfiévré don Juan, que je demande la liberté de parler un peu longuement de sa figure et de son officine.

Pamphilard, c'est le grand sens enivré de haschich, comme Sganarelle est le petit sens enchifrené de tabac en poudre. Pamphilard, c'est un Faust titubant, doublé de don Quichotte, enfourchant le Rossinante du libre essor et du progrès indéfini. C'est l'antipode de Torquemada.

Lorsque la vieille puissance politique et religieuse, avec le joug de son ancien régime mozarabique où tout est tentation au désordre et provocation à la résistance, s'est enfin épuisée contre la cervelle endurcie de don Juan, n'aboutissant qu'à faire, en ce grand pécheur, surabonder le mal exaspéré, j'ai dû laisser passer et laisser faire la science nouvelle, la neuve philosophie de l'histoire, révélatrice échevelée et chauve des destinées licencieuses.

A la terrible allopathie, entichée du purgatif et de la saignée à blanc, succède la complaisante homœopathie, moins les petites doses. Pamphilard, régénérateur de l'humanité par l'inoculation de tous les éléments du Grand Tout, lui ingurgite les poisons mêmes, à foison, pour mieux chasser dehors les humeurs peccantes et les virus anciens... Un médecin social de force à guérir son patient par l'excès du mal inculqué ; au demeurant le meilleur des savants errants, le cœur sur la main, faisant largesses, et pourvoyant l'économie individuelle, domestique et politique, en surabondantes libertés, brises folles et fumées ! Au régime de la constriction opiniâtre, il substitue son antidote, le relâchement obstiné. S'il nourrit succulemment l'Enfant prodigue de belles pêches piquées et de vastes drogues emmiellées, s'il excelle à l'endormir sous le mancenillier du bien et du mal, il est surtout passé maître dans l'art d'ouvrir à ses bondissements exorbitants la carrière sans limite du libre essor et du progrès indéfini. Libres attractions, libre examen, libre échange, libre modulation, libre parcours, libre exaltation, libres abîmes ! Laissez faire, laissez passer ! *Libertas liberabit nos... libertatis, libertate, ô libertas !...*

Telle est la chanson de mon bon docteur, esprit immense saturé de soda-water britannique et d'eau-de-vie française, front colossal trempé aux vapeurs de l'idéal indo-germanique. Et, j'en préviens le lecteur, et j'en lève la main, pas une des bulles que je fais monter des lèvres de Pamphilard pour crever, visions irisées de sphères idéales vides, pas une qui ne soit formée de la salive même de nos verbes humanitaires les plus avancés : féconds savonniers, se faisant gloire d'avoir supplanté l'arbre de vie de Jessé ! beaux fruits tentants, où moi aussi, hélas ! errant chevalier, autrefois j'ai mordu !...

« O liberté ! que de crimes on commet en ton nom ! » a dit, avec son dernier soupir, la raison du xviiie siècle :

c'est toujours vrai ; mais, peut ajouter le xix⁰ siècle, faisant son libre examen de conscience, pauvre liberté, en ton nom, que de bévues !...

« Décidément, me disait un libre penseur, qui en arrive à penser, la liberté est une question très-complexe. » — Eh ! oui, cher Platon : en morale comme en politique ; et c'est ici, contrairement à l'axiome de la sagesse des nations, que, pour ne courir qu'un lièvre à la fois, on n'attrape rien...

Toute conception de la liberté à l'usage d'une seule corde de l'âme ou d'un seule organe de la vie sociale, libre amour ou libre commerce, est grosse de monstres, d'avortements, de déboires. Nous avons vu le don Juan d'Alfred de Musset, prêtre de la *liberté en amour,* aboutir à s'attabler « dans les tavernes, entre deux charbonniers, » pour échapper à la monotone vibration de son monocorde désespérant ; et nous voyons tous les jours des choryphées de cette sacrée théorie-là, danseurs frénétiques, sur leur corde roide, n'aboutir, à propos de l'infini, qu'à Charenton... Le don Juan d'Hérold et Mélesville, « qui ne vit que d'amour, » doit fatalement se matérialiser, « tourner en bête fauve, et aboutir à la cruauté du tigre[1]. »

L'amour est-il donc une impulsion du diable ?... *Absit !* Au diable l'erreur ! L'amour est une force de la bonne

---

1. M. Bataille, 30 avril, rue de la Paix ; étude intéressante sur *les trois don Juan.* Je remercie le savant chanteur de m'avoir mieux fait entrer dans l'oreille le *Zampa* d'Hérold.

nature, une créature de Dieu. Mais les forces divines, en nous, sont multiples : ôtez à l'une le contrepoids des autres, elle perd l'équilibre, et, n'ayant plus pour support ses divines sœurs, elle échappe à l'ordre de Dieu, fait écart et tombe exaspérée en plein essor satanique.

Il ne peut donc pas suffire, pour manifester le divin dans l'homme, de poétiser une seule passion. Aucun génie, fût-il Shakespeare, n'empêchera cette note, toute céleste qu'elle soit dans son principe, si elle chante seule, de sonner à la fin d'un air criard, infernal, et d'éclater dans le vertige. « Il n'est pas d'homme en qui tout soit méchant, » avait dit le Titanide anglais, en se rongeant le cœur ; et notre Prométhée gigantesque parle d'or, lorsqu'il proclame qu'un seul flot d'amour circulant dans les veines révèle le Dieu intérieur [1]. Mais ce n'est point assez, poëte à qui Dieu fait charge énorme d'âmes, toi qui veux d'une si violente ardeur réhabiliter l'humanité et lui rendre la vie, ce n'est point assez de donner un cœur de père à Triboulet, des entrailles de mère à Lucrèce Borgia, et d'insuffler un peu d'amour dans l'âme de Marion de Lorme. Ces grands ressuscités mourront demain, d'un autre mal.

Voici, à l'usage de tous les monomanes, l'eau de Jouvence, l'élixir de vie éternelle, que vient d'emprunter pour don Juan, au divin Codex, le plus subtil docteur de notre bas-empire. « Il n'y a, dit Sainte-Beuve au comte d'Alton-Shée, qu'un remède et qu'une garantie contre le *donjua-*

---

1. *Le Corsaire*, I, 12. Préface de *Lucrèce Borgia*.

nisme, c'est l'activité. Que don Juan remplisse sa vie. »
Remplir sa vie : voilà un petit mot de force à soulever
tout le problème de la destinée. « Il est, dit encore le fin
critique, il est d'autres parties de soi-même qu'il faut satisfaire : mêlez à l'ivresse des coupes quelque parfum,
quelque soif de poésie, fût-ce le rêve de l'infini. » Toutes
paroles pénétrantes, qui remuent et dégagent la vérité !

Par malheur, Aristarque, se souvenant qu'il a été à
l'école d'Hippocrate, ajoute : « La meilleure guérison, en
fait de passion, est de tâcher de s'inoculer une passion
nouvelle; c'est, je crois, ce qu'on appelle en médecine
la méthode *substitutive*[1]. » — « Voilà une des grandes erreurs qui soient parmi les hommes, » répond le don
Juan de Molière.

Une seule passion, substituée à une autre, m'inocule
un excès nouveau, en me guérissant de l'autre. Si je
renonce à mon vice favori, pour me remplir de l'ambition, me faire représentant du peuple ou du prince, je
passe du rôle de don Juan au métier de Macbeth, Richard III ou Richard d'Arlington. La belle renaissance !
et la belle affaire !...

« Mais laissons là la médecine des médecins. » Revenons à l'hygiène de Sainte-Beuve, à l'École de Dieu, et
faisons à l'homme sa vie pleine.

Un seul amour, ce n'est point assez pour le cœur humain. Le poëte vigoureux qui, descendu dans les abîmes
de Triboulet et de Lucrèce Borgia, y a découvert et fait

1. Méditation sur *le Duc* Pompée, lundi 2 mai 1864.

résonner une corde de l'humanité, a cependant voulu laisser au monde, sur ces deux faces énormes, le spectacle affreux de deux monstres. Le laid n'est pas le beau... Le beau n'est pas sans la proportion de toutes les parties dans l'unité.

> Ton amour m'a refait une virginité,

Ce mot de la pécheresse Marion est profond et sublime, assurément. Mais n'arrive-t-il pas, et le plus souvent, que l'amour s'arrête à l'égoïsme à deux?... Deux amours se balançant dans l'âme de Chimène ne sont pas même suffisants pour l'empêcher d'être une *lionne* enragée, la *muy mujer* mozarabique.

Poëte de la *Marion*, médite sur la Marie de Magdalum : combien s'était-elle refait de virginités, mortelles illusions, avant de retrouver la vie dans l'amour de Dieu?... Mais son Sauveur vient, et que fait-il? Il substitue au démon de la luxure jeté dehors, non pas une seule autre passion humaine, non pas seulement plusieurs cordes sonores de sa vivante lyre, mais tous les amours en un, tous les dons mélodieux de l'Amour divin, universel, infini. Le Christ, comme veut Sainte-Beuve, remplit le cœur de sainte Madeleine du principe de la vie intégrale ; et dès lors pour ce cœur, purifié de tout instinct égoïste, et tout entier embrasé de l'amour de Dieu et du prochain, commence le règne de la liberté...

La méthode du divin Guérisseur est, elle aussi, *substitutive* : elle subtitue la santé à la maladie. Elle sollicite à la Renaissance de la bonne nature en Dieu ; et pour réaliser la vie, elle commence par expulser la mort : elle chasse la vieille légion, dont Pamphilard cultive imprudemment la véreuse renaissance.

Il y a, dans chacun de nous et dans notre société, un *vieil homme* à dépouiller : opération préalable nécessaire, à quoi le Progrès indéfini ferme les deux yeux. Quant à nos conservateurs et à nos libéraux, ils s'y éborgnent à qui mieux mieux. Ceux-ci veulent purger le *corps de mort social,* sans faire faire pénitence à l'individu ; ceux-là prêchent la réforme individuelle, en conservant leur ancien régime impénitent, le sépulcre infernal où s'enfante leur ver rongeur immortel : *ubi vermis eorum non moritur.* Double école de médecine de Nicodème ! Eh quoi ! l'on est maître en Israël, et l'on ignore les éléments de la science sociale !...

De quelle splendeur serait illuminé, de quelle puissante impulsion animé le problème de la liberté, si un Shakespeare, même un Euripide, l'embrassait dans son intégrité, et le transportait sur le piédestal du théâtre ! Ce problème, abordé de nos jours audacieusement et par le travers, « en casse-cou, » comme il le dit lui-même, par le grand rêveur de l'*Unité universelle,* n'a pas cessé d'être posé devant la raison humaine par la génération du Christ, depuis saint Paul et son savant disciple, notre saint Denys, depuis saint Jean et son lumineux fils, notre saint Irénée, jusqu'aux aventureux pionniers d'*Il christianismo felice,* jusqu'aux hardis éclaireurs qui raniment les espérances de l'Église au beau milieu de la terre étrangère, *super flumina Babylonis*, dans la cité du Monde où le dernier héritier du saint Aréopagite commente avec largeur le plan divin de la *Hiérarchie céleste et terrestre*.[1] Ce problème, c'est la restauration de toutes les forces humaines affranchies, non point lâchées à la débandade libéraliste, mais harmonieusement pondérées dans l'Ordre, selon le poids, la mesure et le nombre de l'Éternel.

Libre essor! oui : mais libre essor de l'âme tout entière, toutes facultés ensemble en mouvement, toutes voiles déployées, toutes cordes divinement accordées sonnant leur concert vers le ciel, tout l'être équilibré en pleine et parfaite unité avec soi-même! Et l'être humain ne peut concorder avec lui-même que s'il est *hiérarchisé,* c'est-à-dire s'il se met volontairement et raisonnablement d'accord avec son Principe divin.

C'est une grosse erreur de croire que don Juan ait jamais été libre, même alors que Statue, Roi, gendarmes et poëtes l'ont laissé passer et laissé faire. Folle visée! En ses bondissements les plus effrénés, le Prodigue est esclave : nos Allemands, Wiese, Brun de Brunthal, Grabbe, fortes raisons, le lui ont démontré; il n'est qu'un très-puissant névrotique, malgré lui-même précipité, déchéant, subverti.

L'Évangile révèle le secret de son mal et le mystère de sa guérison. « Toute maison divisée (fût-elle le temple de

---

1. Mgr Darboy, l'abbé Gabriel, les R. P. Gratry, Ramière, l'abbé Chantôme, l'abbé Marc, et cent autres.

Dieu, l'homme même) sera livrée à la désolation... Me voici, moi, le Principe de l'humanité renaissante... Je suis venu pour que vous ayez la vie, et la vie de plus en plus abondamment. Je suis la résurrection et la vie ! »

Ecce homo ! Donc, reprendre en lui, fils de l'Homme, homme complet, l'être et le mouvement, pour avoir la vie. Prendre pied divinement sur le Dieu incarné, pour monter s'unir à l'idéal, communier au Dieu invisible, et, dans le sein de leur gloire, en leur Esprit, mériter la liberté des enfants de Dieu. Alors, tous les hommes participant à la nature divine iront, de vertu en vertu, s'épanouissant à l'infini dans la bienheureuse éternité[1].

Mais, si l'humanité fonde son espoir et son point d'appui sur Babel, l'humanité s'éboulera avec Babel écroulée. Toute vie qui prend son essor hors de son principe d'unité se rétrécit exaspérée ou se gonfle bouffissante, se désagrége et se dissout dans le chaos du dégoût et du désespoir, monde plus désolé que le gouffre où Torquemada scellait le sacrilége sous la pierre de l'implacable Loi !

Voilà ce que don Pamphilard, fanatique de la liberté *simpliste* et illimitée, confuse et anarchique, n'a su, jusqu'ici, ni prévoir ni comprendre. La pierre fondamentale de son erreur, sur quoi s'édifie la Babel de son âme et de sa société, c'est l'oubli ou la méconnaissance du Principe divin de la vie nouvelle. Ce libéral libérateur, sauveur à tous poils, ne veut pas recueillir l'homme en lui-même

---

1. Ibunt de virtute in virtutem : videbitur Deus deorum in Sion. Ps. LXXXIII, 8.

et en Dieu, avant de lui jeter la bride sur le cou. « Aime Dieu, et fais tout ce que tu voudras, » dit notre Augustin. Dieu, et la liberté ! crie le chrétien, s'exaltant d'abord en son Salutaire, pour s'épancher ensuite au sein de la Création. Pamphilard, lui, croit pouvoir se passer de cette hypothèse, Dieu! Il crie : « La liberté nous donnera la liberté ! » et il part de là, tout bouffi de son noble orgueil, et, d'un pas magistral, il progresse, il monte s'évaporer!... et il finit, dégonflé, par tourner à plat au cercle vicieux de l'anarchie et du despotisme, dans la cage très-positive, où l'idéalisme avachi se console en ruminant ses sempiternelles illusions...

Comme la Statue, le Roi et Torquemada représentent *l'illusion en autorité*; l'errant Pamphilard figure *l'illusion en liberté*. L'un et l'autre monde s'est fait fort du salut de don Juan : deux vanités d'une double parodie !

L'autorité salutaire, libératrice, c'est le tronc sacré, la sève pure, où s'élaborent en silence et fleurissent en douceur toutes les saines libertés. Hors de là, point de salut! Hors de l'unité harmonieuse, il n'y a, pour don Juan, qu'un exercice de lamentable bascule entre l'écrasement et la dissolution ; et notre Prodigue, enfermé dans la cité de ses désordres où l'assiégent les vieilles cohortes des judaïsants rudes, imparfaits, insuffisants, ne voit rien venir que la poussière qui poudroie, et ne trouve pour armée de secours que les bandes indisciplinées de nos panthéistes impotents... A moins, pourtant, qu'il ne prenne son parti, abdiquant les généreuses énergies du Titan, de se rallier à Jupiter et de se résigner à jouer dans son Panthéon quelque rôle affadi de Buckingham, de Fronsac, arbitre intendant des menus plaisirs, *arbiter elegantiorum*...

L'ARMÉE DU BON DIEU.

Laissons les morts enterrer leurs morts!... Notre Dieu est le Dieu des vivants : rassemblons, pour délivrer don Juan, une petite phalange bien vivante, amicale, maternelle, divine!

Nous l'avons prouvé, la responsabilité de l'Enfant prodigue décroît, s'il n'a pas été allaité du Bien, nourri du Vrai, parfumé du Beau. Le comte Lara, « n'étant pas né pour la fade modération, » est-il seul coupable de ses écarts, s'il n'a trouvé dans sa jeunesse « aucune âme capable de le diriger vers les hauteurs, aucun ami prompt à le détourner des chemins qui précipitent aux abîmes? » Et dans l'âge de la réflexion, Conrad n'aura-t-il pas une excuse à ses entêtements mauvais, s'il voit devant lui des hommes, non point meilleurs que lui, mais plus hypocrites[1]?

Il sera demandé compte de tant d'égarements à la société qui fut marâtre corruptrice et non pas mère pure. « Qu'as-tu fait de ton frère? » ce mot du Juge éternel réveillera à Josaphat, non-seulement Caïn le brutal homi-

---

1. *Lara*, I; *le Corsaire*, I.

cide, mais encore cet aîné tiède et jaloux, ce pharisien, qui, n'ayant rien fait pour prévenir l'escapade, n'est bon qu'à chicaner sur le Veau gras du retour, auquel il est resté étranger. Malheur aussi, malheur à vous, pasteurs, si vous n'avez pas voulu courir après la brebis perdue et si vous ne savez pas bien user, comme le Dominicain de Mérimée, de toutes vos forces pour apprivoiser même votre frère le loup... Malheur au père qui n'a point, pour embrasser et recueillir l'Enfant prodigue, comme le Père céleste de Goëthe, les deux bras longs des perfections infinies ! Et malheur à nous, poëtes, plus ou moins cousins de don Juan, si, pour le garder ou réintégrer au foyer consolé, nous n'avons pas la charité de lui refaire une famille de bons amis, de braves guides, de saintes mères et de saines amantes !

Prenons d'abord le bien de Dieu où il se trouve ; empruntons à nos devanciers tout ce que le ciel leur a donné.

A la tête de notre milice s'avance, à l'antipode de Sganarelle, le Pauvre de Molière. N'oublions jamais à nos banquets le pauvre ; souvenons-nous que Dieu met en lui sa complaisance, et que dans le plus humble de ses frères Jésus-Christ se cache et peut, un jour, apparaître à don Juan [1].

Au pauvre, associons cette mère, que Molière a vue toute prête « à jeter des larmes de joie au moindre mot de repentir », et, mieux que cela, prompte, comme la mère de

---

1. Saint Luc, XIV, 13 ; saint Matthieu, XXV, 40.

l'Évangile, à allumer sa lampe et à retourner toute sa maison, et à se multiplier en investigations diligentes, jusqu'à ce qu'elle ait retrouvé son trésor, et qu'enfin puisse son cœur faire éclater jusques aux oreilles des Anges « les transports de son ravissement » [1].

Si don Juan a bestialement, comme le chat, abandonné sa progéniture, ou, comme le coucou, fourré ses petits dans le nid étranger, ne ramenons pas au père ses enfants pour n'échanger entre eux que reproches et que malédictions. J'ai pensé qu'aucun homme, fût-il don Juan, ne pouvait retrouver son sang et son image sur la face innocente d'un fils, sans être remué dans le fond de ses entrailles, et que la première leçon d'une prière lui pouvait utilement venir de ces fraîches lèvres, desquelles Dieu tire sa louange la plus parfaite.

Si don Juan est quelque peu Lazare, il lui faut bien une sœur, pour espérer de Dieu sa résurrection, et pour faire sonner, aux premiers pas de sa vie renaissante, les fanfares de la gaieté enfantine et virginale.

Pour don Juan, la scène doit se peupler de femmes... Je connaissais trop notre homme, et « sa pente naturelle à se laisser aller à ce qui l'attire, la beauté, » pour ne pas lui faire « demander son cœur par quelque beau visage. »

Pour ce cœur, arraché aux basses-cours et aux porcheries d'Épicure, trouvons, sous un beau visage, une belle âme. Ne le poussons pas au bras d'une Judith, ne fût-elle affamée de vengeance que par esprit de justice et

1. Saint Luc, xv.

pour compte du ciel, à moins que l'esprit mélodieux de notre séraphique Mozart n'ait, en elle, transfiguré la lettre mortelle de l'abbé de Cour da Ponte :

> Vendichi il giusto cielo
> Il mio tradito amor!

Encore moins n'avons-nous pas jeté le cœur de don Juan sur les genoux d'Hélène. Au diable les vieilles héroïnes, rugissantes ou mugissantes! et vive, en la renaissante humanité, la beauté nouvelle, suave, harmonieuse! Que le banquet de la terre, purgé des vipères du festin de la Statue, offre à don Juan des régals célestes! Réjouissons-nous : servez veaux gras et génisses candides; mangeons, buvons : mais, pour Dieu! même en amour, laissons le vieux pain sec et l'antique gâteau chanci... et ne présentons plus au revivant convive, sur table divine, que bonnes pâtes saines, pures, délicieuses, parfaites, toutes succulentes en saintetés!

Pour le dégoûter des *lionnes* rageuses et des *sirènes* empoisonneuses, pour lui apprendre à connaître et à respecter l'amante, la divine amante, j'ai fait passer et j'ai fixé sous ses yeux celle que, depuis Mozart, tous les poëtes ont rêvé pour don Juan, dona Anna! C'est d'elle, l'Anna, et non point d'Elvire, qu'il entend les célestes chœurs chanter, dans leur langue cordiale immortelle :

> Cieli! che aspetto nobile!
> Che dolce maësta!
> Il suo dolor, le lagrime
> M'empiono di pieta.

et c'est par elle que, doucement alléché et ravi, le sacrilége finira peut-être par monter bien où le poussait mal un de ses poëtes, purifier ses lèvres sous le baiser des pieds de la Vierge immaculée...

Dans les *Ames du purgatoire*, il n'y a point de femmes visibles, associées sur la terre à l'œuvre de la conversion de don Juan. La mère seule y concourt, invisible; et s'il est d'autres femmes qui prient pour leur coupable, elles semblent, par un savant artifice du poëte, se perdre, voilées, dans la file nombreuse de la procession mystique.

Mérimée, si j'ose dire, a réconcilié son Enfant prodigue dans la maison de saint Jacques, où les Dominicains, fidèles à l'Esprit de vie, remplissent pour don Juan leur pénitentiaire d'évangéliques suavités et, en arrachant à la mort l'Enfant prodigue, se rachètent eux-mêmes et vivifient toute l'humanité [1].

Cependant cette noble famille de saint Dominique, que toujours on a rattachée à la filiation de saint Jacques, a longtemps gardé quelque chose de l'ascétique austérité de saint Jean-Baptiste, et, dans la paix de ses retraites et de ses cloîtres, Mérimée ne pouvait guère trouver de femmes sauvées avec don Juan et pour don Juan libératrices.

Jean-Baptiste, l'apôtre de la pénitence monacale, dit de lui-même : « Il faut que je diminue, et que celui-ci

---

1. Saint Jacques, ép. v, 19, 20.

croisse. » Celui-ci, c'est Celui qui guérit le Paralytique, réconcilie l'Enfant prodigue et ressuscite Lazare ; et nous voyons Jésus passer faisant le bien, sa Mère à son côté, entouré de saintes femmes, entre lesquelles Jane de Chusa et Marie-Madeleine, retirées par le Sauveur des palais d'Hérode et des mauvais lieux du monde, et rappelées, avec Lazare, au public banquet de la vie [1].

J'ai voulu mener au delà des rives du Jourdain mon don Juan baptisé, lavé à grande eau, épuré ; et, pour le reconduire dans la maison du père de famille et l'asseoir au festin de joie et de gloire, j'ai demandé aide et assistance à saint Pierre, saint Paul et saint Jean.

Je prie le lecteur, au cas où ces noms apostoliques et ces petites lueurs sacrées l'offusqueraient à propos de drames et de romans, de s'en prendre à l'air du temps tout imprégné d'aromes religieux, et je le supplie de ne pas s'attendre à trouver dans mon drame de *Don Juan converti* aucune dissertation sur Jacques, Pierre, Paul et Jean. J'ai trop pratiqué mon gentilhomme pour aventurer sous ses pieds les perles des saints mystères, pour jeter à son cou aucun autre fardeau que celui des deux bras du Père céleste : la lumière attrayante et l'amour caressant...

Mais, puisque, poursuivant l'œuvre pie de Mérimée, je mettais mon ambition à faire faire à notre Prodigue un pas de plus hors du Purgatoire, je devais, pour lui ménager vers le ciel une avenue plus libre, associer à l'apôtre

---

1. Saint Luc, VIII ; saint Jean, XII.

de la Pénitence les saints apôtres de la Foi, de l'Espérance et de la Charité.

Que ces bons vieux noms sacrés, Pierre, Paul, Jean, ne vous effraient pas. Sachez-le bien, poëtes et critiques : quoi que nous puissions pour don Juan, ce grand pécheur, ce grand infirme, ce grand affligé, chercher de refuge et de consolation, rêver de clémences, d'aimables ménagements, d'attractions ravissantes, nous ne saurions, autour de lui, mouvoir aucuns moyens de salut qui ne soient empruntés à l'arsenal de Pierre, Paul et Jean. Il arrive sans doute à plusieurs, comme à monsieur Jourdain, de ne point se douter que, depuis le berceau, ils parlent la divine *prose* de ces Maîtres : toujours est-il que nous ne sommes tous, quand nous parlons bien, que le prolongement de leur parole. Combien de libres penseurs, par ces organes du Dieu inconnu, communiquent et, sans confession, communient au Verbe évangélique, et, sans se l'avouer et sans même s'en douter, arrosent leurs terres des eaux de la source catholique, apostolique, romaine ! Je sais, d'hier, ma source : vous saurez la vôtre, demain...

Puisque Murillo, en qui tous vous admirez un des chérubins de l'art, puisque Mérimée, en qui tous vous considérez un des trônes de la raison, ensemble nous affirment que don Juan converti a son type et son symbole dans le *Paralytique* de saint Jean et l'*Enfant prodigue* de saint Luc[1], pouvais-je travailler à peindre la guérison et

---

1. Voir, p. 613, le dernier mot des Ames du Purgatoire.

le parfait rétablissement de notre malade sans consulter un peu saint Luc, le patron des peintres et des médecins, sans interroger saint Jean, le prophète de la résurrection générale des âmes et des corps?

Qui dit Luc dit Paul. Luc, docteur païen, converti par l'Apôtre des Gentils, écrivit sous son inspiration, comme Marc sous la dictée du Prince des Apôtres. Je ne sais si, dans la *Vie de saint Paul,* poursuivant sa manie de scinder, diviser, désorganiser, Ernest Renan, après avoir essayé de séparer saint Jean d'avec saint Pierre, contre l'avis de saint Augustin[1], va tenter d'opposer comme chefs de deux Écoles rivales le maître de saint Luc et le disciple que Jésus aimait. Temps perdu, vain labeur! Aucun discord n'est possible entre ces deux suréminents apôtres, que le Vicaire du Christ présente de ses deux mains à Dieu, comme ses plus fidèles soutiens, et à l'humanité comme ses deux glaives de lumière et d'amour! L'évangile de saint Luc donne le secret de leurs harmonies; et j'en ai l'oreille si pleine, que, si je n'ai pas absolument échoué dans l'œuvre si délicate de la conversion de don Juan, je le devrai à ce que ma raison a cherché à se faire commenter par saint Paul l'hymne d'amour que saint Jean m'avait chanté dans le cœur.

En effet, que nous révèlent pour le bien de don Juan nos grands amis Jean et Paul? Quelle arme nous vient d'eux pour le combat et le salut? Tous deux, progressivement, nous apprennent à faire avancer contre l'homme

---

1. Nemo separet istos insignes apostolos : ambo erant, ambo erunt. In Joan. Tr. 126.

libertin, orgueilleux et impie, la femme, gloire de l'homme, mère de Dieu, MULIER, la vraie Femme, pure, humble, dévouée à Dieu et à l'humanité. Avez-vous l'oreille libre et le regard attentif? Je vous défie, fussiez-vous ensorcelé par toute l'érudition indo-germanique, d'écouter saint Luc, voix de saint Paul, et d'envisager saint Jean, lumière de la Lumière, sans entendre le *Magnificat*, sans voir le touchant tableau du *Stabat mater*[1].

Or donc, l'un et l'autre évangélistes conspirent à nous faire comprendre que pour mener à bout la conversion parfaite et bienheureuse de don Juan, il est naturel, il est divinement nécessaire de recourir à la femme, de fonder notre espérance sur le sexe dévot et dévoué, *devoto femineo sexu*.

Croyez-vous, hommes, en conscience, que don Juan, ce monstrueux égaré, puisse s'en tenir, au retour, à s'écrier : « Mon père! suis-je encore digne d'être appelé votre fils! » S'il doit réparation, n'est-ce pas surtout à tout le sexe aimant, méconnu et profané? Et devant quel cœur de femme incliner le front de l'homme enfin éclairé, repentant, noblement humilié, sinon devant le divin cœur de la Femme sans tache, gloire de l'Homme-Dieu, mère des hommes sains et saints?

Permettez donc qu'au dénoûment de ses aventures, échappé aux Circés et aux gouffres de l'Océan ténébreux, mon don Juan, sur la dunette de la *Santa-Maria*, appuyé au bras de Christophe-Colomb, voyant poindre à l'horizon

---

1. Saint Luc, I; saint Paul, I; Cor. XI; I Tim. II; saint Jean, XIX.

crépusculaire *San-Salvador* et le Nouveau Monde, s'incline avec nous, respectueux, et, d'une voix purifiée, salue et glorifie l'Étoile matinale.

Toute la Création nous pousse vers cet astre auroral, qui nous annonce le lever du Jour éternel. Tout semble nous envelopper mystérieusement, pour nous plonger dans cette source d'eau vive rejaillissante à la vie éternelle, d'où l'homme sort immaculé, digne de devenir le frère de Dieu même. Hier, dans ma petite église, où saint Augustin parle à tous les Enfants prodigues d'espérances et de miséricordes, appuyé à sa clémente Statue, qui n'a jamais abîmé ni terrifié personne, je regardais nos enfants et quelques grands amis avec eux, qui venaient recevoir, sous la douce main de l'Évêque, l'onction de l'Esprit de sainteté. Ce nom : *Maria*, se mit à sonner à mon oreille, cent fois répété par l'Archidiacre, chapelet de perles candides mélodieusement égrené sur le cœur des mères. Ceci est de l'histoire, de *l'actualité*, du *réalisme* : presque toutes les petites filles reçoivent le nom de Marie. Est-ce pour rester filles d'Ève ou de Vénus?... C'est pour devenir des saintes femmes, des *Maries*! Et qui peut croire qu'ainsi cerné, entouré, pressé de charmes doux, d'amour pur et de sainteté, don Juan puisse longtemps encore résister au ciel et se dérober à Dieu?

Écoutez, entendez, si vous avez des oreilles pour entendre :

Voici venir le règne de la Femme immaculée, pour qu'advienne le règne de l'Homme-Dieu...

L'Immaculée !...

Que ce titre, cher aux âmes mystiques, n'offusque aucune saine raison. Reposez-vous tranquillement, fermes rationalistes, sur l'Apôtre même de la raison : il convie l'homme à se faire de son épouse « une gloire, sans tache ni ride, mais sainte et immaculée : *Immaculata* [1]. »

Saint Paul, cet éclaireur du progrès infini, ne serait-il pas pour vous, hommes de la science, une autorité suffisante? Écoutez donc, hommes de la bonne nature, l'hymne du plus grand naturaliste du siècle : « Souveraine du monde, notre Reine, ô toi, l'égale des Immortels, par qui l'amour embrase nos cœurs invincibles, et par qui le feu dévorant s'exhale en douceurs suaves, Vierge pure dans le sens le plus sublime, Mère digne de toute gloire, permets que, sous la voûte azurée du ciel infini, je contemple ton mystère [2] ! »

Ce mystère, au nom duquel le savant poëte allemand frappe pour Faust à la porte du ciel, c'est le même que célébrait le poëte prophète hébreu, quand il faisait murmurer par le céleste Époux à l'oreille de la sainte humanité : « Ma sœur, mon amie, ma colombe, mon immaculée : *immaculata mea !* »

L'immaculée nature, voie de Dieu vers l'homme et de l'homme vers le royaume de Dieu! C'est le mystérieux aliment que j'ai servi, sans en dire le mot, à mon don

---

1. Ephes., v.
2. Gœthe, dénoûment de Faust, prière de Jean Duns Scot, le docteur qui a le plus glorifié le mystère de la vierge Mère immaculée.

Juan ; et je ne vois point que la chose l'ai fait fuir, au contraire : nul homme, sur la terre, n'ayant, autant que don Juan, besoin pressant, insatiable faim et soif d'être, sur une voie sans tache, attiré par un aspir immaculé...

Je me suis bien gardé de citer les Pères de l'Église à don Juan, parce que son état de paralysie ne lui permettait pas de porter ces noms graves; mais je lui ai fait chanter, sur lèvres nobles ou charmantes d'amis, de sœur, de mère et d'amante, le souffle harmonieux qui, du Verbe même de Dieu, descend au cœur des saints, pour s'insinuer, suave et consolateur, au sein de l'humanité réjouie. J'ai fourbi contre l'orgueilleux impie l'armure même de Dieu.

N'ayez pas peur : Ce ne sont pas engins de Mars et de Bellone, pas même de la sage femme Minerve.

« Voici l'armure immaculée de Dieu : la Vierge-Mère, en qui rien n'est tache et tout est beauté. Contre ses enfants prodigues, loin d'elle mourant de faim, elle a ses deux mamelles, écoulant sur le globe entier le double amour de Dieu et du prochain... Contre les lions et les léopards (dont elle répudie et le lit et la cour afin de mieux les apprivoiser dans son divin Cénacle), elle darde l'éclair de ses yeux qui blessent au cœur...; sur leurs cous farouches, elle lance, chaîne amoureuse, la longue tresse de ses cheveux d'or...; aux lèvres rêvant de morsures, elle distille le miel de son baiser... Pour l'enivrement de tout le genre humain, elle exhale de tous ses organes le parfum de la prière et l'idéal du ciel respiré...

Dans son Eden délicieux entr'ouvert, au bord des sources de la vie éternelle, éclosent les fleurs charmantes et les fruits savoureux de l'inénarrable miséricorde [1]. »

Telle est l'armure de Dieu. Celle-là ne te fait ni peur ni dégoût, don Juan.

Telle est l'armée du Christ, tel l'unique armement de ses fidèles ; tel le mystère du *Cantique des Cantiques,* plus mélodieusement vainqueur que la lyre même de l'*Orphée* de Gluck. Hommes de la bonne nature, qu'avez-vous à regimber contre cet aiguillon-là ?

Mais don Juan n'est plus assez homme de la bonne nature pour laisser prendre ses lèvres aux ruisseaux de lait, aux gâteaux de miel parfumant, aux enchantements de l'Éden. Les âges d'airain et de fer lui ont fait une rude écorce : *Illi robur et æs triplex circa pectus...*

Il ne suffit pas du *Cantique des cantiques,* sur les lèvres d'un pauvre, d'une sœur, d'un enfant, d'une mère, de dona Anna même, pour ébranler cette incrédulité armée de toutes pièces : « Il y faut le triomphe du raisonnement, le travail de la logique, la lumière tombant sur l'esprit et frappant avec l'éclat de la foudre. »

En vérité, Paul de Saint-Victor n'exigeait pas trop ;

---

1. *Cantique des Cantiques* IV, v. Au sens de saint Grégoire le Grand, saint Augustin, Cassiodore, saint Bernard, saint Jean de la Croix, de l'ange de l'École, — pas de l'école d'Ernest Renan. Renan n'a tiré du *Cantique des Cantiques* qu'une idylle à mettre en opéra-comique, qui ne vaut pas *Mireille.*

et saint Théophile et saint Ambroise, pour lui donner raison, disent que le Père de la céleste famille remet son Enfant prodigue à quelque sublime agent de sa providence et à quelque prêtre vraiment apostolique. L'un offre à l'humanité renaissante le vêtement de son unité première, de sa royauté originelle ; l'autre lui passe au doigt l'anneau du mariage de la terre renouvelée avec les cieux révélés. L'un chausse don Juan pour la course aux belles et bonnes aventures humaines ; l'autre lui apprête la nourriture divine. Sous l'impulsion de l'un, sous la bénédiction de l'autre, don Juan entre dans la salle de l'éternel festin, où les Anges, en son honneur, au grand scandale des pharisiens, préludent aux symphonies de la paix et aux rhythmes de la béatifique liberté : *Symphoniam et chorum...*

Puisque je m'inspirais de saint Paul et de saint Jean pour sauver mon héros, je devais naturellement, avec le Pauvre et les saintes femmes, confédérer, divins conspirateurs, deux hommes forts, animés du libre génie de Paul et du pur esprit de Jean : l'un, raison toute remplie des clartés du ciel, l'autre, cœur tout palpitant de l'amoureuse et céleste électricité : *Lux de cœlo..., Boanergès*[1].

---

1. Actes IX, III ; saint Marc, III, 17.
J'ai consacré à l'apologie de saint Pierre un drame, publié en 1860, *le Pape et l'Empereur*. Un autre, *le Testament du Calvaire*, à la gloire de saint Jean, attend son heure. *Don Juan converti* est plus particulièrement un hommage à saint Paul, le plus grand des libres penseurs catholiques.

Saint Paul est l'Apôtre des Gentils, spécialement envoyé aux sensuels qu'égare la liberté vagabonde et subversive, pour les convertir par lumineuse sagesse à la liberté des enfants de Dieu. Il est, en Jésus-Christ, le foyer de l'inspiration libre, de la science progressive, de l'espérance croissante; et c'est par ses yeux que l'humanité a commencé à entrevoir les horizons de la nature vaste, le plan de l'univers immense et l'harmonie de toutes les créatures se mouvant dans leur unité, Dieu.

L'esprit de saint Paul, à l'ombre souveraine de saint Pierre, présidait à la Renaissance; mais entendons-nous : à la Renaissance, tant qu'elle grandit dans la mesure chrétienne[1].

Ce n'est pas saint Paul qui soufflait Wicklef. Ce n'est pas sa main pure qui a corrigé les épreuves du *Décaméron*, de *la Célestine*, des *Contes de Canterbury* et de l'*Heptaméron*, ni retouché les contours luxuriants des déesses toutes nues de Titien, Rubens, Boucher, toutes gens d'une Renaissance que Taine félicite de n'avoir « jamais connu la pudeur... »

Mais aussi ce n'est pas saint Paul qui soufflait à Torquemada le feu de l'auto-da-fé mozarabique ; ce n'est pas lui, l'homme au glaive spirituel, qui arma tant de chrétiens, monstres judaïsants, des armes homicides de Caïn.

Saint Paul, avec tous ses disciples, redouble de patience et de commisération surtout à l'égard des don Juans,

1. Éphes. IV, 12-24.

des prodigues superbes et libertins, des enfants gâtés et perdus. Il ne les châtie point, il ne les ramène même pas en les poussant; mais il les embrasse avec tendresse, prend sur ses épaules clémentes le fardeau de leurs crimes, et les emporte, et les rapporte à Dieu par violence d'amour [1].

Saint Paul court à tous nos païens; il va des uns aux autres, de la Rome césarienne à la Grèce libérale, des Galates charnels aux Éphésiens mystiques, des Ioniens de Colosse aux Doriens de Thessalie, les incitant tous à se purger du levain de la malice olympienne, et les autorisant à rejeter le levain vieux des rigueurs judaïques; et s'il finit par les Hébreux, c'est pour leur varier son thème unique, partout incessamment répété et seriné :

Voulez-vous, mes bien-aimés, rappeler l'enfant prodigue, restaurer la nature humaine dans son ordre essentiel et lui rendre son libre essor en Dieu! cessez de compter sur l'ancien régime, qui n'est plus qu'une antiquaille, une vieillerie, et qui touche à sa dissolution. L'Ancienne Alliance retenait ou ramenait l'impie par un réseau de liens extérieurs : commandements religieux, règlements civils, polices et pénalités. L'Alliance Nouvelle attire don Juan en parlant à sa raison et en chantant dans son cœur. Recourons donc contre lui aux procédés parfaits. Ne demandons plus au Sinaï les sinistres éclairs dont Moïse lui-même se sentait attristé, épouvanté : c'est

---

[1]. Non punivit, non duxit urgendo; sed portans clementer... Saint Grégoire de Nysse, saint Grégoire le Grand, sur saint Luc, xv; saint Jérôme et saint Jean Bouche d'Or, sur saint Matthieu, xviii. *Chaîne d'or*.

à Sion qu'il faut monter, c'est vers les Oliviers qu'il faut nous tourner, pour que notre face réfléchisse, tout purs, vers don Juan les rayons de la Lumière, pour que nos cœurs ardents communiquent, tout doux, à son cœur embrasé les rayonnements de la sainteté.[1]

Mais qui sait? trop de sainteté effaroucherait peut-être don Juan, et sans aucun doute, une odeur trop intense de sacristie l'entêterait... Il fallait donc, entre les grands disciples de saint Paul, choisir un homme dont le front lumineux ne fût pas trop voilé des fumées de l'encens.

Saint Paul n'est pas seulement le père de saint Hugues et de saint Thomas d'Aquin, de Pierre le Vénérable, Albert le Grand, Duns Scot, Roger Bacon, de tous les saints docteurs, bœufs sacrés, *boves sacri,* qu'à l'aube de la Renaissance Dieu envoya du ciel pour labourer la terre. Saint Paul préside encore à l'assemblée de ces autres grands piocheurs et pionniers qui ont renouvelé la face de la terre et révélé, à leur manière, des cieux nouveaux : Colomb, Copernic, Kepler, Galilée, Leibnitz, Newton.

Ces génies ne sont pas absolument des saints, pas même tous orthodoxes : « L'Esprit souffle où il veut; » mais ce sont de puissants réflecteurs de la clarté des cieux. Théologiens de la nature, tous, dans les œuvres visibles du Créateur, ont découvert quelque bonne nouvelle de son invisible gloire.

Entre ces flamboyants meneurs de l'humanité, j'ai

---

1. Hebr. VI, VIII, XII; I Cor. XII.

choisi pour servir de phare à mon Prodigue en voie de retour, le front de Christophe Colomb. Savez-vous beaucoup d'hommes plus grands que celui-là, et plus dignes d'être accompagnés en plus grandiose aventure ?...

Les grands hommes sont à la mode, et leur culte renaît, à défaut du culte des saints. Apportez, servez : Mangeons, et réjouissons-nous ! Les vrais grands hommes voisinent aux saints. Les génies, messagers de l'éternelle Lumière, savants, artistes, inventeurs d'instruments de paix, ont d'intimes affinités avec les élus de l'Esprit consolateur.

Christophe Colomb, fils de saint Paul, ne peut pas ne pas avoir été, dans son labeur, aidé par un fils de saint Jean. L'homme qui lui fut secourable, avec l'évêque de Séville, et plus efficacement même que le représentant de saint Pierre en Castille, appartenait à la milice séraphique de saint François d'Assise, manifeste héritier de saint Jean ; et il portait le nom même de Jean : Fray Juan Pérèz de Marchena[1].

Puisque la haute raison de Colomb s'intéresse à notre mauvais sujet, on peut croire que le cœur de son ami Fray Juan dut s'ouvrir fraternellement secourable à don Juan. Le Prodigue et le Religieux n'ont-ils pas au ciel le même patron, saint Jean, l'homme qui a le plus aimé l'Homme-Dieu et respecté la Femme...

---

[1]. « Fray Juan, le moine espagnol par la protection duquel Christophe Colomb, après avoir fait, huit ans, le pied de grue dans les antichambres, obtint trois caravelles et la permission de découvrir un monde. » Assolant, *Courrier du Dimanche*, 1ᵉʳ novembre 1863.

TERRE ET CIEL.

Voilà donc, tout entier sous les armes, le petit bataillon sacré que j'ai essayé, au nom du Sauveur, de rassembler autour de mon don Juan : un serviteur humble et doux, une mère tendre, une sœur souriante, un naïf enfant, un noble ami, une amante pure et sublime, avec un homme de génie pour guide, sous la main bénissante d'un saint homme.

J'ai mis en action ces dompteurs d'élite, et en jeu leur divin manége, déjouant les machinations et les aiguillonnements sataniques de la légion ennemie. Je les ai montrés tâtant, ménageant, circonvenant notre Andaloux lunatique, ombrageux, fantasque et malicieux, et le ramenant, par suave attraction, à se mettre de lui-même au pas des coursiers angéliques, et jusque-là de s'atteler avec un Christophe Colomb, « l'ambassadeur de Dieu », au char de l'humanité sainte.

Mérimée a rendu son don Juan accessible à l'appel mystique des voix célestes, pour l'associer à la vie austère, dévouée, immolée de moines d'étroite observance, et le tenir, serviteur des pauvres, prosterné entre le couvent et le ciel.

J'ai voulu procéder plus rationnellement d'abord, et pousser quelque temps mon héros par des voies purement humaines, avant de laisser éclater sur lui les lueurs de mystique électricité qui le doivent emporter dans les hauts courants de l'éther spirituel. Mais, l'heure venue, je n'ai, pas plus que Mérimée et presque tous les poëtes de don Juan, mes maîtres, reculé devant le merveilleux.

Saint Paul, ce Juif pharisien, converti par un coup de grâce, évangélise, en général, les païens en leur parlant leur langue, tout naturellement. Il commence par ne faire fond que sur leur bon sens et leur bonne nature, comme il ne demande aux élus et aux saints qu'une religion conforme à la raison. Il convie et conduit tout le monde à comprendre et réaliser d'abord ce qui est bon selon Dieu, ensuite ce qui est à Dieu complaisant, pour s'élever enfin aux choses parfaites et sublimes, en Dieu même; et lui, qui presse toujours d'un pied si ferme la terre, il se laisse pourtant ravir au troisième ciel pour avoir la vision du paradis : *in paradisum*[1] *!*

Quel digne nourrisson du raisonnable saint Paul a jamais eu peur du miracle? Pas plus Newton, Kepler, Galilée, que l'Ange de l'École; pas plus le poëte des *Ames du Purgatoire* que le poëte de l'*Ascension de Faust,* que le poëte de la *Divine Comédie.* Autant que les séraphiques Franciscains, ses pères, Christophe Colomb croyait au surnaturel.

« Votre Colomb, m'a dit l'un de nos grands juges, est trop mystique pour nous, trop religieux pour le théâtre moderne. » Les planches modernes ne seraient-elles plus

---

1. Rom. i et xii; I Cor. xii.

de force à porter un grand homme, du moment qu'il porte le Christ!...

N'eussé-je, esclave servile des théories du *réalisme triomphant*, n'eussé-je que photographié Colomb, comment éviter de reproduire ce tierciaire de saint François, un genou en terre et les yeux au ciel? Le poëte, lorsqu'il s'aventure à toucher à une si haute figure historique, peut-il, honnêtement, la fausser ou badigeonner, pour la rendre apte à ramper dans le demi-jour d'un cosmos naturaliste et dans le plat courant des Sganarelles de la science?

Christophe Colomb, appareillant « *au nom du Père, du Fils et du Saint-Esprit,* » et cinglant « *à la découverte du Paradis* » : voilà la vérité historique. Faut-il éteindre, sur la scène, ce personnage réel et son idéal, et substituer au Chérubin de la Renaissance un capitaine au long cours de la Décadence?...

En vérité, en vérité, nous dit le Christ, il faut des âmes angéliques pour enlever don Juan sur leurs ailes; il faut plus encore : des Chérubins descendant mystérieusement pour lui du ciel invisible[1].

Un homme de goût, mon jeune ami, me dit : « Quelle idée vous est venue, dans notre société rationaliste, de donner le mouvement à une Statue, et de lui faire tendre vers don Juan des bras miséricordieux? Ce n'est pas dans la nature. »

Un autre homme de goût, mon vieil ami, m'écrit :

1. Saint Jean, I, 51.

« Quelle idée avez-vous eue de priver du mouvement la statue du Commandeur? Eh quoi! pas même un baissement de tête!... c'est insupportable. Nous étions habitués à ce surnaturel effrayant. »

Et voilà l'auteur entre deux selles!... Entre le surnaturel infernal, dont celui-ci ne peut pas se passer, et le surnaturel céleste, dont celui-là voudrait se passer.

« Ni l'un ni l'autre! » m'a crié le plus savant esthéticien de nos jours, auquel il ne manque plus, pour entrer dans sa gloire, que de se laisser un peu alimenter par le Veau gras de saint Luc et ravir par l'Aigle de saint Jean. Et, tout en me baisant, le traître! il voulait m'éteindre le nimbe que j'ai allumé au front de mon Pauvre, et me souffler sur les petits Séraphins dont j'ai fait chanter la ronde autour de la *Santa-Maria* de Christophe Colomb, ne plus ne moins qu'ont fait Rubens, Titien et Murillo autour de leurs *Vierge-aux-Roses* et de leurs *Assomptions*. Que n'ai-je eu, dans ma pâle main, le flambeau de ces génies rayonnants, pour éblouir et charmer la critique?...

Eschyle, Sophocle et leurs héritiers ont fait du merveilleux le véhicule de la fatalité et de la terreur : pourquoi nous refuserions-nous le même moyen dramatique, pour faire descendre des cieux sur la terre, avec la liberté, la consolation?

Allons-nous, poëtes et comédiens, avoir peur du merveilleux? Hors de cette foi au surnaturel, point de grands succès et de transports sublimes, pas plus dans le monde que dans le drame. Nous plaît-il, chrétiens, d'être moins religieux que les Athéniens, d'étouffer sous l'abat-jour de

M. Dimanche la procession des *Ames du Purgatoire,* et les anges'de *don Juan de Marana,* et le Paradis de *Faust,* et d'avoir un ciel de théâtre moins radieux que celui des païens?...

Le merveilleux est indispensable à la scène, ne fût-ce que pour exprimer le phénomène de l'hallucination. La poésie ne jaillirait plus de nos planches et de nos machines, si nous supprimions le symbole? Saint Jean Bouche d'Or recommande, pour l'exposition de la vérité, l'emploi du symbole, « dont l'impression, plus vive, frappe la vue, et, plus pénétrante, remplit l'âme [2]. » Ce Père de l'Église manque-t-il de raison, et, avec lui, le père du drame moderne? Hamlet va-t-il cesser de voir errer, sur les remparts, le spectre nocturne de sa passion? Et, si notre rationalisme a peur des revenants, que mettrons-nous sur le trône de Macbeth à la place de l'ombre de Banco?...

Assurément, Corneille a raison de répugner à l'Apollon « qui descend pour accommoder toutes choses, sur le point que les acteurs ne savent plus comment les terminer; » assurément, je l'accorde, « nous ne saurions souffrir sur nos théâtres que le surnaturel chasse l'homme de la scène et dispense les personnages d'agir [2]. » Le surnaturel qui écrase l'homme fatalement ou le sauve sans son concours, est du surnatrel païen, de faux titre. La Statue de Blaze, l'Inès de Zorilla et les Anges d'Alexandre Dumas ne dispensent pas don Juan d'agir.

Eschyle, Sophocle, Shakespeare, Caldéron sont-ils moins

1. Homel. xxxiii, sur saint Jean.
2. Corneille, 3e *Discours.* Roux. *Du merveilleux dans la tragédie.*

grands pour avoir couronné leur drame, tout aussi humain que celui de Corneille et de Racine, de l'auréole surnaturelle? Et Christophe Colomb est-il moins grand que M. de Humboldt, parce que celui-ci a fait à pied et sans ailerons le tour de son Cosmos, tandis que celui-là, l'aile ouverte aux vents infinis, sentait de plus près le ciel s'intéresser à sa divine aventure? Hommes de bonne volonté, cœurs sains, esprits droits, réfléchissez, méditez : ce Colomb que vous admirez, est-il diminué, lui, l'aigle vraiment royal, lancé à la découverte, parce qu'il abrita humblement sa vigueur sous l'aile de la Colombe mystique.

Washington Irwing, historien protestant, dit de Colomb : « Il y avait du visionnaire dans ce génie. » Et Villemain, le plus brillant luminaire de l'Université de France, a tiré du trésor de l'histoire ce fidèle et ferme jugement : « Colomb avait, comme Kepler, ce tour d'imagination *sublime et mystique,* ce goût du merveilleux dans la science. Ce n'était pas seulement la route des Indes, ni même tout un monde qu'il cherchait avec tant d'efforts, *c'était le Paradis.* Il espérait aboutir à l'*Éden,* à une atmosphère éthérée, où la nature serait parfaite et la vie bienheureuse ; et il raisonnait avec toute la logique de la science sur ce pieux espoir. Vif sentiment de la nature, naïveté de poëte, *enthousiasme qui rêve tout un monde idéal* au-delà du nouveau monde découvert, voilà le journal et les lettres de Colomb pendant ses voyages [1]. »

Christophe Colomb, homme complet, ne dédaigne pas

---

1. *Tableau de la littérature au Moyen Age.*

plus le ciel qu'il ne méprise la terre. Il sait, avec le premier mot de son histoire sainte, le principe et l'ordre de la vie universelle :

Dieu créateur,
Le ciel,
La terre,

Et il a appris, avec le catéchisme que fait saint Pierre à l'humanité, à attendre de ce Dieu Sauveur le renouvellement du ciel et de la terre.

Christophe Colomb n'appartient pas davantage à cette nouvelle École de rêveurs de l'Age d'Or, qui mettent la terre et le ciel, la matière et l'esprit sur pied d'égalité, fusionnant le tout en dehors de toute loi de série et de hiérarchie. A la suite de Colomb, comme à la suite de Moïse, naturels et surnaturels pionniers de l'humanité vers la Terre promise, don Juan apprend à concevoir que le terrestre domaine est destiné à devenir un Éden délicieux, aussitôt que la chair, se subordonnant à l'âme, consentira à recevoir de l'Esprit divin sa mesure, sa gloire et sa joie, aussitôt que la nature ouvrira, confiante, son sein aux aromes et aux rayons du ciel, trône vivant de l'Invisible.

Voulez-vous que don Juan, sur la terre, n'abuse plus de ses pieds aventureux et de ses reins bondissants, réunissez autour de lui la simplicité, l'amour et le génie, sans leur ôter du front l'auréole visionnaire. Dieu le garde, et vous aussi, du rêve olympiacé de Faust *à la Cour de César,* ou de l'utopie de don Quichotte, conseiller d'État de Sganarelle *au royaume de Barataria !* Non, non ! laissons les morts !... Ouvrez les yeux de notre Prodigue sur ces grands courants de lumière que tracent à la découverte de l'Afrique un Livingstone, dans les abîmes de l'Océan et parmi les tourbillons harmonieux de l'atmosphère, un Maury, tous deux hommes de foi, marchant sur la terre, le livre du ciel dans leur main ; et plus haut encore, demandez à Dieu, pour emporter vers son trône notre don Juan, demandez quelque nouveau Christophe Colomb, fidèle enfant de l'Église à la fois et novateur, sain rêveur d'un nouveau monde moral, d'un Éden social éthéré, découvreur de la nature parfaite, organisateur de la vie bienheureuse, entraînant son jeune frère et brave compagnon, toutes voiles ouvertes au vent du ciel propice, vers le Paradis !

— Don Juan au Paradis, ô scandale ! O relâchements mortels ! Après avoir réconcilié tant de Madeleines repenties, le théâtre moderne va-t-il pousser sa folie jusqu'à glorifier l'impie !...

Ainsi crient, trio de masques fâcheux, El Santurron, don Alonzo et Sganarelle, et je les vois, pour nous barrer passage, sur le rhythme infernal de Gluck et de Mozart, faire avancer encore la Statue.

Vieux Commandeur, pardon ! Écoute la parabole que m'a contée une pauvre paysanne, celle-là même, sainte femme, à qui je dois d'être revenu, dans la maison de Dieu, m'asseoir à la table où l'on goûte au Veau gras, en attendant le dessert, la symphonie et la danse.

Un de ces bons Frères du Seigneur qui ont converti le don Juan de Mérimée, un Dominicain prêchait dans l'église cathédrale de saint Jean, à Lyon, la ville qui a reçu de saint Irénée l'espérance du divin millénaire. Il disait :

« Un jour, le Seigneur Jésus, parcourant son paradis, s'arrêta, comme blessé par la vue d'un tas d'enfants prodigues, de publicains et de pauvres grandes pécheresses, qui s'inclinaient, bénissant, sur son divin passage.

— Holà ! Pierre ! cria Jésus. Qu'est-ce à dire ? et comment se fait-il que tout ce monde-là soit ici mêlé à nos élus ? Que fais-tu donc, mon ami, de la clef que je t'ai confiée pour lier et fermer ?

— Seigneur ! fit saint Pierre, vous savez que je vous aime, et que, selon vos commandements, je fais miséricorde et justice. Mais, que voulez-vous ? il y a par là, à notre Église, une porte secrète, par laquelle votre Sainte Mère fait tout entrer. »

Et Jésus, souriant : « Laisse-la faire ; et laisse passer, mon bien-aimé !... »

Et voilà comme don Juan peut avoir entrée au ciel !

Comment se fait-il que don Juan n'ait pas plus souvent libre passage au Paradis, et que tant d'appels à la nature et de prières à Dieu ne réussissent pas mieux à débarrasser nos sociétés des pestes du libertinage, de l'orgueil et de l'impiété ?

C'est que le chrétien, lui-même circonvenu d'infirmités

et rempli de mal, prie mal, ou demande le mal même[1].

Nous avons beau nous qualifier enfants de Dieu et de l'Église du Christ, si nous ne sommes chrétiens et catholiques que de nom, si nous appartenons au corps et à ses cérémonies sans participer à l'âme divine, si nous ne savons plus de quel esprit nous sommes, alors nous méritons d'être rejetés dehors, comme fils de Satan, et l'humanité ne peut pas manquer de nous fouler aux pieds, en courant vers les horizons de justice et de miséricorde où Dieu l'attire.

Nous avons vu, autour de don Juan, les uns demander la justice sans la miséricorde; les autres, la miséricorde sans la justice.

Nous avons trouvé, contre lui ameutés, des vengeurs de la famille et de la société, manifestement indignes de lui jeter la pierre, puisqu'ils l'égalent en égarements, en vices, juges parfois pires que le coupable don Juan. C'est le cas de presque tous les justiciers de la création de Tellez, Shadwell, da Ponte, Rosimont et des marionnettes allemandes; c'est le cas de Sganarelle et autres moraliseurs véreux et grotesques.

---

[1]. *Aut malus, aut malè, aut mala.* Saint Augustin. — Saint Jean Chrysostome dit, dans le même esprit : « Les chrétiens n'obtiennent pas l'accomplissement de leurs vœux, soit pour n'avoir pas demandé ce qui est vraiment bon, soit parce qu'ils sont indignes de l'Évangile qu'ils invoquent, soit parce qu'ils mêlent à leur prière quelque levain de vengeance, soit enfin parce qu'ils veulent la miséricorde pour le coupable qui n'a pas fait pénitence. *Chaîne d'or*, sur saint Matthieu, XVI et XVIII.

Lorsque les adversaires de don Juan valent mieux que lui, toujours sont-ils indignes d'obtenir sa conversion, faute de le combattre ou de le couvrir avec l'armure évangélique. Tels sont le don Luiz, le don Alonzo et l'Elvire de Molière, la Clarisse de Richardson, le marquis humanitaire de Schiller, et tous les raisonneurs de l'Allemagne, et l'immense multitude de ces tièdes, qui n'ont jamais été de force à faire fondre aucune glace du cœur.

Et parmi les puissances sociales qui gémissent des crimes de don Juan et qui s'ingénient à détruire la cause de tant de désastres, en est-il une qui sache le mot de la politique du Christ : « Je veux la miséricorde et non le sacrifice ? » Qui s'en souvient? Pas plus l'aristocrate anglican Morden que le très-catholique César espagnol, et pas davantage le libre penseur démocrate socialiste français d'Hégésippe Moreau.

Enfin, peut-on sérieusement concevoir que ceux-là forceront pour don Juan la porte du Paradis, qui, sans souci d'aucun redressement, d'aucune réparation effective, le mènent grand train, avec lord Byron, au libertinage, ou le laissent aller, avec Musset, à la monomanie, ou le présentent au céleste parvis sans l'avoir fait passer dans le courant d'aucune eau lustrale?

Pourquoi, dans la parabole du Dominicain de saint Jean, le Christ dit-il en souriant à son ami Pierre de laisser passer tout ce que sa sainte Mère introduit mystérieusement au ciel ? c'est qu'elle est, elle-même, la porte, *Janua cœli ;* la source lustrale, où le soleil des esprits s'est plongé purifiant, et se mire radieux ; parce qu'elle est la nature immaculée, en qui doit s'être retrempée toute âme pour entrer en participation avec la nature divine.

Je me suis efforcé de frapper, pour don Juan, à cette porte du ciel.

Je ne vais pas tout à fait jusqu'à installer don Juan dans le Paradis terrestre, pas plus que je n'ouvre à ses ailes le ciel empyrée : je le mets seulement en route, et le dépose au seuil, en jetant dans ses yeux surpris et charmés de pâles lueurs des visions infinies, un vague pressentiment des réalités éternelles.

« La terre entière est dans l'attente d'une troisième explosion de la miséricorde divine. » Ce mot de Joseph de Maistre est l'expression d'un sentiment universel. Cette espérance « d'une révélation de la révélation » va réconcilier avec les saints, grands et petits prophètes, les mystiques de toutes les Communions chrétiennes, les rêveurs de toutes les Écoles socialistes, tandis que les princes de nos sociétés déchues et subversives achèveront de confesser l'épuisement de leurs séves : « Le vieux monde est à bout. » — Nul n'ayant plus que don Juan gâté son âme aux boues du vieux torrent, j'ai fait passer sur son cœur électrisé le souffle de cette espérance d'un monde meilleur, avec le courant de l'harmonieuse sagesse où l'on se sent mettre à la raison par l'amour.

Nous ne pouvons plus offrir à notre aventurier, pour l'entraîner au chemin du ciel, Christophe Colomb et le tour du globe ; mais l'heure approche d'un plus surprenant voyage, à la découverte d'un Nouveau Monde social, et, pour ce grand œuvre, l'humanité va voir surgir à sa tête un autre « ambassadeur de Dieu. »

Christophe Colomb, cherchant l'Éden, a trouvé la moitié de la terre : le nouvel aventurier de l'infini cherchera le Ciel peut-être, et trouvera la Terre promise. C'est l'entreprise de la fin des temps, de la fin du monde, assez originale et grandiose pour tenter don Juan.

Don Juan ne saurait longtemps balancer entre les radeaux de la vieille société disjointe, où mozarabes et païens se disputaient son cœur pour le dépecer ou l'étouffer; et le vaisseau de l'Ordre évangélique, où tout conspire à le ressusciter. Faust et don Quichotte, avant de mourir, ont salué l'Étoile du matin : don Juan, sur l'Arche de l'Éternelle Alliance, suivra d'un œil confiant la Colombe lancée à la découverte : elle ne peut tarder, cueillant le rameau d'olivier sur les grandes eaux apaisées, de rapporter à la famille humaine renouvelée le flambeau de la vraie lumière, sous l'arc-en-ciel de la joie.

Elle attend, la céleste Messagère, que l'homme inspiré lui dise : Ouvre tes ailes, ma Colombe; ouvre ton cœur, ô ma Mère, pour que me soit enfin révélé, dans sa gloire, sur la terre paradisiaque, le Dieu de la Vie, résurrection de tous les Lazares, guérison de tous les Paralytiques, réconciliation de tous les Prodigues, consolation de toutes les Madeleines, restauration de Faust, don Quichotte et don Juan !

Dieu attend que le Christophe Colomb du Nouveau Monde social, appareillant au nom du Père, du Fils et de l'Esprit Saint, déploie les ailes de la *Santa-Maria,* pour nous débarquer aux rivages de *San-Salvador,* où habite la justice avec la miséricorde, où l'amour met fin au sacrifice et donne aux enfants de Dieu leur liberté.

C'est là, selon ma faible force, la salutaire lueur, que j'ai, par un travail de logique déliée, fait doucement tomber sur l'esprit de mon don Juan. C'est le mystère que, d'une voix pauvrement mélodieuse, j'ai murmuré à l'oreille si longtemps assourdie par les tonnerres du Monde ou par ses concerts licencieux. Que n'ai-je eu votre puissance, maîtres de l'art, maîtres de la critique, laborieux pionniers qui m'avez fait le chemin facile, lumignons allumés parmi nos ténèbres, ou rayons descendus du Soleil des intelligences! que n'ai-je eu votre verbe suave ou retentissant, pour chanter à tous les vents de la terre, sous les cieux consolés, ce mot de ma foi absolue et de mon espérance infinie :

Arche de l'Alliance bienheureuse, Santa-Maria, reçois-nous à ton bord, recueille-nous dans tes flancs immaculés! et en route, hommes, peuples, sainte humanité, en route pour San-Salvador et le Paradis!

Sur cette nef souriante, à ce bord sacré, dans ce cœur miséricordieux, je te donne prochain rendez-vous, lecteur mon ami, qui que tu sois, d'où que tu viennes ; et, sur ce dernier mot de fraternelle charité, je te dis : adieu !

A Dieu!

FIN.

TABLE

DU TOME DEUXIÈME.

XVI. Forces vives de don Juan. 365-415

Connais-toi toi-même. Dieu nous a créés pour le connaître, l'aimer et le servir. Sganarelle connaît-il don Juan, et voit-il en don Juan les idées de Dieu?

Analyse des facultés sensitives, affectives, intellectives et religieuses du don Juan de Molière. Sensible à tous les raffinements, accessible à presque toutes les affections, doué de toutes les énergies; forte raison, exercée à toutes substilités, ouverte à toutes les aspirations; faim et soif de l'infini.

De l'hypocrisie de don Juan comparée à celle de Tartufe. Célimène et don Juan.

Barbey d'Aurevilly, Montesquieu, le P. de Regnon, William Pitt, Toussenel; Homère, Octave Feuillet, Saint-Valry, Émile Barrault, Saint-Victor; Auger, Louandre, Fiorentino, Puibusque, Weiss, Scudo.

XVII. Don Juan, Hercule, Christophe Colomb. 416-432

Notre libertin moderne et l'homme-dieu antique. Naissance d'Alcide : ses nourrices, ses mentors et ses maîtres d'études. Série méthodique de ses douze grands travaux contre l'humanité. Don Juan n'a pas fait pis et peut faire mieux. Christophe Colomb, frère germain de don Juan.

Byron, Manzoni, Hoffmann, George Sand, Théophile Gautier,

Antoine de Latour, le R. P. Souaillard, Fourier, Castle, W. Irwing, Roselly de Lorgues, Népomucène Lemercier, Ferrer del Rio, de la Rigaudière, Esproncero.

XVIII. Don Juan, Faust, don Quichotte 433-467

L'homme un, double et triple; Dieu principe de l'unité. L'unité rompue, restent deux moitiés ennemies. Le genre noble, l'homme, en trois morceaux : don Juan; Faust, don Quichotte.

La plus belle moitié de l'humanité, hors de Dieu, profanée, dédaignée, ridiculisée : dona Anna, Marguerite, Dulcinée du Toboso.

Babel et Babylone. Hercule et Alexandre, prototypes de la chevalerie errante. Les saints supplantés par les géants. Don Juan et Othello. Le nouvel Adam, bandit philosophe et femme sensible. Le meilleur de tous, don Quichotte, catholique sincère et indépendant, fait réaliser, par Sancho Panza, son Paradis terrestre, en l'île de Barataria...

Don Juan se met à analyser l'analyse et commence à douter du doute. D'où vient le mal? Glorification de la chair en Dieu. Le culte de la virginité.

Monstruosité de l'homme-dieu païen; impotence des dieux modernes. Le dieu de Christophe Colomb, est-ce bien Dieu? Il mérite de l'être.

Lord Byron, les deux Victor Hugo, Villemain, Taine, Aristote, Fourier, George Sand, Philarète Chasles, Jean Reynaud, Legouvé, Stahl, Scudo, Kahlert, Mallefille, Paul de Saint-Victor, Bressant, Théophile Gautier, El. Jourdain, Charles de Rémusat, Enfantin, Emile Barrault, Renan, Mgr Darboy, saint Denis, saint Hippolyte, saint Ambroise, saint François d'Assise, Gluck, Mozart, Weber.

XIX. La vieillesse du libertin. 468-485

Le *Don Juan barbon*, de Gustave Levavasseur, trompé, désolé, tué. Le fils du Commandeur, la Statue. Sur la terre, le duel de Richardson; au ciel, la miséricorde de Blaze de Bury.

La *Vieillesse de don Juan* de Jules Viard. Il n'est pas de dette qui ne se paye! Raffinement du talion. Elvire et son fils justiciers. Sganarelle unique sauveur.

XX. Don Juan pénitent 486-498

Les Mémoires de don Juan, de Félicien Mallefille. Profonde analyse de la maladie morale; traitement malheureux, guérison manquée.

Le don Juan du suédois Almquist : de taureau devenu bœuf, toujours brutal. Pénitence malsaine.

Lazare réenseveli par Zénon et Moïse. Otez la pierre! Le roi-prophète, vrai pénitent. Le Christ et le bon larron : « Aujourd'hui, tu seras avec moi dans mon paradis. »

Beyle Stendahl, Weiss, saint Augustin.

XXI. L'ange de Schiller 499-511

Posa envoyé à don Carlos, l'original du don Juan espagnol. Le marquis révolutionnaire supprime le bûcher, maintient le charnier. Le rêve de Napoléon. Dieu n'aime pas la cavalerie, et pas davantage l'infanterie. Le Zouave et la Statue. Le Pauvre de Molière plus puissant que l'humanitaire allemand.

Don Quichotte ami de la paix. Vite un congrès! Don Juan Russel et Lovelace Palmerston. Hosanna au fils de David! Nul (sexe) ne se sauvera seul.

Blaze de Bury.

XXII. Le duc Pompée, Montjoie. Desgenais et Chauvin. . 512-529

Le don Juan marié du comte d'Alton-Shée, un Pompée qui n'est pas un César. L'oncle Joyeuse, sauveur honnête et modéré. Le Desgenais de Barrière, saint du jour.

Le don Juan d'Octave Feuillet, poëte inspiré de l'*Évangile* et de *Télémaque*. Péripétie admirable; dénouement ridicule. L'Ange sacrifié au Chauvin, autre saint du jour.

Vieux habits, vieux galons!
Gloire à Nabuchodonosor!
Emile Montégut, Eugène Pelletan.

XXIII. Le don Juan bon diable. 530-553

Le Feu au Couvent. Le don Juan veuf de Barrière, converti par une enfant de Marie. « Il y a du missionnaire dans l'amour. »

Le Marquis de Villemer, fils de Minerve et d'un Genevois. Le duc d'Aléria, le don Juan bon diable de George Sand, ramené à Dieu sans Statue, ni duel, ni sermonnades. « C'est un ange qui a passé par là ! »

Le *Don Juan ami des femmes* d'Alexandre Dumas. « Un grand pécheur !... ah ! mauvaise jeunesse !... mais bon diable !... Il n'y a que les niais qui ne sont pas bons. »

Don Juan à la retraite, se donnant mission de sauveur, n'est pas un petit Jésus. Bien décidément, « *elles* valent mieux que nous. » L'homme est à César ; la femme est à Dieu. Ami des femmes, règle ton amour.

XXIV. LES DÉNOUEMENTS HEUREUX. 554-581

Don Juan peut-il faire une bonne fin ? Doute de La Harpe et autres prytanes.

Le *Don Juan* d'Hégésippe Moreau. La Statue du fanatisme royal remplacée par le coup de pied... de la libre pensée démocratique.

Don Juan doit mourir abreuvé de fiel et d'absinthe. J. J., *uom di sasso*... Deux morales, deux Statues. Le dieu Désespoir. Aristote et Marmontel. Désiré Nisard renvoyé à l'école de saint Désiré et des classiques grecs.

L'art et la société ont-ils à perdre à la déroute finale de Satan ? La Résurrection, est-ce un dénouement manqué ? « La poésie est délivrance. »

Bilan de l'art dramatique, dressé par E. Montégut, Claveau, Ed. Fournier, F. Béchard, Aurélien Scholl et Colombine. *Lazarus jam fœtet...* Pourquoi ? L'art pour l'art. *Les épaves.* Le théâtre émule de la chaire. « L'idéal ! l'idéal ! qui nous rendra l'idéal ? » Est-ce Racine ?... Les héros de Corneille valent-ils le Pauvre de Molière ? Ressources du réalisme.

Trois dénouements selon l'esprit des trois Renaissances : L'*Athée foudroyé*, *Leone Leoni*, *la Passion*. Le *Mystère*, germe embryonnaire du théâtre vivant : Satan vaincu, et la Statue mise à la porte !

Le comte de Pontmartin, Louis Ulbach, Jules Janin, Barbey d'Aurevilly, Saint-Marc-Girardin, Pierron, Claveau, Patin, Eschyle, Sophocle, Euripide, saint Jean et le bon public ; Auguste

Lacaussade, le Roi-Prophète, Mgr d'Orléans, Channing, Gœthe, Magnin, Alaux, Théophile Gautier, Paul de Saint-Victor, Paul Mahalin, Charles Monselet, Venet, Vinet, Sainte-Beuve.

XXV. LES AMES DU PURGATOIRE. 582-621

Don Juan converti, confrère de la bonne mort, miraculé, meurt en odeur de sainteté ; transfiguré à l'image de Prosper Mérimée, un vrai Israélite !

La mère de don Juan, la question des Indulgences ; le *Miserere* du Thabor, le *De profundis* du poëte-roi, l'*Agnus Dei* de Mozart.

Mérimée, contre don Quichotte, avec sainte Élisabeth de Hongrie et saint Paul. Harmonieuse puissance de Dieu.

Impuissance radicale des gens de César. Les deux mondes : les Pontifes et les Empereurs. Les poëtes du royaume de Dieu, et les poëtes des bas empires. Indévots, faux dévots, évangélistes. Les deux situations du drame de l'*Enfant prodigue*.

Mérimée a-t-il bien goûté le Veau gras? Philosophie des *Ames du Purgatoire*. Renaissance chrétienne de Molière à Mérimée.

Les Douze tables païennes et les Cinq livres juifs ; les Quatre Évangiles. L'Église du Christ progressive en miséricorde, à l'infini. Simple histoire d'un petit enfant prodigue.

Sainte-Beuve, le R. P. Faber, Scudo, Blaze de Bury, le vicomte de Bornier, Vinet, Gœthe, Manzoni, Shakspeare, saint Grégoire, le roi David, Félicien David.

XXVI. DON JUAN SUR LE CHEMIN DU CIEL. 622-672

Le *Don Juan converti* de l'auteur. Deux systèmes dramatiques. Don Juan entre le ciel et l'enfer.

L'ARMÉE DE SATAN. — Ennemis et faux amis. Torquemada et le docteur John Faustogène Pamphilard. Le fanatisme écrasant et le libéralisme énervant. La liberté, question très-complexe. Le *don Juanisme*, les monstres : médecine substitutive ; consultation de Byron, traitement de Victor Hugo, remède de Sainte-Beuve, saint Victor, Théophile, saint Denis, saint Augustin, saint Grégoire, saint Bernard...

L'ARMÉE DU BON DIEU. — Au diable lionnes et sirènes ! et vivent les saintes femmes ! Le *Magnificat*, le *Stabat Mater*, *Mu-*

lier : le sexe dévot et dévoué. L'armure de Dieu. Le *Cantique des Cantiques*..... pas au sens de Renan.

Mérimée et saint Jacques. Notre don Juan, monsieur Jourdain et la divine prose de Pierre, Paul et Jean. A l'ombre de saint Pierre, saint Paul préside à la renaissance de don Juan, avec l'aide de saint Jean. Christophe Colomb et Fray Juan Pérez de Marchena.

TERRE ET CIEL. — Procédé rationnel pour mener tout doucement don Juan au ciel sans lui faire perdre du pied la terre.

Faut-il utiliser le ciel du théâtre? Faut-il priver de mouvement la Statue de Blaze et de Zorilla? Faut-il rendre le mouvement à la Statue de Tellez, Shadwell et C°?

De l'emploi du merveilleux dans le drame. Christophe Colomb n'est pas un capitaine au long cours de la décadence. Villemain, Washington Irwing.

Don Juan dans le Paradis. Parabole. Pourquoi si souvent à la porte? qui lui barre passage? Coup d'œil rétrospectif sur la légende, le drame et le monde.

« Le vieux monde est à bout. » Napoléon Ier. « Le Christ n'est pas connu. » Napoléon III. Un autre Christophe Colomb, ambassadeur du vrai Dieu, à la découverte du Nouveau Monde social. Don Juan, Faust et don Quichotte, à bord de la *Santa-Maria*, par *San-Salvador*, en route pour le Paradis!

FIN DE LA TABLE DU TOME DEUXIÈME.

PARIS. — J. CLAYE, IMPRIMEUR, 7 RUE SAINT-BENOIT.

COLLECTION HETZEL
18, RUE JACOB

Beaux volumes in-18 à 3 francs.

JEAN MACÉ. — Histoire d'une Bouchée de pain. 1 vol. — L'Arithmétique du Grand-Papa, *histoire de deux petits Marchands de pommes.* 1 vol. — Contes du Petit-Chateau. 1 vol.
JULES VERNE. — Cinq semaines en ballon. 1 vol.
Mme MARIE PAPE-CARPANTIER. — Le Secret des Grains de Sable, *Géométrie de la nature.* 1 vol.
ESQUIROS. — L'Angleterre et la vie anglaise. 4 séries. — La Vie des animaux. 6 vol.
L. BERTRAND. — Les Révolutions du Globe. 7e édit. 1 vol. 3 fr. 50.
PAULIN PARIS. — Garin le Loherain. 1 vol.
ROZAN. — Petites Ignorances de la Conversation, 4me édition. 1 vol.
DE BRÉHAT. — Aventures d'un petit Parisien. 1 vol.
L. RATISBONNE. — La Comédie enfantine. Les deux séries en 1 vol.
EMILIE CARLEN. — Un brillant Mariage. 1 vol.
ERCKMANN-CHATRIAN. — Le Fou Yégof. 1 vol.
Le Baron DE WOGAN. — Voyages et Aventures. 1 vol.
E. MARGOLLÉ et F. ZURCHER. — Les Tempêtes. 1 vol.
EUGÈNE MULLER et P.-J. STAHL. — Le Robinson suisse, entièrement revu. 1 vol.
SAYOUS. — Conseils a une Mère sur l'éducation littéraire de ses enfants. 1 vol.

OUVRAGES ILLUSTRÉS

LES ENFANTS (Le Livre des Mères), par Victor Hugo. 1 volume in-8º . . . . 15 fr.
RÉCITS ENFANTINS, par Eugène Muller. 1 vol. . . . . . . 10 fr.
LA VIE DES FLEURS, par Eugène Noel. 1 vol. . . . . 8 fr.
LE PETIT MONDE, par Charles Marelle. 1 vol. . . . . . . 6 fr.
LE THÉATRE DU PETIT-CHATEAU, par Jean Macé. 1 vol. 10 fr.
LES FÉES DE LA FAMILLE, par Mme S. Lockroy. 1 vol. in-8º. 10 fr.
PICCIOLA, par Saintine. 1 vol. in-8º . . . . 10 fr.
LE VICAIRE DE WACKEFIELD, trad. par Ch. Nodier. 1 vol. 10 fr.
LES BÉBÉS, par le Comte de Grammont. 1 vol. in-8º. . . 10 fr.
LES BONS PETITS ENFANTS, par *le Même*. 1 vol. in-8º. . 6 fr.
LA JOURNÉE DE MADEMOISELLE LILI. Vignettes de Frölich. 3 fr.
LE GRAND ROI COCOMBRINOS, par Mick Noel. . . . . . . 3 fr.
LE PETIT PAUL, par *le Même* . . . . 2 fr.

MAGASIN D'ÉDUCATION ET DE RÉCRÉATION, publié sous la direction de J. Macé et P.-J. Stahl, paraissant tous les quinze jours par livraisons de 32 pages, illustrées par nos meilleurs artistes. — Prix de l'abonnement par an : 12 francs; par la poste : 14 francs. — Prix de la livraison : 50 centimes, et 60 centimes par la poste.

PARIS. — IMPRIMERIE DE J. CLAYE, RUE SAINT-BENOÎT, 7.

www.ingramcontent.com/pod-product-compliance
Lightning Source LLC
Chambersburg PA
CBHW060355170426
43199CB00013B/1880